KB145588

조선후기 도성방어체계와 경기도

경기그레이트북스 ⑬

www.ggcf.kr

조선후기
도성방어체계와
경기도

경기문화재단

이 책은 경기문화재단 경기문화재연구원이

경기도의 고유성과 역사성을 밝히기 위한 목적으로 발간하였습니다.

경기학연구센터가 기획하였고 관련전문가가 집필하였습니다.

| 차 례 |

01
서론

한반도는 동쪽은 높고 서쪽은 평탄한 이른바 동고서저東高西低의 지형적 특징을 가지고 있다. 동쪽 지역은 해발 1,000미터 내외의 백두대간이 지나는 산악지역이지만 주변은 구릉과 분지가 펼쳐져 있고, 서쪽은 낮은 구릉과 평야가 자리잡고 있어 동쪽의 산악지역에서 발원한 크고 작은 강이 서쪽의 평야 지역으로 흘러들어온다. 따라서 서부 지역은 한강, 금강 등 수량이 풍부한 큰 하천을 끼고 있어 농사에 유리할 뿐만 아니라 내륙 수운을 통해 유통이 활발하였다. 또한 바다를 건너 중국 대륙으로 곧바로 연결될 수 있는 매우 유리한 지리적인 조건을 가지고 있다. 10세기 초 고려 태조 왕건이 개경에 도읍을 정한 이후 현재까지 한반도 세력이 수도를 개성과 서울 등 한반도 서부의 중심 지역에 자리잡고 번영을 추구한 것은 당연하다.

한반도는 북쪽으로 만주 지역과 붙어있어 이를 통해 중국과 러시아 지역으로 이동할 수 있을 뿐만 아니라 남쪽으로 쓰시마對馬島를 징검다리로 하여 일본의 큐슈九州와 혼슈本州 지역으로 편하게 이동할 수 있다. 또한 서해를 통해 중국의 산둥반도와 발해만 등지로 나아갈 수 있는 등 지정학적으로 매우 중요한 지역이다. 동아시아 지역에 세력 교체 등 유동적인 정세가 나타날 경우 반드시 한반도에 긴장이 고조되는 것은 당연하다. 역사상 패권 국가가 되고자 하였던 세력은 반드시 한반도를 장악하고자 시도하였고 이에 성공할 경우 대부분 동아시아 패권국으로서의 지위를 차지하였다. 그러나 한반도 세력을 극복하지 못한 경우 패권 도전 세력은 더 이상 팽창하지 못한 경우가 대부분이다. 10세기 말~11세기 초 3차례 고려를 공격하였던 거란의 요나라가 고려에 패하여 더 이상 세력 확장이 되지 못한 것은 이를 반영한다.

한반도를 공격한 세력은 반드시 중심 지역인 도성 일대를 직접 공격하고자 하였으므로 변경에서 서부 중심 지역인 오늘날의 경기 일대까지 전쟁의 참화를 겪는 경우가 적지 않았다. 1950년 한국전쟁에서 초기 1년간 서울이 4차례 주인이 바뀌는 비극을 겪었던 것은 바로 서울과 경기 일대가 가지는 정치, 경제, 군사적 중요성이 얼마나 큰 지를 반영한다. 우리 역사에서 상대국과 국경을 접하고 있는 변방 지역에 못지 않게 서울과 경기 일대 군사 관련 내용이 적지 않다. 최근의 조사에 의하면 서울, 경기 지역에 363개소의 성곽 유적이 존재한다는 사실은 서울, 경기 지역의 군사적 중요성을 잘 보여준다.[1]

이 책은 임진왜란 이후 조선말까지 한성과 경기 일대 군사적 변화와 방어 체계의 양상을 개관하는 것을 목적으로 한다. 특히 18세기 들어서면서 나타나는 도성수비론과 유수부 강화 등 이 지역을 중심으로 나타나는 군사전략과 국방정책 등의 여러 양상을 국내외 정세 변화와 아울러 밝히고자 한다. 이를 통해 평화로운 이면에 감추어진 서울을 둘러싼 경기 지역의 또다른 면모를 드러내는데 다소나마 기여하고자 한다.

그동안 학계에서는 조선후기 도성수비와 그 방략 등에 대해서는 여러 측면에서 검토가 이루어졌다. 즉 군사전략의 중점이 국경방어 중심에서 도성 및 경

---

1) 백종오 등, 2001 「서울 · 경기 · 인천지역 관방유적의 연구 현황」, 『학예지』 8, 육군박물관, 2쪽

기 방어로 이전함에 따라 이에 대해 적지 않은 앞선 연구가 있었다. 기존의 연구에 따르면 인조~효종대를 거치면서 수도 외곽지역 방위를 강화하는 것으로 전환되었다가 18세기 초인 숙종 30년대를 거치면서 수도 한성을 중심으로 방위체제의 중점이 전환되는 것으로 파악되었다. 연구 초기에는 주로 한성과 그 주변 지역에 주둔하는 각 군영軍營을 중심으로 실증적인 연구가 대부분이었다.[2] 아울러 5군영의 성립과 변천을 바탕으로 이러한 것이 가지는 정치적 역학 관계의 변화를 검토한 이태진의 연구는 '삼군문도성방어체제'라는 개념을 통해 수도 방위체제의 양상을 밝히고자 하였다.[3] 이후 도성과 주변의 관방 체제 정비를 다룬 연구 및 조선후기 수도 방위체제를 개관한 연구 등이 나타났다.[4] 아울러 조선후기 국방론, 군사전략의 변화에 따른 도성방어론의 성격 등을 밝힌 연구도 나타나 내용을 풍부히 하고 있다.[5] 이외에도 군사사적 측면에서 도성 수비론의 다양한 측면을 밝힌 연구도 있다.[6] 최근에는 조선후기 도성방어체제의 개관한 성과도 나타나는 등 점차 연구의 폭이 확대되고 있다.[7]

다만 이상의 연구들은 도성 방어론 성립의 정치, 사상, 군사적 측면에 대해 연구가 집중되어 있으나 구체적인 도성 수비의 양상에 대해서는 분명히 드러나지 못한 아쉬운 점이 있음은 사실이다. 이에 더하여 조선후기 경기 일대 여러 유

---

2) 차문섭, 1973 『조선시대군제연구』, 단대출판부 ; 차문섭, 1996 『조선시대 군사관계 연구』, 단국대 출판부

3) 이태진, 1985 『조선후기의 정치와 군영제 변천』, 한국연구원

4) 이현수, 1992 「18세기 북한산성의 축조와 경리청」, 『청계사학』 9 ; 민덕식, 1994 「조선 숙종대의 도성수축 공사에 관한 고찰─성곽사적 측면을 중심으로─」, 『백산학보』 44 ; 이근호 외, 1998 『조선후기의 수도방위체제』, 서울학연구소 등

5) 김준석, 1996 「조선후기 국방의식의 전환과 도성방위론」, 『전농사학』 2 ; 김웅호, 2005 「조선후기 도성중심 방위전략의 정착과 한강변 관리」, 『서울학연구』 24

6) 오종록, 1988 「조선후기 수도방위체제에 대한 일고찰」, 『사총』 33 ; 강성문, 1997 「영조대 도성 사수론에 관한 고찰」, 『청계사학』 13

7) 노영구, 2014 『영조 대의 한양 도성 수비 정비』, 한국학중앙연구원 출판부

수부 체제의 정비와 각종 관방 정비에 대해 논의가 충분하지 못하였던 것도 사실이다. 1970년대 후반 수원 화성의 복구와 더불어 조선후기 장용영 외영 설치를 중심으로 그 군사적 양상[8]이 검토된 이후 최근까지 개성, 강화, 광주 등 도성 주변의 다른 유수부를 중심으로 경기 주요 지역의 방어체제에 대한 연구가 나타나고 있는 점은 특기할 만하다. 최근에는 숙종대 경기지역 군사체제에 대한 연구도 나타나는 등 도성방어체제의 일부로서 검토되던 것에서 나아가 독자적인 영역으로서 경기의 군사체제에 대해 검토되고 있으나 아직 충분하지 못한 것이 사실이다.[9] 아울러 경기의 주요 방어 지역 간의 관계나 대외 정세 변동에 따른 이지역 국방시설 및 군사제도 변화 등을 유기적으로 설명하고 있지 못한 한계가 있다.

이 책은 이러한 양상을 고려하면서 임진왜란 이후 개항 직후까지 조선후기의 도성 및 경기 방어체계의 내용을 시대순으로 정리하였다. 이를 통해 경향성을 파악하고 관방 간의 관계 등을 다루고자 하였다.

서울 및 경기의 지리적 특징

서울은 한반도의 척추인 백두대간의 중앙 지점인 철원에서 안변으로 넘어가는 고개인 분수령에서 동남쪽으로 갈라져 나온 한북정맥漢北正脈이 북쪽을 감싸고 있고, 백두대간이 충청도 속리산에서 다시 서북쪽으로 갈라져 나온 산줄기인 한남정맥漢南正脈이 남쪽을 지나고 있다. 따라서 서울 주변에는 북한산, 아차산, 덕

---

8) 강문식, 1996 「정조대 화성의 방어체제」, 『한국학보』 82 ; 최홍규, 2001 『정조의 화성 건설』, 일지사 ; 노영구, 2002 「정조대 5위체제 복구시도와 화성 방어체제의 개편」, 『진단학보』 93 등.
9) 김종수, 2017 「조선 숙종대 경기지역 군사체제의 연구」, 『군사연구』 143

양산, 관악산이 둘러싸며 이른바 외사산外四山을 이룬다. 서울의 중심 지역을 한강이 지나며 서해로 들어가고 있다.[10] 서울의 외곽 지역인 경기는 동쪽에서 서쪽으로 흐르는 한강에 의해 남, 북지역으로 나뉘어져서 한수 이북은 산간지역, 한수 이남지역은 평야지대가 펼쳐져 있다. 개성 이남의 경기북부 평야지대를 흐르는 임진강을 통해 개성에 쉽게 접근할 수 있고 한강 수운과 양주를 통해 서울로 도달하기 용이하다. 경기도의 땅 모양은 광주산맥과 차령산맥이 동쪽에서 뻗어와 차츰 낮아지는 모습이고 서쪽은 김포, 경기, 평택평야가 넓게 펼쳐져 있다. 예부터 동쪽 땅이 높고 서쪽 땅이 낮은 지형인 이른바 경동지형이라 하였다. 아울러 경기는 황해도와 평안도를 거쳐 중국으로 들어가는 교통의 요충지로서 매우 좋은 조건을 가지고 있다.

서울과 경기는 한반도의 중심에 위치한 교통의 요충지로서 도로를 통해 남북에서 모두 접근할 수 있었다. 서울로 들어오는 주요 도로를 각 방향별로 분석하면 우선 북쪽에서 내려오는 길은 의주에서 평양, 개성, 파주를 거쳐 내려오는 의주대로가 있다. 그리고 개성을 거치지 않고 토산에서 적성, 양주를 거쳐 서울로 들어오는 적성통로가 있다. 이 두 도로가 북쪽에서 서울로 들어오는 일반적인 경로로서, 적성통로는 북한산성을 경유하지 않고 양평이나 광주 지역으로 내려올 수 있는 장점이 있다. 남쪽에서 서울로 오는 길은 수원을 통과하는 지금의 1번 국도가 지나가는 곳의 대로와 경기도 광주를 통과하는 오늘날의 중부고속도로가 지나가는 길의 두 가지 경로가 대표적인 도로이다. 이외에도 서쪽에서는 서해에서 한강을 따라 들어오는 뱃길이 있고 동쪽에서는 함경도부터 해안 평지를 따라 내려와 철령을 넘어 포천을 통과해서 들어오는 길과 강릉에서 원주, 양

---

10) 홍순민, 2016 『한양도성, 서울 육백년을 담다』, 서울특별시, 24~25쪽

평을 지나 접근하는 길이 주요 도로이다.[11]

　서울을 중심으로 발달한 도로 및 수로를 따라 대규모 적군이 쉽게 경기와 서울로 접근할 수 있었으므로 이 지역의 방어를 매우 어렵게 할 수 있었다. 실제 서울 북방은 산악 지역이 발달해있지만 대부분 서울을 향해 남북으로 이어지는 이른바 종격실縱隔室 지형으로 이동하기에 어려움이 적다. 따라서 도성으로 접근하는 도로나 수로를 적절히 통제하지 않을 경우 도성 방어도 실패할 가능성이 매우 높았다. 임진강 유역에서 양주를 지나 한강 중류 지역으로 가는 주요 교통로, 특히 임진강과 한강의 지류 하천로를 따라 많은 수의 관방 유적이 분포하고 있는 것은 이를 잘 보여준다.

도성 일대 방어의 중요성과 조선전기 도성 일대 방어체계

수도는 한 국가의 통치 기능을 수행하는 핵심적인 중심지라고 할 수 있다. 수도는 이 역할을 수행하기 위해 국토의 공간적, 역할적 중심지에 자리잡는 경우가 일반적이다.[12] 특히 전통시대의 경우에는 수도 주변에 도성을 축조하여 수도를 방위하도록 하였는데 이는 단순한 군사상의 중요성만을 위한 것은 아니었다. 도성은 국왕과 신하들이 거주하는 지역을 지키는 성곽을 의미하는 것이라기보다는 왕조 국가에 있어서 정치적인 권위와 군사력을 상징하는 공간이라고 할 수 있다. 도성은 관념적으로 성의 안과 밖을 가르는 분계선으로서 도성 안을 높이는

---

11) 노재민, 2006「조선후기 '수도방위체제'의 군사적 고찰-17C초~18C초의 방위체제를 중심으로-」, 국방대학교 석사학위논문 10~11쪽

12) 강성문, 1993「수도 서울 방위론」,『육사논문집』45

기능을 하였다. 이를 위해 도성의 궁궐 조영이나 배치에는 당시의 이데올로기적인 장치가 매우 정교하게 갖추어져 있어야 한다. 국왕의 의례적 행위가 도시 공간을 재편하고 운용하는데 영향을 미치게 된다. 일찍이 중국에서는 전통사회에서 사회적 질서를 강조하였던 유가儒家 사상과 관련하여 도성의 제도에 대해 매우 엄격하게 규정되었고 이에 입각하여 도성이 건설되었다.[13]

국왕과 왕실, 조정 등이 자리하고 있는 도읍이 가진 정치, 군사적으로 매우 중요한 의미를 고려할 때 이를 지키는 도성은 군사적 측면과 함께 왕권으로 대표되는 국가 권력을 수호하는 건축물로서 성격이 크다. 도성이 만일 전쟁에서 함락되거나 붕괴된다면 단순히 국토의 붕괴에 그치지 않고 그 나라의 존폐까지도 위협할 수 있는 문제가 되는 것이다. 따라서 도성 방어를 위해 다양한 논의가 이루어지는 것은 당연하다고 할 수 있다. 그러나 도성은 대부분 국가의 중심지에 있었고 그 방위는 단순히 도성 일대를 방어하는 문제가 아니라 전 국토 방위의 최종적 단계의 측면이 있었으므로 도성 방위에만 중점을 두는 군사전략은 출현하기 어려웠다. 다만 평상시 도성의 방어는 대외적인 측면과 함께 국왕과 조정을 호위하기 위한 도성 경비의 문제도 매우 중요하므로 도성 수비에는 이러한 측면도 함께 고려될 필요가 있다. 도성 수비가 가지는 정치적 측면이 강한 상황에서 17~18세기 도성의 수비를 강조하던 조선의 상황은 당시 나타난 정치 군사적으로 매우 특수한 양상과 밀접한 관련을 가진다고 할 수 있다.

16세기 말~17세기 전반에 발발한 대규모 전쟁인 임진왜란과 병자호란 이전 조선의 국토방위전략은 국경에 국방력의 핵심을 두어 침입해오는 적군을 국

---

13) 賀業鉅, 1995 『중국 도성제도의 이론』, 이회

경에서 막아낸다는 적극적인 것이었다.[14] 이는 조선초기 군사력이 기병 중심으로 편성되어 있었으므로 성곽에서 방어하기 보다는 기병을 출동시켜 적이 접근하기 전에 격퇴시키는 것을 주된 군사전략으로 삼았기 때문이다.[15] 경우에 따라서는 상대의 공격 우려가 있을 경우나 공격을 받을 경우에는 적국의 거점을 직접 공격하여 추가적인 이후의 공격을 차단하는 매우 적극적인 군사전략을 가지고 있었다. 세종대 이후 15세기 수 차례 이루어진 남만주 여진 세력에 대한 정벌전이나 세종초 대마도 원정 작전 등은 그 대표적인 사례이다. 이러한 공세적인 군사전략을 구사하기 위하여 조선초기부터 연해의 각 지역과 평안도, 함경도의 국경 일대에 다수의 성곽과 함께 여진의 침입을 경계하기 위한 소규모 성곽인 구자口子(일명 堡) 등을 건설하였다. 여기에는 이 지역의 정예병인 토병土兵과 남쪽에서 증원되는 이른바 부방병赴防兵을 배치하여 국방을 담당하도록 하였다.

국경 일대에 강력한 국방체제를 갖추었지만 대규모 적군이 침입하여 국경 일대의 방어체계가 돌파되고 나면 그 후방의 내륙에는 적절한 방어 시설이 상대적으로 부족한 점과 함께 16세기 중반 군사 동원체제인 제승방략制勝方略 체제에 의해 각 도별로 집결하여 대응하는 군사들이 적절한 방어에 성공하지 못할 경우에는 충분한 예비 병력이 없어 전반적인 방어에 어려움을 겪게 되는 문제점이 나타났다. 이러한 군사체계의 문제는 대규모 침공인 임진왜란을 계기로 여실히 드러났다.

---

14) 김호일, 1980 「양성지의 관방론」, 『한국사론』 7, 22쪽
15) 오종록, 2004 「조선 초엽 한양 定都 과정과 수도 방위」, 『한국사연구』 127, 236~238쪽

조선후기 도성 일대 방어 체계 정비의 배경

16세기 말 발발한 임진왜란은 그 이전 동아시아 지역에서 그다지 겪어보지 못하였던 세계대전이었다. 동아시아 패권을 장악하기 위해 해양 세력인 일본이 조선을 침략함으로써 발발한 임진왜란은 조선과 명나라 연합 세력에 의해 대륙까지 침공하려던 일본의 전쟁 목적은 달성되지 못하였다. 임진왜란은 일본의 갑작스러운 조선 침략이 아니었다. 이는 16세기 이후 동아시아 지역의 변화와 밀접한 관련이 있다. 농업기술의 발달에 따른 농업생산력의 확대와 대항해시대로 대표되는 은銀의 대량 유입과 교역의 발달에 따라 중심 지역인 명나라의 주변 지역인 중국 연해 지역과 요동, 대만, 그리고 일본 등지에 경제적 성장이 나타났고 이 지역에서 유력한 정치세력이 출현하였다. 그 과정에서 명의 주변 지역에 대한 장악력이 약화되면서 신흥 세력 간 서로 각축하는 무질서한 힘의 공백 상태가 전개되었다.[16) 아울러 유력한 세력이 등장할 경우 주변 세력을 아우르면서 급속히 확대될 가능성이 매우 높은 상태였다.[17) 실제 임진왜란 종전 이후 동아시아 지역이 곧바로 평화기로 접어들지 못하고 만주를 중심으로 세력 교체의 대변동이 본격적으로 시작된 것은 16세기 이후 나타난 역동적인 국제정세의 반영이었다. 결국 임진왜란 이후 명청교체와 청의 제국 건설이 일단락되는 17세기 말까지 한 세기 동안 동아시아 세계는 계속적인 전쟁 상태를 유지하였다.[18)

　　16세기 말 이후 나타난 동아시아 패권 교체의 과정에서 조선은 그 파장을 고스란히 맞게 된다. 일본과 청의 조선 침략 및 이괄의 난 등으로 인해 40여년의

---

16) 김한규, 2007 「임진왜란의 국제적 환경」, 『임진왜란, 동아시아 삼국전쟁』, 휴머니스트, 295쪽.
17) 岸本美緒, 1998 『東アジアの「近世」』, 山川出版社, pp.18-19.
18) 노영구, 2014 「17~18세기 동아시아 정세와 조선의 도성 수비체제 이해의 방향」, 『조선시대사학보』 71, 229-232쪽.

짧은 기간 동안 조선의 국왕은 4차례나 도성을 포기하고 피난을 갔을 뿐만 아니라 청에게는 국왕이 남한산성을 나와 직접 항복하는 치욕을 겪기도 하였다. 병자호란 이후에도 국제정세는 안정되지 못하였으므로 조선은 일본과 청의 침공 가능성에 대해 항상 우려하였다. 따라서 도성 수비를 둘러싼 다양한 논의와 실행이 나타나게 된다. 그 과정에서 조선의 국왕 권력은 그 권위가 실추되었을 뿐만 아니라 주변의 여러 세력으로부터 매우 심각하게 위협을 받게 된다. 조선후기 나타난 다양한 정치적 변란과 내란은 이의 한 반영이라고도 할 수 있다. 아울러 국내 정치 상황도 붕당 정치의 대두와 함께 붕당 간의 갈등이 증폭되면서 심각한 정치적 갈등이 나타났다. 이를 수습하는 방편으로 국왕권 강화가 요구되었는데 국왕권 강화를 위한 물적 토대의 하나로 국왕의 거주 공간인 왕궁과 주변 도성의 호위 및 방어 필요성을 높였다고 할 수 있다.

조선후기 계속 이루어진 도성과 경기 일대 방어를 위한 다양한 군영의 창설, 도성 및 경기 일대 여러 성곽의 축조 등은 대외적인 군사적 위기에 대응할 필요성과 함께 정치세력 및 국왕권 강화를 위해 필요한 군사적 조치였다고 할 수 있다. 한성과 경기 방어를 담당하는 군영의 연이은 창설과 군사력의 증강은 다시금 도성 내외의 인구 증가와 군영 수공업을 바탕으로 한 상공업 발달이라는 수도권 일대의 변화를 가져오게 되면서 다시금 도성 및 경기 일대 방어의 필요성을 높이게 되었다. 조선후기의 군사적 변화는 1970년 서울의 인구가 500만명을 돌파하고 서울 주변 지역의 인구 유입이 가속되어 수도권이 팽창하는 상황에서 수도권 절대 방어방침과 자주국방노선이 채택된 양상과도 비슷한 양상이라고 할 수 있다.

02
임진왜란과 경기 일대 방어체계 정비

임진왜란 중 지방군 체제 정비

앞서 보았듯이 임진왜란 이전까지 조선의 국토방위전략은 국경에 국방력의 핵심을 두어 침입해오는 적군을 국경에서 막아낸다는 적극적인 것이었다. 이러한 공세적인 군사전략을 구사하기 위하여 조선은 초기부터 연해 일대의 각 지역과 평안도, 함경도의 국경 일대에 성곽을 축조하고 방어 중심인 진鎭과 구자 등을 건설하였다. 그리고 이들 국방 거점을 연결하는 국방시설로서 조선 내지로 들어오는 적을 저지하는 장성의 일종인 이른바 행성行城을 주요 접근로에 축조하는 것 등이 기본적인 방어체계의 근간이었다. 해안에는 다수의 읍성을 축조하여 왜구 등 해안으로부터의 침입에 대비하였다. 방어의 중심이 연해와 국경 일대에 있게 됨에 따라 상대적으로 내륙의 읍성과 산성은 차츰 쇠락하였다.[19]

　　다만 국경 일대의 방어체계가 돌파되면 내륙에는 적절한 방어 시설이 부족한 취약점이 있어 내륙 지역 방어를 위한 군사제도로서 진관체제가 정비되고 아

---

19) 차용걸, 「조선후기 관방시설의 변화과정」, 『한국사론』 9

울러 주요한 지역에 대한 방어대책으로 읍성 축조가 나타나기도 하였다. 대표적으로 1449년(세종 31)에 몽골 오이라트의 에센也先이 내몽골 지역의 토목보土木堡에서 명나라 황제 정통제正統帝가 이끈 명군 수십만 명을 포위 섬멸하고 황제를 사로잡는 '토목의 변'이 발생하여 동북아시아 일대에 충격을 주었다.[20] 토목의 변이 일어나자 조선에서는 몽골의 침공에 대비한 방어대책을 강구하게 된다.[21] 1450년(세종 32) 양성지梁誠之는 「비변십책備邊十策」에서 행성 쌓는 일을 중지하고, 내지의 성보城堡와 교통의 요지이며 중요 고을인 이른바 요읍要邑의 수비를 우선할 것을 주장하였다. 행성은 적은 규모의 적을 방비하는 것인데, 대규모 적군이 돌입한다면 행성과 구자로는 아무런 소용이 없기 때문에 양성지는 세종 대부터 적극적으로 추진되던 변경 중심의 행성 수축을 중지하고, 내지 요읍의 방어를 우선할 것을 주장하였다.[22]

양성지의 주장은 세종 이후 압록강 중류의 이른바 사군四郡이 폐지되고, 세조 대 진관체제鎭管體制가 확립되면서 그 주장이 국방정책에 상당히 반영되었다고 할 수 있다. 아울러 15세기 말부터 동아시아 정세가 안정되면서 내륙 일대 방어체제에 대한 추가적인 정비가 나타나지 못하였다. 16세기 후반 도별 군사 동원체제인 제승방략制勝方略 제도가 나타나 대규모 전란에 대비하는 체제를 갖추었으나 각 도별로 집결한 군사들이 방어에 성공하지 못할 경우에는 충분한 예비 병력이 없는 등 문제점도 있었는데 임진왜란을 계기로 조선의 군사체계는 여러 문제점이 드러났다.

임진왜란이 일어나자 남부 지역 조선군은 사전에 정해진 곳에 집결하여 침

---

20) 르네 구르쎄 저, 김호동 외 역, 1998 『유라시아 유목제국사』, 사계절, 702~704쪽.

21) 임용한, 2001 「오이라트의 위협과 조선의 방어전략」, 『역사와 실학』 46, 역사실학회, 46쪽.

22) 오종록, 1998 「조선초기의 국방론」, 『진단학보』 86, 150쪽.

공에 대응하고자 하였으나 일본군의 북상이 빨라 한성에서 내려오는 지휘관인 이른바 경장京將이 도착하기 전에 와해되어 이후 방어에 어려움을 겪는 일이 일어나 제승방략의 치명적 한계가 드러났다. 전쟁이 일어난 이듬해인 1593년 초 평양성 전투와 행주산성 전투 등에서 일본군은 큰 타격을 입고 한성에서 철수하여 남해안 일대로 이동하였다. 일본군이 철수하자 조선은 전쟁으로 와해된 기존 지방군 체제를 본격적으로 재편할 것을 검토하였다. 1593년 1월 평양성 전투를 계기로 명나라의 절강병법浙江兵法이 일본군에게 매우 효과적인 전술체계임을 확인한 조선은 이 병법의 도입을 적극적으로 추진하였다. 이에 1594년(선조27)에는 절강병법에 따른 군병을 양성할 군영으로 훈련도감이 설치되어 포수砲手와 살수殺手, 사수射手 등 삼수병三手兵이 양성되었다. 훈련도감의 설치와 함께 임진왜란으로 상당히 붕괴된 지방군도 절강병법에 따라 재편에 착수하게 된다. 지방군에 대한 포수 및 살수 중심의 편성과 훈련은 평양성 전투 직후 류성룡에 의해 최초 검토되었다.

류성룡柳成龍은 1593년 5월 25일 장계를 올려 남쪽 지방의 재력이 충실한 군현인 나주, 남원, 전주, 순천이나 병영, 수영이 있는 곳에 화포 제조 장인을 나누어 보내어 조총 등 화기를 제조하도록 하였다. 그리고 각 고을에서 담력과 용기가 있는 사람은 공사천이나 사족, 서얼을 구분하지 말고 가려내어 훈련시키면 총수銃手 수천 명을 확보할 수 있다고 주장하였다. 이들에 대한 훈련 방법과 수성법, 그리고 깃발 신호법 등을 절강병법에 따르도록 할 것을 건의하였다.[23] 이는 절강병법에 따라 기존의 지방군을 본격적으로 재편할 것을 검토한 것으로 이후 지방군 재편의 기준점이 되었다. 절강병법에 의해 지방군 재편에 착수한 조선의

---

23) 『서애전서』 권1, 「再乞鍊兵且倣浙江器械多造火砲諸具以備後用狀」

지방군은 포수와 살수를 중심으로 집중 육성하고 아울러 기존의 장기인 사수를 함께 편성하였는데 그 실상은 선조 29년(1596) 평안도의 영변寧邊, 안주安州, 귀성龜城, 의주義州 네 진관의 속오군 편성을 구체적으로 보여주는『진관관병편오책鎭管官兵編伍冊』을 통해 확인된다.[24]『진관관병편오책』의「도이상都已上」조에 나타난 삼수병 구성을 보면 다음과 같다.

:: 『진관관병편오책(鎭管官兵編伍冊)』의 삼수병(三手兵) 구성

	영변진관	안주진관	귀성진관	의주진관	계
포수(砲手)	164	250	155	229	798(30.2%)
살수(殺手)	140	130	120	170	560(21.2%)
사수(射手)	272	428	270	316	1286(48.6%)

위의 표를 통해 확인할 수 있듯이 궁수인 사수射手가 전체의 48.6%에 달하여 전통적인 장기인 사수의 비중이 이 시기까지는 상당히 높았음을 알 수 있다. 그러나 명나라를 통해 도입된 새로운 병종인 포수와 살수의 비중이 합하여 약 52%에 달한 것을 보면 임진왜란 발발 후 4년이 되지 않은 짧은 기간 동안 조선의 지방군의 편성은 매우 급격하게 변화하였음을 짐작하게 한다.

지방군 재건의 중요한 또다른 문제는 전국적 단위의 일원적 방어체계를 다시금 확립할 필요성이 있었다. 이는 1594년(선조 27) 3월 말 영의정 류성룡이 진관체제를 다시 복구할 것을 주장하면서 구체화되었다. 그는 임진왜란 초기 조선군이 패배하게 된 원인은 한 도의 군병을 미리 순변사, 방어사, 조방장과 각 도의 병사와 수사에게 나누어 소속시켜 두었다가 전쟁이 일어나면 한 도의 군사를 모

---

24) 『진관관병편오책』에 나타난 평안도 네 진관의 三手兵 구성에 대해서는 김우철, 2000 『朝鮮後期 地方軍制史』, 경인문화사, 61~70쪽에 상세하다.

두 징발하여 국경 부근에 두고서 해당 지휘관을 기다리는 이른바 제승방략에 따른 문제로 인식하였다. 이에 따라 해당 지휘관이 내려올 때까지 그 지역의 군사 지휘관이 그 군사를 운용하지 못하는 문제점이 있었다. 즉 제승방략의 근본적인 문제점은 장수와 병사가 분리되는 것이었다. 류성룡은 그 대안으로 조선전기의 진관체제로 복구할 것을 주장하였다.[25]

진관체제는 행정단위인 지방 군현을 군사조직 단위인 '진鎭'으로 파악하고 각 진을 진관으로 편성한 전국적인 단위의 군사체계였다. 즉 진을 군현의 대소에 따라 주진主鎭, 거진巨鎭, 제진諸鎭으로 구분하고 병마절도사가 지휘하는 주진이 아닌 거진 이하의 군사지휘관은 해당 고을의 수령이 겸임하며 거진을 중심으로 주변의 병렬적인 작은 진인 제진을 묶어 진관을 편성하고 각 진관은 독자적인 군사단위로서 자체적으로 운용하는 것이었다. 지휘체제도 병마절도사에서 이하 첨절제사, 동첨절제사로 일원화되었다. 따라서 고을 단위로 통수 계통이 명확하였으므로 임진왜란 시기 지방군의 일원적 지휘체제 확립에 따른 재편을 위해 진관체제는 복구는 중요한 의미를 가지는 것이었다.

류성룡의 진관체제 복구 주장에 대해 선조는 적극적으로 찬성하여 곧바로 시행할 것을 지시하였으나 한동안 시행되지는 못하였다.[26] 이에 이듬해인 1594년(선조 27) 10월 류성룡은 '전수기의 10조'를 각도에 내려보내 지방군의 편성을 『기효신서』의 속오법에 따라 조직하도록 하고, 아울러 지방군을 진관체제에 따라 일원적으로 재편할 것을 고려하였다. 이 시기 류성룡이 고려한 진관체제 복구는 조선초기 제도로의 회귀를 의미하는 것이 아니었다. 류성룡은 새로운 군사

---

25) 『선조실록』 권49, 선조 27년 3월 丁未
26) 진관체제 복구론의 제기와 양상에 대해서는 허선도, 1973, 「진관체제 복구론 연구―류성룡의 군제개력의 기본시책―」, 『국민대학논문집』 5, 123~125쪽 참조

제도인 절강병법 체제에 따라 지방군을 영營-사司-초哨-기旗-대隊의 체제로 편성하고 병종도 사수, 포수, 살수의 삼수병으로 편제하도록 하였다. 이를 바탕으로 지방군을 과거의 진관체제에 나타난 통일적인 지휘체제와 군정체제에 따라 재편하고자 한 것으로 류성룡은 과거의 진관체제의 형식을 취하면서 하위 편제와 지휘체계를 내용으로 적용하여 통일적 지휘체제를 갖추고자 하였다.[27] 도성 방어를 위한 여러 논의와 함께 도체찰사 류성룡의 적극적인 노력으로 이후 경기를 중심으로 지방군의 개편이 본격적으로 나타났다.

임진왜란 중 도성 정비 및 경기의 지방군 재편

임진왜란 발발 20일만에 일본군에 의해 도성이 함락된 것은 매우 충격적인 것이었다. 이에 따라 도성에 대한 방어 대책의 강구와 함께 도성 외곽인 경기 일대 방어의 중요성이 높아졌다. 1593년(선조 26) 4월 한성의 일본군이 경상도 등 조선의 남부 지역으로 물러난 이후 도성에 대한 개축 논의가 활발히 나타났다. 1594년(선조 27) 5월 선조는 도성이 너무 넓어 10만의 정예 군사로도 방어하기 어려우므로 도성의 남쪽 성벽을 안쪽으로 들어서 쌓아 도성을 작게 하고 남산 위에 따로 산성을 쌓아 난리를 당하면 중무장한 군사[重兵]를 주둔시켜 지키게 하면서 도성과 표리가 되며 서로 호응하게 하는 방안을 제안하기도 하였다.[28]

도성 방어 대책은 이후에도 계속되었다. 일본과의 강화 교섭이 교착에 빠

---

27) 오종록, 2007, 「서애 류성룡의 군사정책과 사상」, 『류성룡의 학술과 경륜』, 태학사, 218~221쪽
28) 『선조실록』 권51, 선조 27년 5월 丁酉

지고 일본의 재침이 우려되던 1596년(선조 29) 초에는 도성의 동서 평탄한 곳에 화포를 쏘는 성곽 시설인 포루砲樓를 설치하고 이곳에 배치할 다수의 화포를 추가로 주조하고 아울러 도성 밖 중흥동中興洞의 옛 산성 터에 진영을 만들어 도성의 배후지로 삼고 사찰의 승려를 소집하도록 하는 방안이 논의되었다.[29] 그해 6월에는 도성이 넓어 많은 군사들이 필요하므로 내성內城을 따로 축조하여야 한다고 주장도 나타났다.[30] 또한 비변사에서는 도성을 반드시 지켜야 하며 이를 위해 포루를 설치하고 낮고 좁아 조총 사격 등의 방어에 불리한 당시 도성의 여장의 개수를 주장하였다. 즉 두 세 여장[堞]을 합하여 하나로 만들고 명나라의 제도에 맞추어 여장에 포안砲眼과 현안懸眼을 내는 방안을 건의하였다. 아울러 남산에 일본군이 쌓은 보루堡壘를 더 크게 증축하여 아래로 한강까지 닿게하여 한강의 방어를 강화하는 방안도 주장하였다.[31] 이외에도 신잡申磼은 도성에 격대隔臺가 없어 적이 성 밖의 높은 봉우리에 올라 도성 내부를 굽어볼 수 있으므로 이를 저지하기 위한 격대 건설을 주장하기도 하였다.[32]

도성 방어를 위한 다양한 방안 및 대책과 함께 도성으로 들어오는 요충지에 대한 방어의 필요성도 제기되었다. 1596년 말 선조는 일본군을 저지할 방안을 승정원에 전교하여 한강의 사수를 위해 강원도에서부터 행주幸州에 이르는 강변 일대에 둔영屯營을 나누어 설치하고, 적이 건널 만한 얕은 여울에 작은 보堡를 설

---

29) 『선조실록』 권71, 선조 29년 정월 乙未. 중흥산성은 그동안 그 실체에 대해 논란이 있었으나 최근 경기문화재연구원 북한산성사업팀의 정밀지표조사를 통해 그 존재가 확인되었다. 중흥사 뒤편의 능선애 모양이 일정하지 않은 돌을 허튼층쌓기로 축조한 고려시대 성벽의 일부가 발견되었다. 아울러 경기문화재연구원 발굴조사단이 중취봉 아래의 북한산성 성벽 조사 과정에서 조선시대 이전의 성벽 유구를 발견하였는데 이것도 중흥산성의 성벽 가능성을 제기하였다. 향후 구체적인 중흥산성의 형태 등에 대해서는 추가적인 조사를 통해 밝혀질 것이다(경기학연구센터, 2016 『삼각산 北漢山城』, 경기도, 29~30쪽).

30) 『선조실록』 권76, 선조 29년 6월 丙午

31) 『선조실록』 권82, 선조 29년 11월 丙辰

32) 『선조실록』 권82, 선조 29년 11월 戊午

치하고 무기를 많이 준비하도록 하였다. 아울러 한성으로 들어오는 요충인 여주의 파사성婆娑城 방어를 강조하였다.[33] 이전까지 도성 자체의 개수와 방어에 집중하던 것에서 점차 경기 일대 방어에 대해 관심을 기울이기 시작하였음을 알수 있다. 임진왜란 중 경기 방어의 중요성에 대해 적극 주장한 것은 앞서 보았던 류성룡이었다.

류성룡은 여주·이천 – 지평-양근-도성으로 향하는 길목에 주목하여 이 경기 동남부 일대의 방비를 주장하였다. 이는 임진왜란 초기 고니시의 일본군이 충주전투 이후 곧바로 여주 –양근-용진을 거쳐 동대문을 통해 한성으로 들어온 것과 1593년 초 류성룡이 도성 수복을 위해 경기의 파주산성 일대에서 여러 도성 수복전을 지휘한 경험과 관련이 있다. 그 이전에도 경기 방어 대책이 없었던 것은 아니었다. 15세기 중반 양성지는 도성의 외곽의 사방 요충인 수원을 전보前輔로, 광주를 좌보左輔로, 원평(파주)을 우보右輔, 양주를 후보後輔로 하여 도성을 호위할 것을 주장한 적이 있다. 15세기 후반『경국대전』에 나타난 경기의 지방군 체제는 양성지의 경기 방어안을 전제로 하여 도성을 중심으로 광주, 수원, 양주, 장단 등 네 방면의 방어를 결합한 것이었다.[34]

류성룡의 방어구상은 곧바로 구체화된 것은 아니었다. 경기 지방군의 본격적인 재편은 1595년(선조 28) 건주여진과의 국경분쟁인 이른바 채삼採蔘사건을 계기로 북방의 위협에 대응하기 위해 류성룡이 경기, 황해, 평안, 함경도의 도체찰사로 임명된 것을 계기로 본격화되었다. 류성룡은 계청하여 병조판서 이덕형을 부사副使로, 한준겸韓浚謙과 최관崔瓘을 종사관으로 삼았다.[35] 도체찰사로 임명

33)『선조실록』권83, 선조 29년 12월 丁卯
34) 김한신, 2017「임진왜란기 류성룡의 경기 방어구상과 군비강화책」,『조선시대사학보』82, 115~118쪽
35)『서애집』연보 권2, 萬曆 23년 10월.

된 류성룡은 일본군의 재침 예상 경로를 바탕으로 1안으로 여주·이천~용진 방어를, 2안으로 안성~수원·광주 방어를 구상하였다. 주요 방어 거점으로는 용진 및 파사성과 남한산성, 수원의 독성 등이었다. 이들 거점 사이 방어망을 구성하여 도성을 지킨다는 계획을 수립하였다. 류성룡은 임진왜란 초기 고니시의 일본군은 여주-용진 방향으로, 가토는 죽산-한강 방향으로 전진하였으므로 경기를 좌, 우도로 나누어 각각 방어사를 두어야 한다고 주장하였다. 좌도방어사는 경기의 좌영과 후영을, 우도방어사는 우영과 전영을 통합하여 운용하여야 한다고 하였다.

　류성룡의 방어 구상을 바탕으로 경기 지역 지방군의 개편에 착수하였다. 그 중 경기의 지방군 개편 양상은 1596년(선조 29) 초 『군문등록』의 다음 자료에 그 모습이 잘 나타나 있다.

　　경기도 내의 각 고을의 군사들은 이미 경기의 전영前營, 후영後營, 좌영左營, 우영右營의 4영으로 나누어 만들고는 1영은 5사司를 통솔하고 1사는 5초哨를 통솔하게 한다. 경기 좌영은 용진龍津에 군영을 설치하고, 광주, 양근, 이천, 지평, 여주, 포천, 양주, 가평의 군대가 이에 속하게 된다. 5사 중에서도 이천은 전사前司가 되고, 여주가 좌사左司가 되고 양근과 지평이 중사中司가 되고, 광주가 우사右司가 되고, 양주·가평·포천이 후사後司가 되는데 또한 사전에 마련할 것이다. 1사의 군대는 대개 5초로 구성되는데 이를 합계하면 500명이 되며, 5사의 군사를 합하면 2,500명이 되는데 이 수효에 구애될 필요가 없으며, 있는 곳의 군사들의 수효에 따라 증감한다. 1사를 가지고서 또한 동·서·남·북·중앙으로 나누어 5초를 편성한다. 그리고 명칭을 좌초, 우초, 전초, 후초, 중초

라 하고 그 길 거리의 멀고 가까운 것과 민가의 드묾과 빽빽함을 헤아려 왕래를 편리하도록 한다.[36]

이어서 류성룡은 각 면面과 리里의 크기에 따라 거주지별로 초-기-대를 편성하고 각급 지휘관인 초관哨官, 기총旗摠, 대총隊摠(혹은 隊長)을 마을에서 영향력 있고 서로 친분이 있는 사람으로 나누어 정하고 백성을 모아 조련하도록 하였다. 즉 거주지별로 각 주민을 편성하고 각 단위별 지휘관을 같은 지역 주민으로 임명하도록 하여 거주지 중심의 편성, 훈련과 지휘 책임을 명확히 하도록 하였다. 류성룡의 경기도 군사 편성 방식을 보면 경기도를 네 개의 영으로 나누고 각 영에는 5개의 사司를 두되 각 사는 1~3개 대소 군현으로 편성하였다. 류성룡은 1595년 12월 경기도순찰사에게 보낸 「편오사목編伍事目」에서 한성과 경기도의 지방군 재편에 따른 편제를 정리하였는데, 이를 종합하면 다음의 표와 같다.[37]

:: 경기도의 진관 편성과 속진

영(營)	속진(屬鎭)
좌영(左營) : 용진(龍津)	이천(前司), 여주(左司), 양근 · 지평(中司), 광주(右司), 양주 · 포천(後司)
우영(右營) : 수원 독성(水原禿城)	수원, 남양, 인천, 부평, 양천, 통진, 김포, 안성
전영(前營) : 용인 석성(龍仁石城)	죽산, 음죽, 진위, 안산, 양지, 용인, 과천
후영(後營) :파주산성(坡州山城)	고양, 파주, 교하, 풍덕, 장단, 연천, 삭녕, 영평, 개성부
중영(中營) : 경성(京城)	훈련도감군(訓鍊都監軍)

경기의 진관 편성을 정리한 위 표를 통해 알 수 있듯이 류성룡은 경기도의

---

36) 『국역 군문등록』, 약속수령장관문約束守令將官文, 112~113쪽

37) 『국역 군문등록』, 이경기순찰사문移京畿巡察使文, 을미 12월 18일 ; 차문섭, 1973 「속오군 연구」, 『조선시대 군제연구』, 단국대출판부, 191쪽

지방군 재편을 통해 절강병법에 따른 군사편제를 바탕으로 전국적인 단위의 진관체제를 복구하고 일원적인 통일적 지휘체계 구축을 시도하였음을 알 수 있다. 이 체제가 갖추어지면서 임진왜란 초기 각 도의 군사들이 순찰사, 병사, 수사, 방어사, 조방장, 수령의 군사로 각각 나누어 소속되고 각급 지휘관들이 군사들을 많이 차지하려고 다투어 군정이 문란해지는 문제점을 극복하고자 하였음을 알 수 있다. 흥미로운 점은 도성인 경성을 중영으로 편성하고 훈련도감 군사를 소속시키고 있는 점이 주목된다. 창설 초기 절강병법을 보급하기 위한 목적에서 1593년 10월 창설된 훈련도감은 최초 500명 가량의 소규모 군영에서 규모가 점차 커져 1년 후인 1594년 11월 경에는 포수 7초, 살수 4초, 사수 2초 등 모두 13초 약 1500명에 달하였다. 규모가 커진 훈련도감은 이제 도성 방위의 핵심적인 군영으로 역할과 성격이 변하였다.[38]

　　1596년부터 본격화된 류성룡의 진관체제 복구 시도의 일환으로 이전까지 산발적으로 이루어지던 도성 및 경기 방어체제가 일원적으로 정비되고 있었음을 짐작할 수 있다. 류성룡의 지방군 재건 구상은 조선초기의 진관체제로의 환원이 아니라 오히려 각 지역단위별로 자전자수自戰自守하는 진관체제의 정신을 유지하는 선에서 절강병법의 군사 편성인 속오법에 의한 새로운 군사제도의 정립을 의미하는 것이었다. 류성룡의 진관체제 복구를 통한 지방군 정비는 정유재란이 일어나자 일본군의 북상을 경기 일대에서 저지하는 군사적인 뒷받침이 되었다는 점에서 그 역할이 적지 않았음을 주목할 필요가 있다.

　　정유재란이 발발하자 류성룡은 경기우방어사 유렴柳濂으로 하여금 무한산

---

38) 훈련도감의 창설과 확장에 대해서는 김종수, 2003 『조선후기 중앙군제연구—훈련도감의 설립과 사회변동—』, 혜안, 71~89쪽 참조.

성을 지키게 하고 별장 조발은 수원 독성, 좌방어사 변응성은 여주의 파사성을 각각 지키게 하였다. 그리고 연강 일대의 건너기 쉬운 여러 천탄遷灘을 경비하도록 하였다. 아울러 그가 도체찰사로서 담당하고 있던 경기, 황해, 평안, 함경도 병력을 동원하여 한성으로 들어와 지키게 하였다. 한성을 중심으로 한 중부 지역의 안정은 명군의 신속한 파병과 더불어 일본군의 대규모 공격을 경기 남부의 직산에서 저지하게 하는데 큰 힘으로 작용하였다는 점에서 강화 협상기 류성룡을 중심으로 시행된 경기 등 지방군 체제 정비의 효과를 확인할 수 있다.[39]

경기 일대 방어의 유효성이 확인되면서 임진왜란 직후인 1602년(선조 35) 수원에 경기 최초의 방어영防禦營이 설치되었다.[40] 임진왜란 때 일본군의 진격로의 하나로 한강 이남에서 적을 방어하는 관문 구실을 하였던 수원에 방어영을 둔 이유는 남쪽인 호남과 호서 등 양호兩湖 지역에서 올라오는 적을 저지하고 도성을 방위하기 위한 것이었다. 이때는 아직 다른 방어사가 없었기 때문에 수원의 방어사는 경기방어사로 불리기도 하였다. 경기 및 도성 일대 방어체제 강화는 임진왜란 시기 도성을 잃은 경험에 따라 도성 등 조선의 중심 지역에 대한 방어의 중요성이 부각되어 이른바 내지內地의 방어에 관심을 기울이기 시작한 것을 반영한 것이다.

---

39) 이태진, 2008 「'누란의 위기' 관리 7년 10개월」, 『류성룡과 임진왜란』, 태학사, 203~205쪽

40) 『여지도서』의 「水原邑誌」에 의하면 선조 35년에 수원에 방어영이 설치된 것으로 나와 있으나 『선조실록』에 의하면 선조 34년 9월에 이미 수원 방어영 설치가 결정된 것으로 보아(『선조실록』 권141, 선조 34년 9월 戊申) 선조 34년이 정확하다는 주장도 있다. 수원 방어영 설치에 대해서는 차문섭, 1995 『조선시대 군사관계 연구』, 단국대학교 출판부, 257~258쪽 참조.

03
17세기 전반 북방 위협과 도성 및 경기 방어체계

후금의 성장과 광해군 전반 조선의 수도권 방어 정비

임진왜란 직전인 1589년 압록강 중류 일대의 건주부의 여러 여진 부족을 통일한 누르하치는 동으로는 압록강과 동가강, 서로는 요동의 무순과 청하보 일대, 남으로는 애양靉陽, 관전 등지에 이르러 거의 작은 왕국의 판도를 갖추게 된다.[41] 1591년에는 장백산부長白山部의 하나로 압록강 중류 일대에 있던 압록강부鴨綠江部까지 병합하여 조선과는 압록강 중류에 이르는 지역과 국경을 맞대게 되었다. 그러나 임진왜란 이전까지 조선과 명의 영향력이 이 지역에 유지되던 상황에서 누르하치의 건주여진은 아직 조선에 직접적인 위협으로 대두하지는 않았다.

임진왜란에 대규모 명의 원병이 조선에 파병되어 1593년 초 평양성 전투를 통해 일본군의 북상을 저지하고 남쪽으로 밀어붙이는 등 명나라의 관심이 조선에 집중된 것을 이용하여 누르하치의 건주여진은 더 적극적인 영역 확대 정책을

---

41) 천제션(홍순도 옮김), 2015 『누르하치 : 청 제국의 건설자』, 돌베개, 59~65쪽

추진하였다. 1593년 9월 누르하치는 건주여진을 견제하기 위해 결성된 해서여진海西女眞의 하달을 중심으로 현 여진과 몽골의 9부 연합군을 격파하고 그 여세를 몰아 그해 말에는 장백산부의 눌은부와 주사리부를 병합하여 백두산 너머까지 영향력 하에 두었다. 장백산부의 장악으로 건주여진은 이제 동쪽으로는 압록강을 지나 두만강 상류와 송화강까지 영역이 확대되었고 이를 계기로 남부 만주 지역에 대한 지배력을 장악해나갔다.[42]

누르하치의 세력 확장은 임진왜란 이후에도 계속되어 1607년(선조 40)에는 휘발부輝發部를 공격하여 병합하였다. 특히 광해군 즉위 초기인 1609년 건주여진과 경쟁을 하며 조선을 위협하던 함경도 건너편의 해서여진인 홀온忽溫 세력을 함경도 종성 건너편 문암門巖 전투에서 승리하면서 완전 복속시켰다.[43] 이를 계기로 누르하치는 예허부葉赫部를 제외한 해서여진의 세 부족을 완전 통일하였고 특히 해서여진 부족이 보유하였던 명나라와의 무역권도 장악하였다. 이 전투 승리를 통해 누르하치는 영고탑寧古塔(현재의 닝안(寧安))을 점령함으로써 건주위를 넘어 군사 원정까지 수행할 수 있는 노동력과 군사력을 갖추게 되었다.[44] 누르하치의 건주여진 세력은 이제 명나라와 조선에 직접적인 위협이 되었다. 이는 함경도와 평안도 등 조선의 북방 지역 전역에 적지 않은 위협이 되었다.

누르하치의 세력이 커지자 광해군대 들어 내지內地 요해지에 대한 방어체계를 정비하기 시작하였다. 내지 중에서도 후금의 위협을 고려하여 평안도 – 함경도 – 황해도 순으로 방어체제를 갖추었다. 광해군 전반기 평안도 방어를 위해 정주, 안주, 평양, 성천, 영변, 구성 등의 내지 요해지를 중심으로 방어 체계가 정비

---

42) 천제션(홍순도 옮김), 2015 『위의 책』, 72~80쪽
43) 한명기, 1999 『임진왜란과 한중관계』, 역사비평사, 225~229쪽.
44) 임계순, 2000 『청사』, 신서원 25쪽.

되기 시작하였다.[45] 1608년(광해군 즉위년) 8월 비변사에서는 정주, 안주성과 곽산과 숙천 두 지역의 산성을 정비하도록 요청하였다. 그리고 평안도의 주진主鎭인 평양, 영변의 방어체계를 점검하고 영변성에 추가적인 축성을 통해 방어력을 높이도록 하고 그 수성 방법과 전술은『기효신서紀效新書』「수초편守哨篇」에 따라 시행하도록 하였다. 아울러 자산산성과 용강의 공룡성의 방비를 강조하였다.[46] 이듬해인 1609년 8월에는 정주, 안주, 영변, 평양의 읍성과 곽산의 능한산성 축조가 강조되었다.[47] 광해군대 초기 함경도 지역의 방어는 압록강 상류 북쪽에 근거지를 가진 건주위 여진의 위협이 증가함에 따라 삼수三水, 갑산甲山의 중요성이 커졌다. 이는 건주위 세력이 폐사군 지역에서 삼수의 별해別害(오늘날 장진)로 진출하여 곧장 함흥을 공격할 경우 함경도 남부 지역에 직접적인 위협이 될 가능성이 매우 높았기 때문이다. 따라서 그 배후지역인 단천端川 이남 지역의 방어체제 정비가 요구되었다.[48] 내지 방어를 위해 1610년(광해군 2)을 전후하여 함경도 감영이 있던 함흥 일대에 대한 방어 태세 강화에 착수하여 함흥 읍성의 개축과 추가 축성이 추진되었다. 감영 소속 속오군의 조련 강화와 군관 증원도 이루어졌다.[49] 아울러 삼수, 갑산에서의 위협에 대응하기 위해 함흥 후방의 정평 지역 방어의 중요성이 강조되기도 하였다.[50]

북방 지역 방어 체계의 정비와 함께 광해군 초기에는 한성 일대의 수도권

---

45) 광해군 초기 평안도 지역 방어 체제 정비에 대해서는 장성진, 2008 「광해군 시대 국방 정책 연구」, 국방대학교 석사학위논문, 24쪽 참조.
46)『광해군일기』권7, 광해군 즉위년 8월 신미
47)『광해군일기』권19, 광해군 원년 8월 갑인
48)『광해군일기』권7, 광해군 즉위년 8월 경오
49) 광해군 초기 함경도 내지 지역 방어 체계 정비에 대해서는 노영구, 2005 「조선후기 함경 남도 간선 방어체계」, 『한국문화』36, 378~380쪽 참조
50)『광해군일기』권35, 광해군 2년 11월 기미

방어 체계의 정비도 착수되었다. 이를 위해 여주의 파사산성과 죽산의 죽주산성, 수원 독성 등 한강 이남 지역의 방어 체계를 집중적으로 정비하였다.[51] 임진왜란 중 수축, 개축된 경기지역 8개소의 산성 가운데 인천산성, 용진산성, 남한산성, 고양산성 등 4개소는 점차 지속적인 수축을 하기로 하였다. 또 형세가 좋지 않은 나머지 산성도 차례로 수축하고 보완하여 활용될 수 있도록 준비하였다.[52] 한강에는 별영別營을 다시 설치하고 장수를 배치하여 한강 일대 방어체계를 강화하고,[53] 임진왜란 당시 허물어진 도성의 피해를 복구하기 위해 1621년(광해군 13) 도성을 수축하였다.[54] 아울러 국왕의 피난처인 이른바 보장처保障處로 지정된 강화도의 방비가 중요해졌다.

강화도는 선조 연간에도 보장처로 이미 주목받았는데, 광해군이 집권하자 중요성이 더욱 부각되었다. 광해 즉위년(1608) 비변사에서는 전국의 여러 곳을 국왕의 보장처를 검토하면서 강화도가 경기와 가깝고 남쪽으로는 충청도와 전라도에 연결되어 있으며 북쪽으로는 황해와 평안도가 접하고 있어 급박한 변란을 방어하는데 좋은 지역으로 평가하였다.[55] 광해군은 강화도를 방어하기 위한 여러 가지 구상을 하였는데, 그 가운데에는 수군 개편 방안도 포함되어 있었다. 당시 강화도 수군개편 방안 중에 주목되는 것은 바로 주사청舟師廳의 설치이다. 주사청이 위치한 곳은 강화도 동북부의 요지인 연미정燕尾亭으로 이 지역은 서해에서 한강으로 이동하는 통로이자 한양에서 강화도로 진입하는 길목이었

51) 『광해군일기』 권24, 광해군 2년 정월 무자 ; 『광해군일기』 권26, 광해군 2년 3월 임인
52) 차용걸, 2010 「조선후기 산성방어체제의 운영」, 『중원문화재연구』 4
53) 『광해군일기』 권71, 광해군 5년 10월 甲寅
54) 『광해군일기』 권166, 광해군 13년 6월 甲午
55) 『광해군일기』 권10, 광해군 즉위년 11월 癸巳

다.[56] 이를 통해 주사청은 북방의 적이 한강으로 진출하는 길목을 차단하고 국왕이 강화도로 무사히 들어올 수 있도록 돕기 위해 설치되었음을 알 수 있다. 광해군은 기존의 주사대장과 중군을 주사청의 사령관으로서 그 지위를 격상하였고 동지중추부사 이응해李應獬와 중군 무신당상 양호梁護 등 측근 인사를 임명하여 영향력을 확대하였다.[57]

광해군은 주사청을 기반으로 강화 지역의 수군 전력을 강화하고자 하였다.[58] 광해군 10년(1618) 황해도와 하삼도下三道에서 전선 총 80척 이상을 건조하여 강화도 앞바다에 집결하도록 하였다.[59] 또한 필요한 병력을 확보하기 위해 한강 주변의 어민들을 사공·격군으로 충당하여 연습시키거나 강화도 속오군을 수군으로 동원하였다.[60] 주사청 강화를 통한 강화도 일대 수군 방어체제 강화 방안은 부역의 증가 등 문제로 인해 폐지하자는 주장도 나타났다. 1620년(광해군 12) 이후 주사청은 곧 폐지된 것으로 보이는데 구체적인 시점은 알 수 없다. 다만 경기수영이 강화도로 이설되는 1624년(인조 2) 전에는 폐지된 것으로 보인다.[61] 아울러 1614년(광해군 6) 강화도 해변에 목책을 설치하고 경강에 수군을 편성하게 하고 아울러 덕진, 승천부, 갑곶진 등 강화도의 주요 지역에 관방 시설을 갖추도록 하였다.[62] 1616년에는 강화도의 행정, 군사책임자로 부윤府尹을 두고 아

---

56) 『광해군일기』 권130, 광해군 10년 7월 戊子

57) 『광해군일기』 권129, 광해군 10년 6월 甲子

58) 주사청에 대해서는 고동환, 1997 『조선후기 서울상업발달연구원』, 지식산업사, 348쪽 참조

59) 『광해군일기』 권129, 광해군 10년 6월 乙酉.

60) 『광해군일기』 권144, 광해군 11년 9월 癸巳.

61) 광해군대 주사청 창설을 통한 강화도 방어체제 정비는 송기중, 2015 「조선후기 수군제도의 운영과 변화」, 충남대학교 박사학위논문에 자세하다.

62) 『광해군일기』 권80, 광해군 6년 7월 壬子 ; 『광해군일기』 권80, 광해군 6년 7월 후酉

울러 비변사에는 강화도를 담당할 강화도 유사당상有司堂上을 두도록 하였다.[63]

강화도 방어 체계 정비와 함께 광주의 남한산성과 파주의 파주산성에 대한 방어체계도 정비하였다. 이 방책에 따라 1618년(광해군 10) 북방의 침입이 있을 경우 황해도의 군병은 남한산성에 들어가 지키도록 하고 경기와 강원도의 군병들은 파주산성에 들어가 방비하도록 하였다.[64] 이는 파주산성 방비로 임진강 일대를 방어하고 남한산성 방어로 적군의 수도권 진입을 차단하고자 한 것이었다. 이 시기는 후금이 명의 요동 지역 근거지인 무순과 그 주변 지역을 장악하여 명이 반격을 준비하던 시기로 대외적으로 매우 위험한 때였다. 이상의 방어 대책을 통해 광해군대 수도권 방어는 보장처인 강화도와 광주의 남한산성, 파주산성을 중심으로 정비되었음을 짐작할 수 있다.[65]

경기 일대 방어체계 정비에 더하여 훈련도감 중심의 도성 방어도 강화되었다. 1603년 8월 2,000여 명이었던 훈련도감의 군액은 10여 년이 지난 1616년(광해군 8) 8월 4,000여 명에 달하였다. 이는 1606년(선조 39) 겨울 훈련도감 병력의 확대를 위해 채택된 충원 방식인 '승호제陞戶制'에 따른 것으로 이는 각 지방에 군액을 할당하여 이들을 도성으로 올라오게 하여 훈련도감 군사로 충원하는 방식이었다. 훈련도감 강화를 위한 승호제의 시행으로 광해군대 들어서면서 훈련도감의 군액은 크게 증가할 수 있었다.[66]

북방 후금의 위협 등 대내외적인 불안정에 따른 궁성 숙위를 강화를 위해 우선적으로 필요한 궁성문의 호위인 수문守門을 전담하는 제도의 마련이 시급해

63) 『광해군일기』 권103, 광해군 8년 5월 乙巳
64) 『광해군일기』 권129, 광해군 10년 6월 癸酉; 『광해군일기』 권129, 광해군 10년 6월 丙子
65) 장성진, 2008, 앞의 논문, 51~52쪽
66) 김종수, 2003 앞의 책, 102~105쪽

졌다. 이에 수문장을 무과 급제자를 중심으로 선발하는 방식이 마련되었고 17세기 초 광해군대 들어서는 이를 담당하는 관서인 수문장청守門將廳이 설치되었다. 수문장청은 동궐東闕인 창덕궁의 경우 돈화문敦化門과 금호문金虎門 사이에 설치되었고, 서궐西闕인 경희궁慶熙宮의 경우에는 그 정문인 흥화문興化門 남쪽에 마련되었다.[67]

심하의 패배와 광해군 후반기 도성 및 경기 방어체계

1616년 후금을 건국한 누르하치는 1618년(광해군 10) 4월 이른바 '일곱 가지 원한(七大恨)'을 내걸고 명의 요동 지역 주요 거점인 무순을 공격하여 점령하고 이어 주변의 17개 성을 점령하였다. 무순성은 요동 지역의 명나라 거점 중에서 여진족을 통제하기 위한 주요한 요충지로서 고구려 시기 신성新城이 있던 지역이었다. 무순성의 함락은 명나라와 조선에 큰 충격을 가져다 주었다. 무순성 함락으로 인해 후금의 조선 침공 가능성이 매우 높아지자 광해군은 도성이 함락될 경우를 대비하여 왕이 피난갈 장소로 다시금 강화도, 안동, 전주, 나주 등을 거론하고[68] 이들 지역의 전략적 유불리를 검토하기 시작하였다.

　　무순을 장악한 후금은 1618년 7월에는 심양 서남쪽의 청하성淸河城을 점령하여 요동의 중심 도시인 심양을 공격할 태세를 갖추었다. 이에 명나라는 양호楊鎬를 요동경략遼東經略으로 임명하고 10만여 명의 병력을 동원하여 후금에 대한

---

67) 노영구, 2017 「엄격하고 철저하게 지키다, 궁궐의 호위체제」, 『왕권을 상징하는 공간, 궁궐』, 국립고궁박물관, 58~59쪽
68) 『비변사등록』 제1책, 광해군 10년 5월 18일

반격을 준비하게 된다. 그리고 조선에 지원군 파병을 요청하였다. 명나라 군은 전군을 북로군, 중로군(중로좌익군, 중로우익군), 남로군 등 모두 4로군으로 편성하고 후금의 수도인 흥경興京을 최종 점령 목표로 일제히 공격을 개시하였다. 강홍립이 거느린 조선 파병군은 유정이 지휘하는 남로군에 함께 편성되어 진군하였다. 그러나 남로군은 3월 4일 심하深河(혹은 三河) 지역에서 후금 기병의 일제 공격을 받아 초전에 선전하였으나 기상이변으로 크게 패하고 전군이 항복하였다.(사르후 전투)[69]

사르후 전투의 큰 승리를 계기로 후금은 요동 지역에 대한 직접 통치를 목표로 적극적인 영토 확장에 나서게 되었다. 후금은 사르후 전투의 여세를 몰아 1619년 6월 개원開原, 7월 철령鐵嶺 등 무순 북방의 명나라 근거지를 함락하고 이어 개원 북방에 있던 나머지 여진족인 예허부葉赫部까지 통일하여 배후를 안정시켰다. 이듬해 3월에는 요동의 명나라 최대 거점인 심양과 요양을 점령하여 요동 일대를 완전 장악하였다. 1622년 1월에는 요하를 건너 광녕廣寧(현재의 랴오닝성遼寧省 北寧)을 점령하여 요하 서쪽으로 영토를 확장하였다. 광녕의 함락으로 이제 몽골 세력도 후금의 영향력 하에 들어가게 되었다.[70] 후금의 팽창으로 인해 조선과 명나라 간의 육로 교통이 단절되어 명나라와 육상을 통한 연결이 불가능해졌다. 후금의 전면적인 위협 하에 놓이게 된 이후 조선은 명나라와의 연결을 통한 후금의 견제는 어려워졌다. 따라서 후금의 전면적인 공격에 대비하기 위한 조선의 독자적인 방어전략의 수립과 군사력 재건이 요구되었다.

조선은 우선 외교적인 유화책을 통해 가능한 후금을 자극하지 않도록 하여

69) 심하 전투의 경과에 대해서는 한명기, 2001 「한국 역대 해외파병 사례 연구─1619년 「深河 전투」 참전을 중심으로」, 『軍事史 研究叢書』, 군사편찬연구소, 19~22쪽에 자세하다.

70) 이상창, 2007 「명·청 覇權戰爭으로서의 丙子胡亂 원인 재해석」, 국방대학교 석사학위논문, 58쪽.

국제정세를 안정적으로 관리하고자 하였다. 또한 후금의 전면적 공격에 대비하기 위해 북방의 기존 방어 중점을 창성과 의주 등 국경 상의 변진 방어에 더하여 전면 공격시 예상되는 기동로상의 주요 요충지에 대한 방어체계 정비에 착수하였다.[71] 평안도의 주요 대로인 의주대로 및 내륙직로 상의 주요 요충지인 구성, 정주, 안주, 평양 등을 중심으로 주변의 군병을 조정하는 등 방어 대책을 강구하였다.[72] 북방 지역 방어 체계 정비와 함께 도성이 공격받아 함락될 경우에 대비하여 여러 곳의 보장처를 검토하고 도성에서 가까운 강화도 방비를 강화하였다. 특히 수도권 방어를 강화하기 위해 1621년(광해군 13)에 한성 북방인 파주에 방어영을 추가로 설치하여 경기 남쪽의 수원과 함께 짝이 되도록 하였다. 파주 목사가 방어사를 겸직하였으나 수년이 지나지 않은 시기에 장단으로 방어영이 옮겨지고 독립된 방어사가 임명되었다. 이는 1624년(인조 2) 이괄의 난이 일어났을 때 부원수 장만과 장단방어사 이완이 개성 북방의 요해지인 청석동에서 이를 저지하고자 한 사실을 통해 확인할 수 있다.[73]

인조반정 이후 도성 중심 방어전략과 총융청 설치

1623년 3월 인조반정의 성공으로 집권한 서인 중심의 조선의 새 정권은 광해군의 중립적 외교노선을 배격하고 친명배금親明排金 정책을 대외 노선으로 표방하

71) 장성진, 2008 앞의 논문, 75~77쪽
72) 『광해군일기』 권150, 광해군 12년 3월 정해 ; 『광해군일기』 권168, 광해군 13년 9월 병오
73) 차문섭, 1995 『조선시대 군사관계 연구』, 단국대학교 출판부, 258~259쪽

였다. 이에 따라 우선 평안도 철산 앞의 섬인 가도에 주둔하고 있던 명나라 장수 모문룡毛文龍을 우대하여 그에게 군량 등 필요한 물자를 제공하고 그 휘하 명나라 군병이나 주민들이 조선의 영내에서 활동하도록 용인하였다.[74] 조선의 친명배금 외교정책은 후금과의 군사적 충돌의 가능성을 매우 높이는 것이었다. 조선과 합세하여 후금을 위협할 계획을 가진 모문룡은 조선 정부에 자주 군량과 무기를 요구하였고 후금의 배후를 적극적으로 공격하였다. 실제 모문룡은 후금 배후의 휘발부輝發部 습격하거나 남만주의 안산(오늘날의 丹東)과 사르후薩爾滸 등지를 공격하여 후금 내부를 교란시켰다. 일부 모문룡 부대의 경우 함경도 북부 지역까지 진출하기도 하였다.[75]

인조반정 직후 조선의 친명배금 정책 표방과 모문룡에 대한 적극적인 지원으로 인해 후금과의 군사적 충돌 가능성은 매우 높아졌다. 이에 따라 조선은 적극적인 대후금 방어전략의 채택이 불가피했다. 조선의 대후금 방어전략은 기본적으로 서북방 지역의 방비를 튼튼히 하고 아울러 도성 일대 방어체계를 아울러 갖추는 것이었다. 이 방어전략에 따라 도체찰사와 부체찰사를 두어 전국적인 군사지휘체제를 갖추는 한편, 평안도와 황해도에도 특별히 도원수와 부원수를 파견하여 두 도의 군사를 통합 지휘하도록 하였다. 그리고 후금의 침입을 서북 지역에서 방어하지 못할 경우에 대비하여 수도권 일대를 확보하여 지구전을 전개할 방안도 논의되었다. 수도권 일대의 방어를 위해 강화도와 남한산성의 방어시설 정비와 함께 수원, 개성 등 한성을 둘러싼 경기의 주요 요충지의 군사제도 정

---

74) 인조반정 이후 조선이 표방한 친명배금의 외교정책이 명과의 관계를 더 강화하는 방향으로 전환된 것 이외에는 대후금정책이 광해군대와 근본적으로 달라진 것은 없었다는 평가가 최근 제출되어 주목된다(한명기, 1999 『임진왜란과 한중관계』, 역사비평사, 361~366쪽).

75) 『비변사등록』 제1책, 인조 2년 4월 27일. 인조 초 모문룡 군대의 후금 공격 양상에 대해서는 최소자, 1997 『명청시대 중 · 한 관계사 연구』, 이화여대 출판부, 93쪽 참조.

비에도 힘을 기울였다. 후금의 침공시에는 국왕의 개성 등으로의 친정親征을 적극적으로 고려하여 불리한 형세를 타개하는 방안을 강구하였다.[76] 인조대 어영청, 총융청, 수어청 등의 중앙 군영이 발족한 것은 이러한 여러 상황의 반영이었다. 국왕의 친정 계획과 함께 수도권 지역 방어가 어려울 경우에 대비하여 국왕을 나주 및 안동 등 후방의 안전한 지역으로 피난시킬 보장처를 준비하는 예비 계획도 마련되었다.[77]

이상에서 살펴보았듯이 조선의 대후금 방어전략은 서북방면의 거점 방어와 수도권 방어를 중심으로 보장처 확보, 명과 함께 요동으로 반격 등 다양하게 고려되었음을 알 수 있다. 이에 따라 진관체제 복구, 여러 중앙 군영 창설, 주요 지역 축성 등이 이루어졌다. 이러한 방어전략을 수행하는데 필요한 군사를 확보하기 위해 군적의 정비와 호패법 시행 등이 적극적으로 논의되었다. 그러나 인조 2년(1624) 1월 말 일어난 대규모 내란인 이괄의 난으로 인조반정 직후 준비한 다양한 군사적 방안은 수정이 불가피한 상황이었다.

이괄의 난은 성공한 군사적 정변을 제외하고 한국 역사상 일국의 수도가 반란군에 의해 함락되었던 거의 유일한 내란이었다. 이 반란에 동원된 병력은 평안도 영변에 주둔하던 조선의 전략 예비 병력으로 부원수 겸 평안병사 이괄李适에 의해 지휘되었다는 점에서 이전의 반란과는 그 전개 양상에 차이를 보이고 있다. 도성을 향해 신속히 남하하는 이괄의 반란군에 대응하기 위해 평안도 및 황해도, 경기도, 충청도 등의 군병이 대규모로 동원되었다. 이괄의 난을 계기로 평안도 일대의 군병은 다수가 흩어지거나 전사하여 이전에 준비되었던 평안도 일

---

76) 『인조실록』 권3, 인조 원년 11월 戊辰
77) 『인조실록』 권2, 인조 원년 7월 癸巳

대의 대후금 방어체계는 상당히 약화되었으므로 이후 새로운 방어전략과 방어체계 정비가 요구되었다.

　1623년 일어난 인조반정과 이듬해 이괄의 난은 기존의 국경, 내지 중심의 방어전략에서 도성 중심의 방어전략으로의 전환을 가져온 큰 분기점이었다. 인조반정 직후 반정세력은 정치적 안정을 도모하기 위해 북방 방어에 못지않게 도성 방위를 중시하는 입장이었다. 이를 위해 국왕을 정점으로 하는 반정세력의 보호를 위한 중앙 군영의 강화에 착수하였다. 실제 인조반정 당시까지 도성 내의 유일한 병력은 훈련도감 군병뿐이었고 광해군대 수도방위를 위해 설치되었던 도성 주변의 방어영인 2개 방어영의 군사력이 오히려 반정군으로 동원되는 등 인조대 이전까지 수도방위체제는 유명무실한 상태였다고 할 수 있다. 이에 더하여 도성 주변의 방어체제를 미처 정비하기도 전에 일어난 이괄의 난으로 다시금 반란군에 수도가 함락되자 이후 본격적으로 도성 및 경기 일대 방어 전략과 방어체제의 정비에 착수하게 된다.

　이괄의 난 당시 도성을 무기력하게 포기할 수밖에 없었던 서인 세력은 국왕호위의 강화와 경기 지역 군사력의 정비에 본격적으로 착수하였다. 인조반정의 성공은 훈련도감 이외의 호위병이 없었던 광해군대 숙위체제가 지닌 문제점에 따른 것이었다. 인조반정 직후 서인 정권은 무너진 숙위체제를 한층 강화된 형태로 재건할 필요가 있었다. 새로운 숙위 군영인 호위청扈衛廳과 어영청의 창설이 그 결과였다. 호위청은 인조반정에 동원된 반정군은 한성 주위의 장단과 이천의 관군과 함께 참가자 각자가 모집한 이른바 사모군私募軍이 중심이었다. 이 사모군 중 그해 7월까지 해산하지 않고 남아 있는 군관 중 500여 명은 반정공신의 군사력으로 남아 숙위 등을 담당하고 있는 실정이었다. 이에 인조는 관군 이외에 이 사모군의 해산을 명하였지만 이귀李貴는 이 군병들을 바탕으로 병력을 확충하여 군영을 창설하여 훈련도감과 함께 한성에 상주시켜 도성 호위군으로 편성할 것을 제안하였다.[78] 이에 8월 이전에 호위청이 창설되었다. 호위청은 대장大將 4인과 당상관 2인을 정하여 사모군 중에서 대장은 각 100명, 당상관은 50명씩 뽑아 군관으로 삼아 국왕 호위를 담당하도록 하였다. 따라서 호위청은 군관 500인 정도로 최초 편성되었음을 알 수 있다. 호위청 군관은 500인으로 최초 편성되었으나 당시의 재정 상황으로 인하여 이들 모두에게 급료를 지급하기 어려웠다. 따라서 정수는 400인으로 정하고 번을 나누어 호위청에서 숙직하면서 궐내에서 근무하도록 하였다.[79] 정원은 400인으로 정하였지만 교대 근무 형태를 띠고 있었으므로 각 대장이나 당상관들은 각 지방의 무사武士들을 적극적으로 모집하여 호위청 군관의 수효는 이듬해 3월 무렵에는 이미 1,000명에 달할 정도로 확대되었다.[80] 호위군관들은 인정문 밖 월랑月廊, 영자문숙紫門 정전 월랑과 그 중간 지점의 만나는 곳에 입직하여 국왕을 호위하였으며, 궁궐 밖 남산이나 동소, 북소 등에 파견 근무하는 경우가 있었다.[81]

또다른 호위 군영인 어영청 창설은 인조 초기 조선의 군사전략과 관련이 있다. 앞서 보았듯이 인조는 즉위 직후부터 후금의 조선 침공이 있을 경우 친히 전쟁에 나아가겠다는 친정親征 의지를 보였고 아울러 명과 연합하여 요동의 후금에 대한 반격을 여러 차례 공언하였다. 이에 인조는 후금과의 전쟁이 발발할 경우 2명의 호위대장 등과 함께 군사를 거느리고 개성에 나아가 모든 조선군을 지

78) 『인조실록』 권2, 인조 원년 7월 癸卯
79) 『인조실록』 권3, 인조 원년 윤10월 壬辰
80) 『인조실록』 권5, 인조 2년 3월 癸酉
81) 최효식, 1995 『조선후기 군제사연구』, 신서원, 148쪽

휘하고자 하였다. 개성으로 진출한 국왕의 호위를 위해 인조반정 주역이었던 이귀李貴를 개성유수로 임명하고 국왕 호위군을 모집하도록 하였다. 아울러 이귀에게 어융사禦戎使의 지위를 함께 부여하여 개성 일대의 방어체계 전체를 총괄 지휘하도록 하였다.[82] 개성유수로 임명된 이귀는 1623년 연말까지 개성 일대 정예병 260여 인을 모집하여 국왕이 개성으로 주필駐蹕할 때의 호위군으로 편성하고 어영군이라 칭하였다. 이 어영군의 통솔 문제와 함께 어영군 확대를 위해 이귀를 어영사로 임명하고 개성부사 조존성을 어영부사에 임명하여 어영군을 통솔하도록 하였다.[83] 즉 개성의 기존 지방군이었던 속오군과 별개인 독립 군영으로서 국왕 호위 군병인 어영군의 체계가 갖추어진 것이었다.

인조반정 이후 후금의 침공 가능성이 높은 상태에서 평안도 등 변방 지역에서 후금의 공격을 저지하기 어렵다는 점을 들어 수도 방위를 우선하여야 한다는 주장이 많이 나타났다. 그 대표적인 인물로는 이귀를 들 수 있다. 그는 경기의 군사를 금위군禁衛軍이라 하여 급한 사태 발생시 국왕 호위에 투입할 것을 주장하였다. 그리고 지방의 군사들도 각도에서 미리 편성하고 훈련시켜 필요시 징발하여 각도 병사兵使가 거느리고 오게 하고 이들을 도체찰사가 통솔하도록 하여 도성 방어와 호위를 강화하도록 하였다. 동시에 도성 방어의 일환으로 남한산성 축조를 주장하였다.[84] 남한산성 수축 문제는 도성을 쉽게 버릴 수 없다는 반론이 나타나 일단 보류되었다. 도성 방어 강화를 위해 호위대장 중 이서와 신경진이 도성 방어를 담당하도록 하고 아울러 도성 주변의 요충지인 강화江華와 수

82) 『인조실록』 권3, 인조 원년 11월 庚午
83) 『비변사등록』 제3책, 인조 2년 정월 12일 ; 『인조실록』 권4, 인조 2년 정월 丁卯
84) 『인조실록』 권3, 인조 원년 윤10월 壬寅. 김용흠, 2006 『조선후기 정치사 연구(Ⅰ)-인조대 정치론의 분화와 변통론』, 혜안, 300쪽

원水原의 방어를 강화하는 방안이 강구되었다. 이를 위해 강화부윤에 이중로를, 수원부사에는 인조반정 당시 훈련대장이었던 이흥립을 임명하였다.[85] 앞서 보았듯이 이귀를 개성유수로 하여 군사를 선발하여 변란에 대비하도록 하였다. 강화와 수원 등 주요 지역 방어체계 정비와 함께 도성을 둘러싼 방어체계를 강화하기 위해 경기도 군병을 재편하려는 움직임이 나타났다.

도성 방어를 강화하기 위해 경기군을 재편하려는 움직임은 인조반정 직후부터 나타났다. 이귀는 당시 도성 방위 강화를 위해 명나라 초기 병부상서였던 우겸于謙이 도성에 설치하였던 군영인 12단영團營의 제도[86]를 모방하여 호위청 등을 강화하고 아울러 경기의 수령들이 군사를 선발하고 조련하게 하여 도성의 호위를 강화할 것을 주장하였다.[87] 이러한 이귀의 주장은 그대로 받아들여져 호위청 확대와 함께 경기군의 정비, 그리고 도성 및 경기군의 통합 운용에 착수하였다. 인조 원년(1623) 말 훈련도감 군병과 경기 여러 고을의 군병을 3군으로 나누어 2개 군은 호위청 좌, 우대장인 이서와 신경진에게 소속시키고 1개 군은 도체찰사 한준겸에게 소속시키도록 한 것을 보면 도성과 경기의 군병을 통일적 지휘체계 아래 일단 편성하였음을 알 수 있다.[88]

경기군의 본격적인 정비는 이서李曙가 담당하였다. 호조판서 겸 비국당상으로서 경기감사에 임명된 그는 1624년(인조 2) 정월 도성을 싸고 있는 장단, 수원, 양주 등을 중심으로 한 경기에 세 영營을 배치하여 방어체계를 정비하는 방

---

85) 『인조실록』 권3, 인조 원년 윤10월 丙午
86) 12團營이란 1449년 토목의 변 이후 北京 방위를 강화하기 위해 병부상서 우겸이 설치한 10營을 바탕으로 이후 成化 연간(1465~1487)에 정예병 14만명을 선발하여 4武營, 4勇營, 4威營 등 12단영으로 확대 조정한 군사조직이었다(백기인, 1998 『中國軍事制度史』, 국방군사연구소, 214~215쪽).
87) 『인조실록』 권2, 인조 원년 7월 癸卯
88) 『비변사등록』 제3책, 인조 2년 2월 1일

안을 건의하였다.[89] 이는 이후 있을 총융청 창설의 준비작업이었다. 경기군의 정비 작업은 곧 일어난 이괄의 난으로 일시 중지되기에 이른다. 이괄의 난에서 조선군의 방어체계를 잘 알고 있던 이괄은 관군의 추격을 따돌리고 한성까지 쉽게 도달하여 도성을 함락시킴에 따라 국왕 숙위 및 한성 방어의 중요성과 함께 한성 주변 방어 체계를 통일적으로 재정비할 필요성이 제기되었다. 이괄의 난 당시 경기감사 이서는 송도의 청석동을 지키고 이흥립의 수원군과 박효립의 파주군은 임진강을 나누어 지켰지만 통일적 지휘체계의 미비로 인해 개성과 임진강 일대에서 반란군을 저지하지 못하였다.[90] 특히 이괄의 반란군이 평산의 마탄馬灘 일대에서 관군을 패배시키고 이어서 기존의 접근로인 청석동靑石洞이 아닌 그 동쪽에 있는 산예山猊 지역으로 우회하여 개성을 함락시켰다.[91] 따라서 평지에 위치하여 방어에 어려움이 많은 평산 방어보다는 개성 방어의 중요성이 높아져 이 일대 전반에 대한 방어 체계의 재검토가 요구되었다. 그중에서 우토牛兎(우봉, 토산)에서 개성으로 연결되는 통로와 평산에서 개성으로 연결되는 저탄豬灘 – 산예 통로에 대한 방어의 중요성이 높아졌다.[92]

이처럼 이괄의 난을 계기로 도성 방어를 위해 경기 방어체제의 재검검과 경기군의 정비, 통일적인 지휘체계의 확립 필요성이 제기되었다. 통일적인 지휘체계의 미비로 인해 도성이 함락되는 등 문제점이 적지 않았지만 경기군은 매우 유용한 군사력임이 확인되는 계기가 되었다. 이괄의 난 진압 이후 바로 경기 일대의 방어체계 정비와 경기군의 재편에 착수하였다. 경기감사 이서는 1,000인을

---

89) 『인조실록』 권4, 인조 2년 정월 己巳
90) 『인조실록』 권4, 인조 2년 2월 壬辰
91) 『인조실록』 권4, 인조 2년 2월 壬辰, 辛卯
92) 『인조실록』 권25, 인조 9년 7월 丙子

한 영營으로 하고 그 고을에서 무재가 있는 자를 뽑아 그 영營의 장령將領으로 삼도록 하며, 경기 군사에게 조총 쏘는 훈련을 시키고 전마戰馬를 갖추는 방안을 주장하였다.[93] 이서의 건의는 이후 총융청의 창설과 군사 편제에 중요한 기준점을 제시하였다. 이와 함께 도성 근처의 방어 거점으로서 강화도와 남한산성의 방어체계를 강화하고자 하였다.

당시 도성은 지나치게 넓어 방어에 적지 않은 어려움이 있었으므로 이괄의 난을 계기로 수도권 방어계획의 일환으로 강화도와 남한산성을 서울을 중심으로 한 기각지세를 이루도록 하였다. 이 계획에 따라 국왕은 강화도로 이동하도록 하였는데 강도에서 전국을 호령하기는 너무 외졌으므로 남한산성에 세자를 두어 통제하는 것이 타당하다고 판단하였다. 이러한 방어계획에 따라 이괄의 난이 진압된 직후인 1624년 3월부터 우선 강화의 방비를 강화하기 위해 경기수영을 강화로 옮겨 강화도의 방어체계를 정비하였다. 이어 남한산성 수축이 논의되었다.[94] 그리고 강화도는 이시발李時發을, 남한산성에는 심기원沈器遠을 당상으로 임명하여 이 지역의 방어체계를 정비하도록 하였다.[95] 다음으로 수도권 방어 체계의 강화와 경기군의 통일적 지휘를 위한 새로운 군영을 창설하도록 하였다. 이를 위해 1624년(인조 2) 5월 경기감사 이서李曙를 경기제읍군병차지당상京畿諸邑軍兵次知堂上으로 임명하여 경기군의 조직과 훈련에 담당하도록 하였다.[96]

인조대 초반 경기군을 통솔할 군영으로서 총융청이 정확히 언제 창설되었는지에 대해서는 명확하지 않다. 총융청 창설 초기 상황을 정리한 것으로 보이는

---

93) 『인조실록』 권5, 인조 2년 3월 癸亥

94) 『인조실록』 권5, 인조 2년 3월 庚午. 인조 2년 남한산성 수축 논의와 인조 3~4년 남한산성의 수축 과정에 대해서는 민덕식, 2007 「인조초의 남한산성 수축」, 『역사와 실학』 32(상), 535~553쪽에 자세하다.

95) 『인조실록』 권6, 인조 2년 5월 辛巳

96) 『비변사등록』 제3책, 인조 2년 5월 26일

『총융청등록摠戎廳謄錄』이 없어져 분명히 확인할 수 없었던 것도 한 원인이다.[97] 이보다는 총융청이 최초 설립될 시기 독립된 군영으로 창설된 것이 아니라 인조 2년 6월 10일 도체찰사부[體府]에 소속된 부대의 하나로 출발하였던 것에서 기인한 것으로 보인다.[98] 3일 후 이서李曙에게는 기보총융사畿輔摠戎使라는 직함을 주어 경기도 군병의 편성을 담당하도록 하였다.[99] 기보총융사 이서는 곧바로 경기군의 통일적인 정비와 재편성에 착수하여 7월 하순부터는 경기의 정군正軍까지 포함하여 여러 명목[諸色]의 군병을 8번으로 나누어 편성하였다.[100] 이 시기 총융군 편성이 우선 이루어진 지역은 통진 등 경기 우도의 여덟 군현으로서, 이들 고을에는 군현의 총융군을 지휘할 군관으로 천총千摠을 각각 두도록 하였다.[101]

경기군 정비의 구체적인 성과는 몇 달이 지난 1624년(인조 2) 11월에 나타나게 된다. 총융사 이서가 당시까지 총융군으로 편성이 완료된 경기 지역 군사들을 점검하고 조정에 보고한 것에 의하면 장단에 소속된 6개 군현과 양주에 소속된 7개 군현 등 모두 13개 군현의 군병의 병종과 수효는 다음의 〈표〉와 같다.

:: 13개 군현의 군병의 병종과 수효

	속오군	정군	별대마군	총계
장단(長湍) 소속 6읍	1,541	566	315	2,421
양주(楊州) 소속 7읍	1,293	308	184	1,781

이서는 이들 4,000여명의 군병을 4개 부部로 나누어 편성하도록 하고 각

---

97) 『新補受敎輯錄』 兵典 「摠戎廳」
98) 『비변사등록』 제3책, 인조 2년 6월 10일
99) 『비변사등록』 제3책, 인조 2년 6월 13일
100) 『인조실록』 권6, 인조 2년 7월 庚辰
101) 『인조실록』 권6, 인조 2년 8월 丁亥

부部에 지휘관인 천총을 두고 그 아래에는 사司를 편성하고 지휘관인 파총把摠을 두었다. 이를 통해 대체로 각 부는 약 1,000명 정도였고, 500명으로 이루어진 2개의 사로 이루어졌음을 짐작할 수 있다. 아울러 천총과 파총에는 그 직속에 군사 신호를 맡은 대기수大旗手와 취고수吹鼓手 등을 편성하여 원활하게 예하 부대를 지휘할 수 있도록 하였다. 다만 이 시기까지 경기의 남부에 있는 수원에 소속된 각 고을은 미처 군사를 점검하여 편성하지는 못한 상태였다.[102] 그리고 광주廣州 일대의 군병 정비도 미처 이루어지지 못한 것으로 보인다.

위의 〈표〉를 통해 총융청은 경기 각 고을에 있던 속오군과 정군, 그리고 별대마군別隊馬軍을 통합하여 소속 군병으로 편성되었을 알 수 있다. 그 편성 방식은 부部의 아래에 각각 사司-초哨 등의 편제로 이루어졌음을 알 수 있다. 특히 기병이 뛰어난 북방의 후금과의 전투에서 절대적으로 요구되는 마군馬軍의 정비에 각별히 힘을 기울였음을 짐작할 수 있다. 이서의 노력에 따라 1624년(인조 2)5월 경기군의 정비에 착수한지 수 개월이 지나지 않은 11월 말에는 총융군의 전체 병력이 2만 명에 달하여 수도권 방어의 중심 군영으로 자리 매김할 수 있었다.[103] 12월 말에는 총융군 중 일부 정예병을 차출하여 북방 방어를 위한 사전 예비 병력으로 준비하기도 하였다.[104]

1624년 말까지 경기 일대 군병 확보에 주력하였던 총융청은 이듬해인 1625년(인조 3)에 들어서면서 군사조직의 체계적 정비에 본격적으로 나서게 된다. 창설 초기 총융군은 경기 내 4개 진관鎭管에 소속된 각 고을의 군병을 다섯 영營으로 편성하고 각 영에는 3개 부部, 한 부에 3개 사司, 한 사에 3초哨를 두는 편제를

---

102) 『인조실록』 권7, 인조 2년 11월 己未
103) 『인조실록』 권7, 인조 2년 11월 丁丑
104) 『인조실록』 권7, 인조 2년 12월 己酉

갖추었다.[105] 총융청의 다섯 영은 수원, 광주, 양주, 장단, 남양이었다.[106] 그러나 강도江都의 군병만으로도 1개 영이 되고 수영水營에서도 1개 부를 더 만듦에 따라 5영-15부-45사-135초로 이루어진 총융군 각 단위 체제에 편성될 군사 수가 부족할 뿐만 아니라 이러한 3각 편제 방식은 당시의 어떤 병학兵學에서도 나오지 않은 체제였으므로 혼란이 생기게 된다. 따라서 1625년(인조 3) 정월 총융군 편성을 크게 개편하여 『연병실기』의 1영 = 3부, 1부 =2사, 1사 = 5초의 편제를 기본으로 하되 영, 부 단위까지는 7영, 12부(총 24사, 120초)를 총융청의 상위 편제로 하였다. 다만 세부적으로 지역별 군병 확보 상황을 고려하여 우영右營의 중부中部에는 1개 사(5초)를 더 두고 후영後營의 좌부左部(즉 10초)에서 2개 초를 줄여 모두 123초로 편성하였다.[107] 따라서 기존 135초에 비해 12초를 줄여 하위 편제별 군병을 충실히 갖출 수 있도록 하였다.

이괄의 난을 계기로 필요성이 제기된 경기 일대에 대한 체계적인 방어체계 확보의 일환으로 이루어진 일련의 경기군의 정비와 총융청 창설 및 확대를 통해 1625년 후반기에는 수도권 방어의 중심 군영으로서 총융청의 체제가 거의 갖추어지게 되었다. 특히 이괄의 난을 계기로 서북 지역의 방어 체제가 급속히 약화된 상태에서 수도권 방어전략의 중요성이 높아진 상황에서 총융청의 군사적 중요성은 매우 커졌다. 후일 수어청의 모태가 되었지만 1625년(인조 3) 2월 시작된 남한산성 축조도 총융청 주도의 수도권 방어체계 강화의 일환으로 총융사 이서의 관할 하에 이루어진 것이었다. 인조 초 정비된 총융군은 정묘호란 이후에는 수도권 방어만을 담당하는데 그치지 않고 어영군과 함께 서북의 변방에 파

---

105) 『인조실록』 권8, 인조 3년 정월 戊午
106) 『총위영사례』 권1, 刱始
107) 『인조실록』 권8, 인조 3년 정월 戊午

견되어 안주, 정주, 구성 등 이 지역의 방어에도 참여하는 등 역할이 확대되었다.

한편 개성으로 친정할 국왕의 호위군으로 창설되었던 어영청은 이괄의 난을 계기로 급속히 확장되기 시작하였다. 반란군이 한성으로 다가오자 어영군은 훈련도감 군과 함께 인조를 호위하여 공주까지 내려갔다. 공주에서 호위병력 강화를 위해 인근 산군山郡의 산척山尺 중에서 조총 사격술에 정예한 자를 뽑아 어영군에 소속시켰다. 이때 대읍大邑에서는 7명, 중읍中邑에서는 4명, 소읍小邑에서는 2명씩 뽑아 6백여 인의 군사가 어영군에 증원되었다.[108] 인조의 공주 피난 중 규모가 커진 어영군은 환도 이후 호위 병력 강화의 움직임 속에서 군영으로서 면모를 갖추기 시작하였다. 국왕 호위의 핵심 군사력으로서 그 규모도 매우 커진 어영군은 1624년(인조 2) 8월 국왕 호위의 주요 군영으로 승격됨에 따라 이제 훈련도감과 함께 좌, 우영으로 짝을 이루게 되었다.

정묘호란 이후 수어청 설치와 도성 일대 방어체제 정비

1623년 인조반정을 전후하여 명나라에서는 원숭환을 중심으로 후금이 점령한 요동을 수복하여야 한다는 주장이 나타났고, 실제 웅정필熊廷弼은 1625년 요동 반격전에 나서기도 하였다. 명나라의 반격이 시작되자 1626년 1월 후금의 누르하치는 6만의 군사를 이끌고 요하를 건너 영원寧遠(현재의 싱청(興城))을 공격하였다. 그러나 서양식 신형 대포인 홍이포紅夷砲를 갖추고 영원성을 지킨 원숭환의 명군에게 패배하고 누르하치도 큰 부상을 입었다. 누르하치는 그해 10월 부상

---

108) 『현종개수실록』 권10, 현종 4년 11월 戊寅.

의 후유증으로 사망하고 홍타이지가 즉위하였다.[109] 한편 승세를 탄 명나라는 금주錦州 일대까지 전진하였고 또한 후금의 패배에 고무된 몽골의 칼카부가 명나라와의 동맹을 확대하면서 후금을 위협하는 등 변화가 적지 않았다.[110] 이러한 상황에서 조선에 적대적이었던 홍타이지가 후금 황제로 즉위하고 나서 후금은 대조선 우선 전략을 채택하는 등 위기가 높아졌다. 1627년(인조 5) 1월 후금의 홍타이지는 대패륵大貝勒 아민을 총사령관으로 하는 총 6군, 기병 3만 6천 명을 동원하여 조선을 공격하였다.[111] 의주를 함락시킨 후금군은 신속히 남하하여 안주 – 평양을 지나 황해도 평산에 이르렀다.

조선은 서북 지역에서의 방어에 실패할 경우에 대비하여 수도권 방어계획도 마련하였다. 훈련대장 신경진이 한성의 방어를 담당하도록 하고 경기 지역 방어를 맡은 총융사 이서는 남한산성을 거점으로 증원병을 재편하여 한성의 방어군과 호응하도록 하였다. 그리고 전라, 경상, 충청 병사兵使에게 군사를 거느리고 남한산성에 집결하도록 하였다. 추가적인 하삼도 군병의 징발을 위해 영중추부사 이원익을 경기, 충청, 전라, 경상 등 4도도체찰사로 임명하고 김류를 부체찰사로 삼아 총괄하도록 하였다. 안주가 함락되자 국왕의 강화도 피난을 준비하고 수군을 동원하여 강화 일대를 방어하도록 하였다. 후금군의 침입 사실에 따라 조선군의 이동과 증원도 매우 기민하게 이루어졌다. 수원방어사 이시백이 휘하의 군병 3천을 거느리고 한성으로 들어와 도성 방위에 가담하였다. 그리고 황해도 군병이 평안도 지역으로 이동하였으므로 평산으로 가는 도원수 장만에게

---

109) 임계순, 2000 앞의 책, 49쪽
110) 이상창, 2007 「명청 패권전쟁으로서의 병자호란 원인 재해석」, 국방대학교 석사학위논문, 77쪽
111) 정묘호란의 전개와 경과에 대해서는 유승주, 2004 「인조의 정묘호란 대책고」, 『한국인물사연구』 3 ; 유재성, 1986 『병자호란사』, 국방부 전사편찬위원회 등 참조.

개성 등지의 군병 21초를 파견하도록 하였다.[112]

　　경기 지역을 담당한 총융청은 정묘호란 초기 수도권 방어에 핵심적인 역할을 담당하였다. 한강 방어를 위해 총융사 이서의 지휘 하에 남한산성을 본영으로 하고 총융청 군사와 남쪽 3도의 군사를 통합하여 한강을 방어하도록 하였다. 이서는 총융군으로 남한산성을 지켜 강도를 응원하는 한편[113] 하삼도에서 올라온 병력을 이곳을 중심으로 집결시켜 한강 방어를 맡도록 하였다.[114] 한강 방어가 안정을 찾게 되자 2월 하순에는 한강에 전개하였던 이서 휘하의 한강 방어군 2만 중 수천 명을 차출하여 임진강 방어를 투입하고[115] 정묘호란 중 남한산성을 중심으로 수도권 방어 작전이 이루어지는 등 총융군은 중요한 역할을 맡았다. 남한산성은 방어사를 겸한 광주목사가 평소의 관리 및 방어를 전담하고, 큰 규모의 전쟁시에는 총융청의 경기군이 남한산성에 들어와 방어하는 체제로 정비되었다. 즉 정묘호란 이전까지 남한산성 전담 군영은 창설되지 않았고 총융청의 지휘 하에 광주부에서 관리 책임을 부여받았음을 알 수 있다.

　　정묘호란을 통해 경기 일대의 방어의 중요성과 경기 군사의 역할이 확인되면서 전쟁 이후 경기 지역 군사력 증강이 두드러졌다. 가장 큰 군사적 변화는 수어청의 창설로 대표되는 수도권 방어 강화를 들 수 있다. 총융청의 지휘 하에 있던 남한산성은 전쟁 이전까지 독자적인 군영이 설치되지 않았고 이에 전속專屬된 군사도 없었다. 다만 강도와 기각지세掎角之勢를 이루는 수도권 방어 지점의 하나로서[116] 위급할 때 남쪽 지방에서 동원되어 올라오는 하삼도 군사들이

---

112) 『인조실록』 권15, 인조 5년 1월 乙酉
113) 『인조실록』 권15, 인조 5년 1월 丙戌
114) 『인조실록』 권15, 인조 5년 2월 癸卯
115) 『인조실록』 권15, 인조 5년 2월 甲子
116) 『인조실록』 권5, 인조 2년 3월 庚午

집결하여 반격하는 거점으로서 역할이 남한산성에 부여되었을 따름이었다.[117]

정묘호란 직후인 1628년(인조 6) 9월과 10월에 걸쳐 후금의 재 침공에 대비하여 경기 일대 방어전략이 논의되었다. 김류와 병조판서 이귀, 총융사 이서, 부원수 정충신 등 당시 군사 문제를 담당하고 있던 고위 관원들이 모여 논의한 결과를 바탕으로 인조가 이를 수정 보완하여 채택한 이 방어전략은 이후 후금과의 전쟁시 수도권 일대의 주요 산성과 요충지에 동원된 하삼도와 강원도의 군병을 배치하는 계획과 성곽 수축 계획 등으로 구체화되었다.[118] 구체적으로 도성의 경우 전쟁의 급보가 있으면 경기의 병력과 국왕의 친위 군사들이 모두 강도로 들어가 지키고 하삼도와 강원도 강릉진관 병력이 뒤이어 강화도로 들어가도록 하였다. 하삼도 가운데 도성에 가까운 충청도 병력이 강화도로 이동하고 경상도 병력을 계속 보충하면서 승세를 잡아 황해도 평산으로 진주시킨다는 계획이었다.

이 시기 남한산성 이외에 수도권 방어를 위해 남부 각도의 동원된 군사를 집결시키는 성으로는 수원의 독산산성과 죽산산성竹山山城, 서흥산성瑞興山城, 파주산성坡州山城 등이 지목되었다. 이외에도 평산, 덕진산성德津山城, 개성 주변의 청석동과 산예狻猊, 교하의 오두성烏頭城, 고양의 행주산성 등도 검토되었다. 구체적으로 경기 남부의 독성산성과 죽주산성에 경기의 병력을 머물게 하여 타도의 병력을 접응하도록 하였다. 도성으로 통하는 임진강을 건너는 길의 통제와 강도로 이어지는 마지막 요충인 파주산성의 경우 장단 등 주변 여섯 고을 군사와 충청도 군사 일부가 배치되도록 하였다. 이러한 방어전략이 정해지면서 각 방면에 대한 세부적인 방어 계획이 각도 감사에 의해 수립되고 비변사에서 논의를 거쳐

---

117) 『비변사등록』 제2책, 인조 2년 4월 30일
118) 『인조실록』 권19, 인조 6년 9월 丙戌 ; 『인조실록』 권19, 인조 6년 10월 己亥

구체적인 산성의 수축이 결정되었다. 예를 들어 황해도의 경우 황주성과 정방산성 개축 공사가 진행되고 평산의 태백산성, 해주의 수양산성과 구월산성, 서흥의 대현산성의 수축이 이루어지기 시작하거나 계획되었다.[119]

도성 및 경기 일대 방어전략이 수립되면서 경기 일대 방어체제도 변화가 나타났다. 대표적인 것이 남한산성 일대의 지휘체계 개편이었다. 1632년(인조 10) 무렵에는 남한산성 방어사가 수어사守禦使로 호칭이 변하며 독립되었으며,[120] 이 듬해 정월에는 총융사 이서의 건의로 산성별장山城別將을 따로 두고 전 병사兵使 문회성을 임명하였다.[121] 이때부터 남한산성 관리에 있어서 수어사-별장 체제가 갖추어졌다. 그러나 남한산성을 전담하는 군영이 독립된 것은 아니었다. 아직 남한산성은 총융군의 일부인 광주목의 군사들이 남한산성에 전속된 것에 불과하였으므로 총융사 이서의 직권 아래 지휘 감독을 받았다. 이러한 체제는 1634년 (인조 12) 2월 총융사 이서가 신병으로 사임하고 그 직책을 구굉具宏이 물려받으면서 변동이 나타났다.

비변사에서는 경기의 총융군에 대한 통솔은 구굉이 맡되 남한산성의 사무는 수어사 심기원이 전담하여 맡도록 하고 이서가 수어사의 일을 겸찰하도록 조정되었다.[122] 이를 계기로 총융사와 수어사가 분리되어 수어사의 독자권이 인정되기 시작한 것이었다. 수어사 독립을 계기로 수어사의 군영인 수어청이 실질적으로 독립된 것으로 보인다. 수어청이 독립되면서 수어청 중심의 남한산성 방어체제가 갖추어지기 시작하였다. 먼저 남한산성에 소속된 경기 다섯 고을(여주, 이

---

119)『인조실록』권24, 인조 9년 3월 丙申
120)『인조실록』권27, 인조 10년 11월 乙未
121)『인조실록』권28, 인조 11년 정월 辛酉
122)『비변사등록』제4책, 인조 12년 2월 23일

천, 양주, 광주, 죽산)의 군병을 동원한 수성 훈련이 이루어지기 시작하였다.[123] 이후 경기의 5고을 이외에 남한산성 방어를 맡은 원주, 안동, 대구 등 먼 곳의 세 고을의 군병을 포함하여 1만 2천 7백 명의 방어군을 확보할 수 있었다.[124] 이를 계기로 수어청은 독립된 군영으로서 면모를 완연히 갖추게 되었다.

수어청의 강화와 함께 도성에 주둔하는 군영인 어영청과 훈련도감의 강화도 나타났다. 1628년(인조 6) 말 한성과 지방의 날래고 용맹한 장정을 뽑아 어영군으로 편성하고 이서가 맡도록 하였다. 이서는 어영청을 경덕궁 서편 담장 밖에다 설치하고 어영군으로 하여금 교대하여 번을 서게 하고 여러 군사 기예를 익히도록 하는 등 어영군의 규모와 체제를 일신하였다. 이를 계기로 정묘호란 이전 1천 명에 불과하던 어영군은 1여년 만인 1630년(인조 8) 정월에는 3천 6백 명으로 대폭 증가되었다.[125] 이후에도 어영군의 규모는 계속 증가하였다. 1635년 10월 무렵에는 어영군의 규모는 어영청이 모집하여 들인 군사 5,250여 명, 체부아병體府衙兵 920여 명 등 모두 6,170여 명에 달하였다.[126] 이듬해인 1636년(인조 16) 말 병자호란이 일어날 당시 어영군의 규모는 8천 명으로 다시 증가하였다.

훈련도감은 기병 강화가 두드러졌다. 이는 이괄의 난과 정묘호란을 거치면서 기병의 돌격이 매우 위협적이었음을 경험한 결과였다. 이에 보병인 삼수병 위주의 훈련도감 군사 편제에 마병의 추가 설치를 적극 모색하였다. 인조대 훈련도감 마병의 정확한 확장 연대는 현재 확인하기 어려우나 정묘호란 직후인 1627년(인조 5) 10월 이전 이미 훈련도감 마병은 100명 이상으로 확대되었음을 알 수

---

123) 『인조실록』 권31, 인조 13년 정월 己未
124) 『인조실록』 권33, 인조 14년 7월 丁巳
125) 최효식, 1995 『조선후기군제사연구』, 신서원, 30쪽
126) 『인조실록』 권31, 인조 13년 10월 乙未

있다.[127] 곧이어 훈련도감 마병은 1632년(인조 10) 이전에는 좌령左領과 우령右領 200명으로 확대 재편되었다.[128] 점차 후금과의 긴장이 높아지자 1632년 정월 훈련도감의 마병 확대를 결정하고 제주에서 우수한 전마를 구입하도록 하였다.[129] 그리고 군역이 없었던 자와 기존 훈련도감 군사 중 포砲(조총), 살殺의 기예가 우수하지 않은 자 300인을 모집하여 마병으로 편성하였다. 이에 따라 1634년(인조 12) 5월 무렵에는 훈련도감의 마병의 규모가 기존의 200명에서 500명으로 크게 증가하였다. 마병이 급격히 증가함에 따라 기존 1원의 별무사장別武士將만으로는 원활하게 지휘하기 어려웠으므로『연병실기』의 기병과 보병을 운용하는 체제에 따라 지휘관을 증원하도록 하였다.[130] 마병 확대와 함께 1633년(인조 11)에는 경중京中 포보砲保 450여 명을 승호陞戶하여 포수를 증원하였다. 인조 10~11년에 걸친 마병과 포수의 증원 조치로 훈련도감의 군액은 4,400명으로 상당히 확대되었다.[131] 이에 따라 훈련도감은 기존 마병 2초, 보군 25초 체제에서 마병 5초, 보군 30초 등 35초의 규모를 갖추게 되었다.[132]

어영청과 훈련도감의 규모가 커지면서 두 군영의 도성 및 궁성 호위에서의 역할이 크게 강화되었다. 정묘호란 이후 혼란스러운 상황에서 국왕 호위를 강화하기 위해 훈련도감과 어영청의 궁궐 외곽 순라巡邏가 정례화되었다. 훈련도감의 경우 정묘호란 직후인 1628년(인조 6) 제정된 규정에 따르면 초경에는 남영南쯥의 초관이 입직 군사 20명을 거느리고 궁궐 외곽을 두 바퀴 순행하였고, 이어

127)『승정원일기』제19책, 인조 5년 10월 1일(甲午)
128)『현종개수실록』권10, 현종 4년 11월 戊寅
129)『인조실록』권26, 인조 10년 정월 乙丑
130)『승정원일기』제43책, 인조 12년 5월 14일(己亥)
131)『승정원일기』제45책, 인조 14년 8월 20일(辛卯)
132)『현종개수실록』권10, 현종 4년 11월 戊寅

3경에는 광지영廣智營의 초관이 입직 군사 20명을 거느리고 순행하도록 하였다. 어영청의 궁성 외곽 순라도 1628년 제정되었는데, 4경에 집춘영集春營의 초관이, 5경에는 동영東營의 초관이 각각 입직 군사 20명을 거느리고 궁궐 외곽을 두 바퀴 순행하도록 하였다.[133]

　도성과 남한산성 방어체제 강화와 함께 강화도에 대한 본격적인 방어체계 정비도 인조대에 들어서면서 구체화되기 시작하였다.[134] 인조 2년 초 이괄의 난 직후 조선은 후금에 대한 방어 전략의 일환으로 국왕이 도성을 떠나 훈련도감 군사와 어영군 등을 거느리고 강도에 들어가고, 세자는 총융군을 거느리고 남한산성에 들어가 그 곳을 거점으로 강도에 대한 압박을 둔화시키면서 각도에서 올라온 군사로 수도권에서 결전을 모색하고자 하였다.[135] 이러한 방어전략 하에서 남한산성 축조와 함께 강화도에 대한 방어체계 정비는 매우 절실한 것이었다. 강도 방어체계 강화의 일환으로 우선 남양의 화량진에 있던 경기 수영을 강화도로 옮기도록 하는 등 구체적인 논의가 이루어지기 시작하였다.[136] 강화도 방어 체계 정비를 위해 먼저 이시발을 비변사에서 강화도를 전담하는 강도구관당상江都句管堂上으로 임명하여 강도 방어체계를 전반적으로 정비하도록 하였다.[137] 그 일환으로 이시발은 황해도 6진포鎭浦와 연변 각 고을의 수군을 정비해 두었다가 적군이 침입하면 각 변장邊將으로 하여금 배를 거느리고 연안延安 앞바다로 급히 가서 강어귀를 가로막아 연안, 배천의 길을 막고 강도의 북쪽을 지키게

133) 노영구, 2017 「앞의 논문」 62~63쪽
134) 인조대 강도 방어체계 정비에 대해서는 송량섭, 2002 「17세기 강화도 방어체제의 확립과 진무영의 창설」, 『한국사학보』 13 ; 이흥두, 2008 「병자호란 전후 江都의 鎭堡설치와 관방체계의 확립」, 『인천학연구』 9 ; 정두영, 2013 「정조대 도성방어론과 강화유수부」, 『서울학연구』 51 등 참조.
135) 이태진, 1985 『조선후기의 정치와 군영제 변천』, 한국연구원, 103쪽
136) 『인조실록』 권5, 인조 2년 3월 庚午
137) 『인조실록』 권6, 인조 2년 5월 후巳

하였다.[138] 그리고 강화도의 덕포진을 우선 경기수사 행영行營의 신지信地로 정하여 경기 수영이 강화도로 옮길 때까지 강도 방어의 주요 거점으로 삼도록 하였다.[139] 일련의 강화도에 대한 방어체계 정비의 노력으로 정묘호란이 일어나기 직전 강화도에는 경기 수영소속 군병 2천 명과 육군인 강화군江華軍 2천 5백 명 등 적지않은 방어 군병을 확보할 수 있었다.[140] 따라서 정묘호란이 일어나자 강화도는 실제로 국왕의 피난처로서 역할을 충실히 할 수 있었다.

정묘호란 중 보장처로서 역할이 확인되었으므로 전쟁 이후 강화도의 방어체계 강화를 위한 다양한 노력이 이루어졌다. 당시 조정에서는 강화도의 지세상 적군이 배를 대고 상륙할 수 있는 곳이 많으므로 4~5만 명의 군병이 확보되어야 방어가 가능하다고 판단하였다.[141] 따라서 방어 군병을 새로이 확보하기 하기 위해 강화도의 소속 군병 확보와 함께 강화도 일대의 방어체계 재정비가 이루어졌다. 먼저 전쟁이 일어날 경우 국왕의 강도 입거와 함께 경기도의 병력 및 연하輦下의 친위군인 훈련도감 및 어영청 군사들도 모두 강도에 들어가 지키게 하고, 전라도·경상도 및 강원도 강릉 진영의 병력도 동원하여 차례로 들어가도록 하였다.[142] 강화도와 교동에 위급한 일이 생기면 하삼도의 수군을 모두 강화도로 집결시켜 이 지역을 방어하는 방안도 마련되었다.[143] 방어 병력 확보와 함께 남양만 중심의 경기의 해안방어 체제를 강화도 중심의 방어체제로 전환하는 조치를 취하였다. 이를 위해 정묘호란 직후인 1627년(인조 5) 4월 강화도를 유수부로

---

138) 『인조실록』 권6, 인조 2년 8월 丙申
139) 『비변사등록』 제3책, 인조 2년 4월 8일
140) 『인조실록』 권15, 인조 5년 정월 乙酉
141) 『인조실록』 권16, 인조 5년 4월 丙辰
142) 『인조실록』 권19, 인조 6년 9월 丙戌
143) 『인조실록』 권15, 인조 5년 3월 丙申

승격시키고, 1629년(인조 7) 2월에는 남양의 화량진에 있던 경기 수영을 강화도 옆의 교동으로 옮기고 교동을 부府로 승격시켰다.[144] 1633년(인조 11) 경기 수영을 종2품 아문인 통어영統禦營으로 승격시켜, 경기, 충청, 황해도의 수군을 관장하도록 하였다. 통어영의 설치를 계기로 경기, 황해도의 수군이 북방의 침입에 대응하여 강화도의 보장처를 보호하는 것으로 그 성격을 명확히 하게 되었다.[145]

강화도 방어체제 정비의 일환으로 군사적 거점의 정돈과 군사시설의 개축 등의 조치도 아울러 시행되었다. 먼저 교동현 남쪽에 있던 월곶진을 1629년(인조 7) 강화도 서쪽 지역으로 옮겼다.[146] 이를 계기로 강도 연안에 진보를 추가 설치하거나 이설하는 조치를 강구하였다. 1631년(인조 9) 8월 왜구를 방어할 목적으로 경기 서해안 연안에 있던 영종, 화량, 제물, 초지 등 4진보를 강화도의 서쪽 해안으로 옮기는 방안을 논의하였다.[147] 네 진보의 이설 등은 이루어지지 못하였지만 강화도에서 가장 중요한 요해처인 갑곶과 연미정 일대에 대한 방어 시설의 정비는 본격적으로 이루어지기 시작하였다.[148] 아울러 강화도 읍성의 개축도 추진되었으나, 강화도가 사방이 바다로 둘러싸인 천연의 요새지이므로 내륙 읍성의 개축이 불필요하다는 이견이 나타나 실행에 옮기지는 못하였다.[149] 그러나 병자호란 직전까지 강도 일대 수군 방어체제 개편을 위한 통어영 창설, 월곶진 등 일부 진보의 이전, 그리고 방어 군병 동원 체제의 정비 등을 제외하고는 강화도 자체의 방어체제의 정비는 충분히 이루어지지 못하였다. 병자호란 이후

---

144) 『인조실록』 권20, 인조 7년 2월 己亥
145) 송기중, 2009 「17세기 수군방어체제의 개편」, 충남대학교 석사학위논문, 28~30쪽
146) 『대동지지』 권4, 강화도호보, 「鎭堡」
147) 인조대 강도 연안의 방어시설 정비와 진보 이설 논의에 대해서는 이홍두, 2008 앞의 논문, 10~11쪽 참조.
148) 『인조실록』 권25, 인조 9년 8월 甲辰
149) 『인조실록』 권25, 인조 9년 8월 丙戌

강화도 방어체제는 방어 실패의 경험을 바탕으로 해안가 방어체제의 전면적인 재정비에 착수하였다.

04
17세기 중반 북벌 추진과 수도권 방어체제

효종의 북벌 추진과 보장처 중심 수도권 방어체제 정비

병자호란의 패배 이후 조선은 수도권 일대 방어체제에 대한 전반적인 정비가 실질적으로 불가능한 상황이었다. 그것은 병자호란 패전으로 1637년 청나라와 맺은 정축화약丁丑和約에 따라 조선은 성지城池를 새로 수리하거나 신축하지 못하도록 규정되어 있었던 것에 기인하고 있다. 병자호란 직후 조선은 청과의 정축화약에도 불구하고 전란으로 파괴된 남한산성과 강화도 읍성을 보수하고자 시도하였다. 특히 남한산성의 요새화에 우선적인 방침이 정해졌는데, 1637년(인조 15) 정월 우의정과 병조판서의 보고에 의하면 병자호란 시기 청군의 대포에 의해 파괴된 성첩의 보수와 망월대와 동격대 바깥으로 주요 성곽 시설인 포루砲樓를 설치하는 등 대규모 역사가 이루어지고 있었다. 이 남한산성 수축 공사에는 수어청 군사 이외에도 하삼도와 강원도 영동 지역 승려들도 조발된 대규모였다.[150] 그러나 남한산성의 복구와 수축은 조선을 감시하기 위해 파견되었던 청

---

150) 『인조실록』 권36, 인조 16년 정월 丁丑

의 사신에게 발각되었다.

1639년(인조 17) 12월 청나라 사신은 송파의 삼전도비를 보고난 후 사냥을 핑계로 남한산성에 들어가 성을 두루 순시하고는 신설한 포루와 성곽을 보수한 곳을 허물라고 명하여 조선은 그동안 쌓은 포루를 모두 허물 수밖에 없었다.[151] 이후에도 조선은 청의 감시로 인해 압록강에서 도성에 이르는 지역에서는 관방 시설을 제대로 정비하지 못하였다. 따라서 중앙의 군영을 증설, 정비하고, 지방 의 영장제를 강화하며 여러 방어영을 설치하는 등 군사제도의 개편은 추진할 수 있었으나 눈에 드러나는 성곽을 보수하거나 수축하지는 못하였다. 청의 감시가 심한 강화도 및 남한산성의 수축과 개축이 불가능해지자 인조대 후반에는 청의 감시가 없는 하삼도 지역을 중심으로 축성이 이루어졌다. 예를 들어 영남의 경 우 어류산성과 대구 공산산성, 성주 독용산성, 인동 천생산성, 선상 금오산성, 칠 곡의 가산산성 등이 수축 대상으로 거론되었다. 예를 들어 가산산성의 경우 병 자호란 직후인 1640년(인조 18)에 관찰사 이명웅李命雄의 장계로 처음 축성되기 시작하였다. 이어 호남 지역의 무주 적산산성, 장성 입암산성, 담양 금성산성, 호 서의 쌍수산성 등의 수축도 진행되었다.

병자호란 이후 청은 조선을 확실히 장악하고 명과의 결전에 집중하기 위해 다양한 방법으로 조선을 통제 감시하였다. 청의 조선에 대한 강압 정책은 1644 년 6월 청이 북경을 함락시킨 이후부터 다소 완화되는 조짐을 보였다. 청은 그해 11월 인질로 잡혀간 소현세자의 귀환을 허락하고 아울러 잡혀간 최명길, 김상헌 등도 조선으로 돌려보내었다. 또한 병자호란을 통해 조선에 부과하였던 조공과 예물의 부담을 경감시키고, 요주의 인물로 감시하여왔던 이경석 등의 등용을 허

---

151) 『인조실록』 권39, 인조 17년 12월 壬辰

락하는 등 여러 측면에서 유화적인 조치를 취하였다.[152]

한편 북경 함락 이후 명나라 관료를 중심으로 1644년 5월 중순 남경에서 명 신종의 손자 복왕福王을 홍광제弘光帝로 추대하여 남명南明 정권을 수립하였다. 그러나 청군은 남명 정권에 대한 공세를 개시하여 이듬해 남경에 진입하여 복왕을 생포함으로써 홍광 정권은 붕괴되었으나 이후에도 명나라 잔존 세력은 저항을 계속하였다. 1646년 11월에는 여무사 등이 신종의 손자인 계왕桂王을 광동성에서 영력제永曆帝로 추대하여 중국 남부의 7개 성을 통치하면서 청에 대항하였다. 이후 영력제의 남명 정권은 15년 동안 청군과 대치하며 세력을 유지하였다.[153] 청군은 영력 정권을 제압하기 위해 1649년 청에 투항한 한인 장수인 오삼계, 공유덕 등을 투입하여 대대적인 토벌작전을 벌였다. 영력 정권은 1659년 수도 곤명이 점령되고 미얀마로 피신하였던 영력제가 1662년 오삼계 군에게 잡혀 처형됨으로써 명나라의 명맥은 완전히 끊어졌다. 영력 정권이 청나라와 대치하고 있던 시기 중국의 동남부 해안 지역에서는 정성공이 반청 투쟁을 계속하고 있었다. 정성공은 1659년 청군이 영력 정권을 공격한 틈을 타서 남경까지 진격하여 이 일대 24현을 점령하는 등 청조를 교란하였다. 이후 형세가 불리해지자 정성공은 1661년 타이완으로 들어가 네덜란드인을 복속시키고 이를 근거지로 1683년까지 청조에 대항하였다.[154] 남명 정권을 완전히 소탕하고 정성공 세력을 해상으로 몰아낸 이후에도 1673년 강희제의 삼번三藩 철폐 정책에 저항하여 이 곳의 군벌인 오삼계 등이 일으킨 이른바 삼번의 난이 9년 동안 계속되는 등 명청교체에 따른 여진은 계속되었다. 17세기 중엽 이후 계속하여 나타난 조선

---

152) 한명기, 2003 「조청관계의 추이」, 『조선중기 정치와 정책 ;인조~현종 시기』, 아카넷, 278~281쪽

153) 김두현, 1989 「청조정권의 성립과 발전」, 『강좌 중국사』 4, 지식산업사, 160쪽

154) 기시모토 미오·미야지마 히로시(김현영·문순실 옮김), 2003 『조선과 중국, 근세 오백년을 가다』, 역사비평사, 218~219쪽

의 북벌 움직임은 이러한 유동적인 동아시아 국제관계를 배경으로 전개되었다.

인조의 뒤를 이어 1649년 5월 즉위한 효종은 즉위 직후 장기적인 군사전략으로 북벌의 추진과 함께 청의 현존하는 위협에 대비한 단기 군사전략인 강화도와 남한산성 등 수도권 지역의 전통적인 보장처 정비에 우선 착수하였다. 북벌을 준비하던 효종은 그 일환으로 즉위 직후 남방 일본의 위협을 구실로 남한산성 정비에 우선 착수하였다. 이를 위해 1650년(효종 1) 7월, 6년 전인 1644년(인조 22)에 이미 수어사를 역임하였던 이시방을 수어사로 다시 재임명하였다.[155] 그리고 총융청 소속의 죽산영竹山營을 남한산성에 소속시키고 충주와 청주의 군사는 충청도로 환속시키되, 죽산영에 속해있는 용인, 양지의 연습군 300여 명은 총융사가 오랫동안 훈련시켜 온 병력이라는 이유로 이에서 제외하였다.[156] 이 조치에 따라서 남한산성은 경기의 2개 영(광주, 죽산영), 강원도의 3개 영(원주, 회양, 강릉), 그리고 충주영 등 모두 6개 영 체제로 강화, 재편되었다. 1655년(효종 6)에는 강원도의 강릉영이 남한산성에서 너무 멀어 군사들이 입성하기 어렵다는 의견이 제시되어 이듬해 강릉영의 군사를 경기의 양주영 군사로 바꾸었다. 따라서 남한산성 소속 진영은 광주의 다섯 고을(광주, 여주, 이천, 양근, 지평) 군사와 죽산진竹山鎭, 양주진楊州鎭 등 경기군과 강원도 원주진과 회양진 등 2진, 그리고 충청도 충주진의 총 16,000명으로 편제되었다. 남한산성 소속 군사를 산성에서 가까운 경기, 강원, 충주 등 지역의 군사로 재편됨으로써 병력 동원 시간이 단축되어 남한산성의 보장처로서의 기능이 상당히 향상되었다.

남한산성 수비 병력 조정과 함께 수어청과 남한산성의 지휘체계도 조정되

---

155) 이태진, 1985 앞의 책, 160쪽.
156) 『효종실록』 권7, 효종 2년 7월 후표

었다. 남한산성은 수어청을 설치한 이후 군사 책임자인 수어사와 남한산성 지역의 행정 책임자인 광주부윤과의 관계가 때로 애매하여 부작용이 나타났다. 수어사와 광주부윤의 이원체제를 극복하기 위해 1652년(효종 3) 광주부윤을 수어부사守禦副使로 삼아 일원적인 체제로 정비하였다. 그러나 수어부사인 광주부윤과 수어사 휘하의 행정 담당관인 종사관의 품계가 같고 임무도 비슷하여 논란이 있었으므로 수어부사를 혁파하고 수어사-종사관 체제로 환원하였다.[157] 이상의 수어청과 남한산성 정비는 1655년(효종 6) 산성 수비군으로 강릉영 군사를 양주영 군사로 교체한 것으로 일단락되었다.

남한산성과 수어청의 정비가 일단락되자 1655년 이후 해안 진보의 이설 또는 신설 등 또다른 보장처인 강화도 방어체제 정비에 본격적으로 착수하였다. 효종대에는 보장처로서 강화도를 정비하기 위해 두 가지 방향에서 방어체제를 정비하였다. 먼저 강화도 자체의 방어력을 높이기 위해 강화도 해안 일대에 기존 진보를 이설하거나 신설하였다. 경기 서남부 지역과 강화도 주변 지역의 진보들을 강화도를 중심으로 재편성한 것이다. 다음으로 강화도를 후원할 수 있는 지역의 군사체제를 확보하는 것으로, 청의 감시로부터 비교적 자유로웠던 서남부 해안 일대에 강화도를 지원할 배후 거점 건설이 추진되었다. 이중에서 후자인 배후 거점 방어체제 정비에 우선 착수하였다.

효종대 강화도 방어체제 정비는 1652년(효종 3)에 덕물도德物島(현재의 덕적도)에 둔전을 설치한 것을 시작으로 경기, 충청, 전라도의 진보까지 종심 깊게 연결하는 강화도 중심의 방어태세 강화 작업이 추진되었다.[158] 이 일환으로 이듬해

---

157) 『비변사등록』 제16책, 효종 3년 7월 27~30일
158) 『효종실록』 권8, 효종 3년 정월 후卯. 강성문, 2000 「조선후기의 강화도 관방론 연구」, 『육사논문집』 56-2, 175쪽.

에 강화도 염하 수로 이외에 강화도로 진입할 수 있는 통로인 자연도紫燕島(현재의 영종도)를 경유하여 덕포에 이르는 수로의 방어를 위해 남양에 있는 수군만호진인 영종진永宗鎭을 자연도로 이설하였다. 영종진이 자연도로 이동하면서 섬의 이름도 영종도로 개칭하였다.[159] 영종진 이설과 함께 강화도를 외부에서 응원할 수 있는 지역으로 충청도 안흥이 거론되었다. 효종 4년 5월 안흥진을 설치하고 첨사를 두었으며,[160] 이듬해에는 통영의 군량 1만 석을 안흥진으로 옮겨 비축하였다. 이처럼 효종 전반기에는 강화도 방어를 위해 청의 감시가 미치지 않은 경기, 충청, 전라도를 잇는 서남부 해안 일대에 강화도를 후원하는 거점을 두어 강화도의 보장처 기능을 강화하고자 하였다. 아울러 1753년(효종 4) 통어영이 있는 강화 옆 교동에 읍성을 축조하였는데, 그 둘레가 1,006척이고 옹성甕城이 셋, 치성雉城이 넷이며, 동문, 남문, 북문과 소나문小南門이 있었다.[161]

강화도 배후 거점에 대한 기본적인 정비가 이루어지자 이제 강화도 해안 일대에 진보를 설치하여 강화도 자체의 방어체제를 강화하고자 하였다.[162] 병자호란 시기 강화도 전투의 현장에서 패전 상황을 직접 경험하였던 효종은 강화 유수영이 섬 안 깊숙히 있어 적의 공격시 해안가에서 적절한 대응을 하기에 어려움이 있었던 문제점을 절실히 인식하고 있었다. 해안선 방어의 이점을 최대로 발휘할 수 있도록 해안선을 따라 진보를 설치하고 군사를 배치하여 효과적인 대응이 가능하도록 하였다.[163] 이에 1656년(효종 7)부터 1658년까지 3년에 걸쳐 강화도 해안을 따라 8개의 진보와 2개의 돈대를 설치하였다. 진보의 설치는 육지

---

159) 이민웅, 1995 「18세기 강화도 수비체제의 강화」, 『한국사론』 34, 8~9쪽

160) 『비변사등록』 제16책, 효종 4년 5월 3일

161) 『대동지지』 교동현

162) 송양섭, 2002 「17세기 강화도 방어체제의 확립과 鎭撫營의 창설」, 『한국사학보』 13, 234쪽

163) 『효종실록』 권14, 효종 6년 정월 壬寅

에서 강화도로 도하하여 상륙할 수 있는 두 지역을 중심으로 이루어졌다. 한 지역은 월곶에서 갑곶을 거쳐 덕포에 이르는 강화도 동쪽 해안 지역이며 다른 하나는 황해도 연안과 개성의 벽란도에서 한강 하구를 도하하여 상륙이 가능한 강화도 북쪽 해안 지역이었다. 그중 동쪽 해안 지역은 도하 거리가 짧으며 이전의 간척 사업으로 해안선이 단조롭고 갯벌이 상당히 사라져 상륙이 용이하였다. 따라서 동쪽 해안선에 우선적으로 진보가 설치되었다. 1656년(효종 7)에는 인천에 있던 월곶진과 인천에 있던 제물진, 그리고 안산에 있던 초지진이 강화도 동쪽 해안 지역으로 이속되었다. 그리고 용진진과 화도보가 신설되었다. 1657년(효종 8)에는 강화도 북쪽 해안에 인화진과 승천보가 신설되었으며, 이듬해에는 광성보가 동쪽 해안에 신설되었다.[164] 각 진에는 만호, 보에는 별장이 방어 책임자로 임명되었고 군관, 사졸, 방군防軍 등이 배속되어 진보의 수비를 담당하였다. 당시 이동된 강화도 중심의 진보들은 숙종대 이후 다시 정비되어 13진보 체제를 형성하는 근간이 되었다.

효종대 이루어진 여러 조치로 인해 경기 지역의 수군 진보가 강화도 내부로 대부분 이동하였고 염하를 중심으로 재배치되었다. 다만 이 시기 강화도 내부에 육군과 수군의 진보가 혼재된 상태였으므로 지휘체계에도 변화가 요구되었다. 1653년(효종 4) 강화의 월곶, 덕포, 정포, 용진의 4개 수군 진보의 지휘권이 통어사에서 강화유수로 전환되었다. 이는 강화유수에게 수군 지휘권을 주어 침입에 즉각 대응하고 육군과 수군 간의 유기적인 협조가 가능하도록 하기 위한 것이었다. 한편 강화도 방어의 일환으로 1660년(현종 1) 11월에는 남쪽의 정족산

---

164) 『강도지』「墩隍」

성鼎足山城이 완공되었다.[165]

효종대는 북벌을 추진하면서 도성에 주둔하는 중앙 군영의 정비와 증강에도 적극적이었다. 1651년(효종 2) 말 김자점 등 친청親淸 세력의 숙청과 함께 본격적인 군영 정비와 확장에 착수하게 된다. 이에 따라 우선 어영청 정비에 본격적으로 착수하게 된다. 어영청의 정비는 효종의 신임을 받는 어영대장 이완의 주도하에 이루어졌다. 병자호란 직전 이미 6천 명에 달하였던[166] 어영군은 전쟁 이후 그 역할과 중요성이 인정받아 1639년(인조 17)에는 7천여 명으로 약간의 인원이 증가되었고 6번으로 나누어 1번에 1,100명씩 번상하도록 하였다.[167] 1651년(효종 2) 무렵에는 이미 어영청 군병 원호元戶가 1만 6천에 달하고 있는 것을 보면 어영군의 규모는 인조대 후반부터 꾸준히 증가하고 있었음을 알 수 있다.[168] 1652년(효종 3) 6월의 어영청 개편에 따라 먼저 어영군의 정액을 2만 1천여 명으로 증원하도록 하고 이들에게 각각 보인 3명씩을 지급하도록 하였다. 아울러 번상 체제도 1년에 2개월씩 6번으로 나누어 한 차례 1,000명씩 번상하게 함으로써 도성에 어영군이 항상 상주하도록 하였다. 21번으로 편성된 어영청 군사는 3년 반 만에 2달씩 근무하게 된다. 이 개편에 의해 어영청은 도성 상주 군병 1,000명을 확보하고 훈련도감과 함께 국왕을 호위하는 주요 군영이 되었다. 다음으로 국왕의 호위병인 금군의 강화에 착수하였다. 1652년(효종 3)에는 600여명의 금군禁軍을 전

---

165) 『현종실록』 권3, 현종 원년 11월 乙未
166) 『인조실록』 권31, 인조 13년 10월 乙未
167) 『인조실록』 권39, 인조 17년 7월 丙子
168) 『비변사등록』 제15책, 효종 3년 정월 13일. 인조대 후반 어영군의 규모에 대해서는 논란이 있다. 최효식은 이미 인조 24년 경에는 2만 명에 달하고 군영이 창설되었다고 주장하고 있다(최효식, 1995 앞의 책, 31쪽). 이에 대해 이태진, 차문섭은 효종 3년 어영청 개혁으로 어영군의 군액이 3배 증가한 21,000명이 된 것으로 이해하고 있다(이태진, 1985 앞의 책, 165쪽 ; 차문섭, 1995 앞의 책, 45쪽). 인조대 후반 어영청의 급격한 증강을 보여주는 기사가 연대기에 보이지 않고 어영청 연혁에 대한 자료에도 대부분 효종대 증강을 특기하고 있고 『효종실록』의 효종 3년 6월 乙巳 조에 어영군 증치 사실을 특기하고 있는 것을 보면 어영군의 군액 증가가 완료된 시점을 효종 3년으로 보는 것이 타당할 것이다.

원 기병으로 바뀌었고, 1658년(효종 9) 4월에는 그 수를 1천 명으로 증가시켰다.

어영청과 금군의 개편과 강화에 이어 효종은 훈련도감의 증강에 착수하였다. 1658년(효종 9) 노비추쇄사업奴婢推刷事業을 통해 확보된 신공身貢을 바탕으로 훈련도감에 보군 10초 즉 1천여명 증액을 추진하였다. 이를 위해 기존 포보砲保 중에서 700명을 승호하도록 하였다.[169] 이렇게 확보된 보군 10초는 전부前部로 편성되어 기존의 보군 좌부와 우부의 2부 체제에서 3부 체제로 훈련도감의 편제가 변화되었다.[170] 이에 훈련도감 전체 군액은 효종 8년 5,650여명에서 이듬해에는 6,350여명으로 급증하였다. 효종대의 강력한 북벌 추진으로 한성의 군사력은 크게 증강되었을 뿐만 아니라 다수의 기병이 창설되는 등 정예화되었다. 아울러 어영청에는 대포를 다루는 병종인 별파진別破陣이 창설되는 등 그 양상은 매우 주목할 만하였다.

한성의 도시화 진전과 현종대 중앙 군영 정비

북벌을 강력히 추진하던 효종이 1660년 갑작스럽게 서거하자 국왕 주도하에 추진되던 북벌 추진은 급격히 힘을 잃게 되었다. 북벌 추진의 동력이 떨어진 것은 대외적으로도 1660년을 전후하여 한때 세력을 떨치던 남명 세력과 정성공 세력이 급격히 위축되면서 청의 중국 지배가 안정기에 들어선 것과도 관련이 있다. 따라서 현종대 들어 효종대 크게 증강되었던 군사력 규모를 적정하게 조절할 필

---

169) 『효종실록』 권20, 효종 9년 8월 己표
170) 『현종개수실록』 권10, 현종 4년 11월 戊寅

요성이 있었다. 실제 6,350여명 전원이 급료병으로 국가 재정에 부담을 주던 훈련도감 군사를 5천명으로 감축하고, 1,000명으로 확대되었던 금군도 700명으로 감축하였다. 그러나 곧바로 한성 주둔 군영 군병의 전반적인 감축으로 나타난 것은 아니었다. 1672년(현종 13) 9월 이단하李端夏의 다음 언급은 효종대 이후 급격히 확대되었던 한성 주둔 중앙 군영 군병의 모습을 잘 보여준다.

> 병자년(1634) 이전에는 호위군扈衛軍이 2천 명에 지나지 않는데, 지금은 (訓練都監의) 포수砲手가 5,500여명이나 있고, 이밖에도 별대別隊(訓練別隊)가 1천명, 어영병御營兵이 1천명, 정초병精抄兵이 5백명, 금군禁軍이 7백명이며, 각청各廳의 군관들도 1만 명에 가까우니, 병자년에 비하면 그 숫자가 여러 배나 됩니다.[171]

이단하의 이 언급을 통해 병자호란 이후 한성의 중앙 군영에 주둔하고 있는 상비 군사들은 급속히 증가하여 현종대 들어서는 약 2만 명에 달할 정도로 상당하였음을 짐작할 수 있다. 현종대 일부 군병이 감소하였지만 새로이 훈련별대와 정초병이 오히려 창설되었다. 당시 중원 정세의 변동이 있으면 항상 중앙 군영의 창설과 확대가 나타났다. 예를 들어 1669년(현종 10) 정초청과 훈련별대訓練別隊의 창설도 군권 장악을 위한 정파 간의 이해에 따른 측면도 있었지만 기본적으로 대외적인 정세 변동의 가능성이 고조되었던 것과 밀접한 관련이 있다.[172] 현종대 후반에 들어서면서 국제정세가 다시금 요동치기 시작하였다. 1668년(현

---

171) 『顯宗實錄』 권26, 현종 13년 9월 辛卯
172) 김창수, 2008 「17세기 대청사신의 '공식보고'와 정치적 파장」, 서울시립대 석사학위논문, 35쪽.

종 9) 10월 청에서 몽골의 반란이 일어났다는 사신의 보고가 들어온 것을 계기로 몽골이 조선을 침공할 수 있다는 위기감이 나타났다.[173] 대외적 위기감이 고조되면서 이듬해 초 중앙 군사력 강화의 일환으로 정초청과 훈련별대가 창설되었다.[174] 한성에 주둔하는 군병의 증가는 병자호란과 같은 단기 속결전에 대비하기 위해 한성의 수비 강화 및 북벌 추진을 위해 정예 부대를 한성에 배치시켜야 하였던 상황과 기본적인 관련이 있다.[175]

북벌 추진에 따른 효종대 중앙 군영의 병력 증강은 단순한 군사상의 변화에 그친 것은 아니었다. 급격한 군액 증가와 도성에 주둔하는 상비 군사의 수의 증가는 한성의 도시적 면모를 일신하는데 적지 않은 역할을 하게 되었다. 16세기말부터 17세기 전반에 걸친 동아시아 패권을 둘러싼 일련의 국제전쟁[倭亂, 胡亂]을 겪은 조선은 큰 피해를 입었다. 특히 이 전쟁의 과정에서 일본과 청나라에 함락되었던 한성의 피해는 적지 않았다. 전쟁 이전 10만 이상을 헤아리던 한성의 인구는 임진왜란이 일어난 이듬해인 1593년 39,931인으로 크게 떨어졌고, 병자호란을 거친 후 10여년이 지난 인조 26년(1648)의 조사에서도 95,569인으로 16세기 후반의 인구 수준을 완전히 복구하지는 못하였다. 특히 9년이 지난 효종 8년(1657)의 인구조사에서 한성의 인구는 80,572인으로 조사되어 오히려 급속한 인구 감소가 나타나기도 하는 등 전쟁의 후유증이 계속되고 있었음을 알 수 있다. 그러나 12년이 지난 현종 10년(1669)의 조사에서는 갑자기 한성의 인구가 194,030인으로 급증하는 현상을 보이고 있다. 즉 17세기 중엽을 전후하여 한성

---

173) 『현종실록』 권15, 현종 9년 10월 戊子.

174) 김창수, 2018 『앞의 논문』, 35쪽.

175) 柳承宙, 1993 『朝鮮時代鑛業史研究』, 高麗大學校 出版部, 198쪽

의 인구는 커다란 변동이 있었음을 짐작할 수 있다.[176]

17세기 중엽 한성 인구의 급증에 대해서는 여러 의견이 있다. 최근에는 소 빙기小氷期 현상으로 인한 자연재해로 인한 농업 생산의 저하로 인해 발생한 농촌의 유민流民들이 진휼이 시행되던 한성 및 경기 등의 도시에 집중하고 증가한 인구를 부양하기 위한 유통경제의 발달로 인한 상업도시로의 변화 등이 주된 원인으로 언급되고 있다. 그러나 효종대에서 현종대에 걸친 10여년의 짧은 기간 동안 한성의 인구가 2배 이상 집중적으로 증가된 것은 단순히 이러한 원론적인 설명만으로는 해명하기는 어렵다. 즉 유민 등의 한성 유입 문제와 함께 일단 대거 한성으로 유입된 유민이 계속 한성에 거주하기 위해서는 획기적인 조치가 전제되어야 한다. 현종대 한성 인구 증가의 직접적인 계기로는 앞서 언급한 효종대 이후 급격히 병력 규모가 확대되는 중앙 군영軍營의 변화에서 찾는 것이 타당할 것이다.[177]

앞서 보았듯이 효종대 북벌北伐의 추진 과정에서 각 군영 군사의 증원은 매우 급격히 이루어졌다. 먼저 효종 8년에 훈련도감군의 증강을 천명하고 이듬해 군액 증가를 위한 구체적인 조치가 시행하였다. 이를 위해 전국의 훈련도감 소속 포보砲保 중에서 정장精壯한 자 700명을 훈련도감 군으로 특별히 지정하여 한성으로 올라와 근무하도록 하는 이른바 별승호'別陞戶'하도록 하였다. 현종 3년 (1662) 6월에는 훈련도감군을 더욱 확보하기 위하여 한성에서 220명을 더 모집하는 등 군액 증가에 노력하였다. 현종대 훈련도감을 강화하면서 기근으로 인해 한성에 모인 유민을 상대로 한성에서 군병 모집을 다시 시행한 것은 훈련도

---

176) 高東煥, 1997 『조선후기 서울상업발달사 연구』, 지식산업사, 27–29쪽

177) 노영구, 2008 「조선후기 한성의 군사도시적 성격과 대열의 시행」, 京都大學 인문과학연구소 발표문 ; 이왕무, 2014 「조선후기 수도권 방위체제의 정비와 군사도시화 경향」, 『군사』 90, 88~89쪽

감 군의 성격과 한성의 도시 발달에 적지않은 영향을 미치게 된다. 즉 훈련도감 군의 성격이 이전의 군현별 할당에 의한 징병적 성격에서 모병募兵에 의한 용병적 성격의 군병으로 전환됨을 의미한다. 이들 모집 군병들은 계속하여 한성에 거주하게 된다. 즉 기존의 이해는 상업의 발달이 도성 인구의 증가를 가져오게 되고 이를 보호하기 위해 한성의 방어체계가 정비되었다고 보는 것이 일반적이지만 오히려 5군영의 장기적인 주둔과 병력 확대가 도성민의 증가와 상업 발전에 영향을 미친 것을 알 수 있다. 따라서 현종대에는 당시 '한성의 거리에 무기를 든 병사들이 가득 찼다'라는 주장이 나타날 정도로 한성의 상비 군병의 증강은 현저한 것이었다.[178]

현종대 한성 인구가 크게 증가하였으나 아직까지 조선의 기본적인 방어전략은 강화도를 중심으로 한 보장처 중심의 방어였다. 따라서 현종대 강화도 방어체계의 변화가 나타났는데, 그 핵심은 강화도의 수군을 폐지하고 육군만으로 방어하자는 것이었다. 예를 들어 1677년(현종 7) 강화유수 서필원은 당시 강화도의 군병 숫자가 적어 병력을 나눌 수 없으므로 육군만으로 방어하는 것이 좋다고 주장하였다.[179] 이러한 주장은 1665년 「강도사목江都事目」으로 구체화되었다. 이에 의하면 먼저 강화 내부에 있던 초지진, 제물진, 월곶진, 용진진을 육군 진보로 전환시키고, 덕포진은 통진通津의 신촌新村으로, 철곶진鐵串鎭은 풍덕豊德으로, 정포진井浦鎭는 교동喬桐으로 옮기도록 하였다. 그리고 세 진에 소속된 강화 출신 수군 4백 명은 강화부에 온전히 소속시키고, 그 대신을 병조로 하여금 부근의 육군으로써 나누어 방위케 하였다.[180] 이에 강화도 내부의 수군 진보는 일시적으

---

178) 『현종실록』 권1, 현종 즉위년 12월 甲寅
179) 『현종실록』 권11, 현종 7년 정월 甲申
180) 『비변사등록』 25책, 현종 6년 10월 30일

로 모두 철폐되었다. 이 조치에 대한 반대 의견도 곧바로 나타났는데, 지중추부사 이완은 적을 막기 위해 수군이 반드시 필요하다고 강력히 주장하였다. 이에 기존 육군 진보로 개편된 월곶진 등은 그대로 유지하고 덕포진을 제외한 철곶과 정포진은 1669년(현종 10)에 다시 강화도 내부로 이동시켰다.[181]

---

181) 『비변사등록』 28책, 현종 10년 4월 24일

05
숙종 전기 도성 수비론 대두와 경기 방어체제

숙종초 도성 수비론의 대두

17세기 중반 나타난 유민의 한성 집중에 따른 한성 일대의 인구 증가 및 군사도시화, 그리고 이에 기반한 상공업도시로의 전환은 이전의 단순한 정치적, 행정적 중심으로서의 도성의 성격을 완전히 변화시켰다. 한성의 방위 여부는 이제 단순히 정치 군사적 차원에서만 고려될 수 있는 문제가 아니었다. 즉 17세기 후반 한성의 발전에 편승하여 성장한 계층들은 전쟁과 같은 상황에서 자신의 생명과 재산 보호를 위해 한성의 수비 강화를 강하게 주장하기 시작하였다. 도성민의 안위에 대한 욕구를 조정에서 의식하지 않을 수 없게 되었다. 조정에서는 도성민들의 욕구를 수용하여 도성의 방어를 군영에 전적으로 의존하기 보다는 도성 일대에서 경제력을 축적한 도성민을 동원하는 새로운 방어 구상을 모색하게 된 것이다.[182]

　　상공업의 발달 등으로 인한 조선의 17세기 후반의 사회 경제적 변화는 조

---

182) 이근호, 1998「18세기 전반의 수도방위론」,『군사』38, 63쪽

선의 군사전략의 측면에서도 중요한 변화가 나타났다. 병자호란 직전 조선은 이괄의 난과 정묘호란으로 인해 평안도 지역 군사력이 크게 타격을 받아 이 지역에서 청나라의 공격을 방어하기에는 매우 어려운 상황이었다. 이에 따라 안주를 제외한 주요 군현의 평지 읍성을 포기하고 인근의 산성을 중심으로 하여 군사력을 온존하는 방어전략을 채택하였다. 그러나 조선의 군사전략을 파악하고 있던 청군은 한성으로의 교통로 상의 여러 산성에 포진한 조선군을 놓아두고 그대로 남하하여 남한산성에서 국왕 인조의 항복을 받았다.[183] 병자호란 이후에도 군사력의 열세로 인해 국왕은 도성이 아닌 보장처로 피난하는 군사전략이 계속되었다. 병자호란 당시 교통로상의 주요 읍성을 버리고 산성으로 피난하도록 한 수세적 군사전략으로 인해 행정력이 마비되고 피해도 적지 않았음이 분명하였으므로 산성이 아닌 거주하는 고을의 읍성에서 수령의 책임 아래 군민軍民이 함께 방어하는 읍성 중심의 방어책이 강구되기 시작하였다. 이의 가장 대표적인 인물이 17세기 중후반의 실학자인 유형원柳馨遠이었다.

유형원은 먼저 군현제를 전면 재조정하여 영세한 군현은 통폐합하여 그 규모를 확대 강화하고 성곽을 수축하여 평상시에는 군민의 거주하는 성[居城]으로, 전시에는 방어기지로서 활용하도록 하였다. 즉 기존의 작고 약한 읍성을 적은 군사로 지켜야하는 분산적 방어태세가 아니라 인구와 상인이 모이는 번상한 큰 고을을 중심으로 집중적인 방어 전략을 구상한 것이다. 이러한 방어전략은 이 시기 조선의 인구증가와 서민층의 성장, 상공업의 발전에 따르는 사회경제적 변동을 적극적으로 수용한 방안이라고 할 수 있다.[184] 사회경제적 변화에 따라 거

---

183) 노영구, 2004 「조선후기 평안도지역 內地 거점방어체계」, 『한국문화』 34, 241~242쪽
184) 이하 유형원의 읍성 방어론에 대해서는 김준석, 2003 『조선후기 정치사상사 연구』, 혜안, 217~219쪽 참조하여 서술.

주하는 읍성을 중심으로 하는 국방관의 변화는 도성 방어의 가능성을 모색하게 하기에 충분한 것이었다.

유사시 국왕의 보장처로의 피난이 아닌 도성 방어의 가능성을 최초로 고려하기 시작한 것은 숙종 즉위년인 1674년 11월에 나타난 북한산성에 대한 축성 주장이 그것이다. 이 해 청나라에서는 오삼계의 반란인 이른바 삼번의 난이 일어나 청나라의 위기감이 매우 큰 상황이었다. 당시 조선에서는 청나라가 대한 대책을 논의하는 자리에서 북한산성北漢山城에 대한 축성 문제가 거론되었다. 즉, 유사시를 대비해 북한산성을 쌓고 그 곳을 새로운 보장처로 삼고자 한 의견이 그것이다. 최초로 북한산성 축성을 발의한 저명한 무인 유혁연柳赫然의 다음 주장은 이를 잘 보여준다.

유사시 임금의 어가御駕가 묵을 곳이 없는데, 북한北漢은 산세가 험준하고 사면이 막혀 있는데, 오직 동구洞口의 한 길만 있어서 쌓는 역사도 많을 것이 없습니다. 또 이는 도성과 가까운 사이라서 비록 갑작스러운 변란이 있더라도 군병軍兵과 기계器械, 그리고 인민人民이 축적한 것을 남김없이 모두 피하여 들어갈 수 있기 때문에 형세形勢의 편리함이 이와 같은 곳이 없으니, 속히 수축할 계책을 강구하여 결정짓는 것이 합당하겠습니다.[185]

이는 병자호란시 강화도와 남한산성이 거리가 있어 보장처로서 제 구실을 할 수 없었던 점을 고려하여 새로운 보장처로서 북한산성을 축조하자는 주장이었다. 숙종 역시 이 주장에 동조하였지만, 이 논의는 더 이상 진전되지 않았다. 북

---

185) 『숙종실록』 권1, 숙종 즉위년 11월 壬申

한산성은 효종대인 1659년에 이미 수축 논의가 있었으나 도성 방어를 위한 것이라기보다는 국왕의 보장처 확보의 측면에서 이루어진 것이었다. 북한산성의 축조를 통해 도성 방어의 가능성을 본격적으로 논의하기 시작하였다는 점에서 이는 적지 않은 의미가 있다.

17세기 후반 국제정세와 숙종 초 북벌 추진

1662년 6월 청군의 추격을 피해 미얀마로 피신하였던 남명의 황제 영력제가 오삼계 군에게 잡혀 처형된 이후 한동안 중국의 정세는 안정되었다. 그러나 청나라가 중원을 정복하는 과정에서 결정적인 역할을 하였던 한인 장수인 오삼계, 상가희, 경중명 등 3인은 중국 남부의 운남성, 귀주성, 복건성 일대에 세 번부藩府, 즉 삼번三藩을 설치하고 군사, 행정권 등을 장악하였다. 그러나 강희제 즉위 이후 삼번의 폐지를 추진하자 이에 반발한 오삼계가 1673년 8월 반란을 일으키고 이어 다른 두 번도 곧 호응하여 이른바 삼번의 난이 일어났다.

　　삼번의 난 초기에 반란군의 기세가 매우 성하여 동남쪽의 해안에서 서쪽의 사천성, 섬서성, 호남성과 북으로 산서성까지 중국 남부의 대부분 지역이 전란에 휩싸이기도 하였다. 청의 수도 북경도 공황에 휩싸였고 일부 만주족은 중원을 포기하고 안전한 만주로 조정을 옮길 것을 주장하는 등 매우 혼란스러운 상황이 계속되었다.[186] 삼번의 난이 일어나자 청나라의 주변 세력들도 이를 틈타 반란을 일으키기도 하였다. 먼저 몽골 세력의 동향이 심각해지기 시작하였는데, 1675년

---

186) 토마스 바필드(윤영인 역), 2009 『위태로운 변경』, 동북아역사재단, 554쪽

(숙종 원년) 3월 몽골의 차카르 세력의 수장인 부르니가 반란을 일으켜 북경으로 가는 길을 막아 산해관 밖 금주와 광녕, 심양, 그리고 연산관連山關에서 봉황성에 이르는 요동 대부분 지역이 매우 불안한 상황이었다.[187]

더욱 심각한 것은 서몽골에 있던 오이라트 4부의 하나인 준가르부太極猻 子의 동향이었다.[188] 1653년 준가르의 수장이 된 갈단(Galdan)은 이후 오이라트 전체를 장악하고 청에 대해 독자적인 입장을 취하기 시작하였다. 1679년 가을 갈단은 청의 강희제에게 청나라가 통제하고 있는 티베트 외곽 지역인 청해靑海 지역을 돌려줄 것을 요구하면서 청을 압박하였다. 당시 삼번의 난이 한창인 때 였으므로 이를 틈타 갈단은 청해靑海 지역을 통해서 여기서 가까운 티베트와 연 결을 도모하고 청을 압박하려고 한 것이었다.[189]

삼번의 난 소식이 조선에 전해진 것은 이듬해인 현종 15년(1674) 3월 초 사 은사 김수항金壽恒의 보고에 의해서였다.[190] 이 직전에도 조선은 몽고의 심상치 않은 동향 등 유동적인 국제관계에 대해 예민하게 인식하고 있었고 이에 대한 대비책으로 산성에서의 방어 등 여러 방안을 논의하기도 하였다.[191] 그러나 삼번 의 난이 일어나기 전까지는 '영고탑회귀설'에 바탕을 두고 조선이 청과 대규모 전쟁을 할지 모른다는 전략적 판단과 함께 청과 전쟁이 일어날 가능성은 거의 없으므로 내지에 방어체제를 구축하기보다 압록강, 두만강 유역을 적극 개발하

---

187) 『숙종실록』 권3, 숙종 원년 4월 6일 甲午.

188) 이하 준가르부의 동향에 대해서는 피터 C. 퍼듀, 공원국 옮김, 2012『중국의 서진-청의 유라시아 정복사』, 길, ; 홍 성구, 2010「『조선왕조실록』에 비친 17세기 내륙아시아 정세와 '영고탑회귀설'」, 『중국사연구』 69, 참조.

189) 당시의 중국 일대 정세에 대해서는 노영구, 2014「17~18세기 동아시아 정세와 조선의 도성 수비체제 이해의 방 향」, 『조선시대사학보』 71 참조.

190) 『현종실록』 권22, 현종 15년 3월 丙寅

191) 『현종실록』 권16, 현종 10년 정월 庚酉.

자는 다른 주장도 나타나던 상황이었다.[192] 이러한 상황에서 삼번의 난으로 중국 남부 지역이 혼란에 빠지자 조선의 조야에서는 영고탑회귀설에 따른 청과의 전쟁 가능성과 함께 북벌北伐의 주장이 급격히 나타나기 시작하였다.[193] 특히 남인의 산림山林이었던 윤휴는 7월 초 비밀 상소를 올려 1만대隊 즉 10만여 명의 조선군을 동원하여 북경을 직접 공격하고, 아울러 중국 해안의 정성공 세력 및 중원의 여러 세력과 연합할 것을 주장하는 등 매우 적극적인 북벌 방안을 제시하였다.[194] 윤휴의 북벌 주장은 이 상소 직후인 8월 중순 현종이 사망하고 숙종이 즉위하면서 더욱 탄력을 받았다.[195]

    1673년 숙종 즉위 직후에도 중국의 정세는 심상치 않았다. 9월 초에는 조선 내에서도 오랑캐와 일본이 조선을 침공한다는 뜬소문이 돌아 도성 주민이 피난을 나서는 등 소란해지기도 하였다.[196] 특히 11월 하순에는 당시 오삼계 군에게 청나라 군이 여러 차례 패배하여 영고탑과 심양 등 만주 지역에 있던 청군이 모두 징발되어 소원해졌으며 조선군이 이를 틈타 북경을 공격할 지 모른다는 소문이 북경에 돌고 있다는 사신의 보고가 있었다. 조선 국경과 멀지 않은 봉황성鳳凰城과 개주위盖州衛에 청나라가 성을 쌓는 것도 조선의 공격에 대한 대비책인 것으로 파악하였다. 이에 조선에서도 유동적인 국제정세에 대응하기 위해 도성과 수도권 일대의 군사적인 대응 태세를 검토하기 시작하였다. 후술하겠지만 예를 들어 북한산성 등 주요 관방의 정비와 함께 도성 방어를 위해 임진강 연안을 따

---

192) 강석화, 2000 『조선후기 함경도와 북방영토의식』, 경세원, 36~38쪽
193) 『현종실록』 권22, 현종 15년 5월 己卯
194) 『현종실록』 권22, 현종 15년 7월 癸亥
195) 현종말 숙종초 삼번의 난과 조선의 북벌 논의에 대해서는 홍종필, 1977 「三藩亂을 전후한 현종·숙종연간의 북벌론」, 『사학연구』 27 ; 김양수, 1979 「조선숙종시대의 국방문제」, 『백산학보』 25 등 참조.
196) 『숙종실록』 권1, 숙종 즉위년 9월 乙丑

라 방어체제를 정비하는 방안을 강구하였다.[197] 실제 7천여 명에 불과한 남한산성 수비군의 보강을 위해 산성에서 가까운 양근과 횡성 등에 둔전을 설치하여 군사 수백 명을 추가 확보하도록 하였다.[198]

삼번의 난에 따른 일부 몽골 세력의 움직임에 대응하여 북방으로부터의 침입 가능성에 대한 대비책으로 조선은 그 접근로인 평안도 지역의 방어체제 정비에 착수하였다. 1674년(숙종 1) 5월 영의정 허적은 창성에서 완항령을 넘어 구성, 태천, 운산, 영변에 이르는 대로의 방어 대책이 시급하다고 주장하고 그 일환으로 창성 남쪽의 당아산성을 보수하여 유사시 창성과 삭주의 방어 근거지로 삼을 것을 주장하였다.[199] 이에 따라 조정에서는 완항령 남쪽에 시채진侍寨鎭을 설치하였고, 김석주의 주장에 따라 창성과 삭주 사이의 두 고개길이 만나는 지역에 막령진幕嶺鎭을 설치하였다. 또 중요한 영애嶺隘 요충지인 차령과 우현의 북쪽에 각각 鎭을 설치하고 만호를 파견하였다. 1680년(숙종 6)에는 의주와 구성 사이의 극성령 부근에 안의진安義鎭을 두는 등 숙종 6년까지 압록강변에서 평안도 내륙으로 들어오는 지역에 자리한 적유령 산맥 일대 고개에 대한 기본적인 영애 방어선은 구축될 수 있었다.[200]

북방 침입에 대비하여 평안도와 도성 일대 방어체제 정비 착수와 함께 삼번의 난에 호응하여 적극적으로 청을 공격하자는 북벌론도 조야에서 크게 일어났다.[201] 실제 1675년(숙종 2) 초 윤휴는 대외적으로 조선이 해야 할 세 가지 일

---

197) 『숙종실록』 권1, 숙종 즉위년 11월 壬午
198) 『숙종실록』 권1, 숙종 즉위년 11월 辛巳
199) 『비변사등록』 제31책, 숙종 1년 5월 27일
200) 숙종 초 평안도 지역 방어체제 정비에 대해서는 고승희, 2004 「조선후기 평안도지역 도로 방어체계의 정비」, 『한국문화』 34, 207~212쪽 참조.
201) 『숙종실록』 권3, 숙종 원년 4월 乙巳 ; 『숙종실록』 권4, 숙종 원년 6월 癸亥

로 북벌의 추진과 대만의 정성공 세력과 연계 도모, 그리고 청과의 관계를 단절하는 것을 들고 있다. 아울러 국내적으로는 숙위宿衛를 엄하게 할 것을 주장하여 군사력의 증강을 주장하였다.[202] 이러한 분위기에서 장차 예상되는 청과의 전쟁에 대비하기 위해 군권軍權의 중추 기관으로서 도체찰사부의 설립이 추진되었다. 도체찰사는 전쟁이 일어나거나 임박한 전시 상황에서 전쟁 수행의 직접적인 최고위 군령권자로서 정승 중에서 임명하여 해당 지역에 파견하는 특별 관직이었다.[203] 도체찰사의 관부인 도체찰사부都體察使府(都體府 혹은 體府로 약칭)의 설치 시도는 기본적으로 숙종 초기 삼번의 난에 따른 청과의 전쟁 가능성과 함께 당시의 북벌 추진 움직임과 밀접한 관련을 가지는 것이었다.

도체찰사부의 복설 주장은 숙종 원년 (1674)9월 윤휴 등에 의해 최초로 제기되었다.[204] 윤휴는 병권의 중추 기관으로 도체찰사부를 설립할 것을 주장하였으나 반대 의견이 적지 않았다. 그러나 점차 도체찰사부의 설립에 동조하는 의견이 늘어났다. 특히 우부승지 이동규는 체부를 설치하여 대신을 도체찰사로 임명하고 체찰부사體察副使와 종사관을 두며, 재주와 무예가 있는 자를 모아 도체찰사부의 군용軍容을 갖추도록 할 것을 주장하였다.[205] 특히 남인 세력은 정권의 안정을 위해 이를 아우르는 군권의 장악을 위해 노력하게 되고 그 결과는 도체찰사부의 설치 주장으로 나타났다.

윤휴 등의 거듭된 도체찰사부 설립 주장에 따라 1675년(숙종 1) 12월 우선 영의정 허적을 체찰사로 임명하였고,[206] 이듬해인 1676년 정월에는 허적을 5도

202) 『숙종실록』 권2, 숙종 원년 2월 丁酉
203) 차문섭, 1995 앞의 책, 480쪽
204) 『숙종실록』 권4, 숙종 원년 9월 戊申
205) 『숙종실록』 권4, 숙종 원년 10월 丙子
206) 『숙종실록』 권4, 숙종 원년 11월 壬辰

도체찰사로 임명하고 유명견柳命堅, 강석빈姜碩賓, 목창명睦昌明, 이담명李聃命, 최석정崔錫鼎 등을 종사관으로 삼아 도체찰사부를 개설하였다.[207] 이어서 2월에는 무과 정시庭試를 통해 선발한 1만 4천여 명의 무과 출신을 모두 체부에 소속시켜 휘하의 군사력으로 삼도록 하였다.[208] 또한 도체찰사에게 국가의 중앙과 지방의 모든 군권을 위임하여 훈련도감과 어영청까지도 그 지휘를 받도록 하여 도체찰사가 조선의 모든 군권을 장악하도록 하였다.[209] 체부의 체제가 갖추어짐에 따라 별도의 아문을 개설하도록 하고 임시로 어영청의 북영北營을 빌려 입번하는 체부 소속 군관들이 사용하도록 하였다.[210]

한편 삼번의 난과 수도권 방어체제 정비의 일환으로 개성의 박연폭포가 있는 천마산 일대에 대한 축성의 필요성이 제기되어 허적의 주도 하에 1674년 9월 이곳에 대흥산성 축조가 추진되었다.[211] 대흥산성 축조에는 훈련별대군 5천여 명이 동원되어 이듬해 4월 완성되자 허적은 이 산성을 도체부의 진鎭으로 삼았다.[212] 석축으로 이루어진 이 대흥산성은 둘레가 5,997보에 달하고 1,530개소의 성첩과 6개소의 성문을 갖춘 대형 성곽이었다.[213] 새로 축조한 대흥산성의 수비 강화를 위해 개성, 풍덕, 금천, 평산, 배천, 연안 등 주변 고을의 신출신新出身을 모두 이곳에 배속시키고, 이어서 방어에 필요한 군기의 확보를 위해 한성의 군

207) 『숙종실록』 권5, 숙종 2년 정월 戊申. 숙종대 초 도체찰사부 설치에 대해서는 김종수, 2016 「조선의 왕권과 숙종초기 도체찰사부」, 『군사』 98 참조.

208) 『숙종실록』 권5, 숙종 2년 2월 甲子 ; 『숙종실록』 권5, 숙종 2년 4월 乙丑. 당시 선발된 무과 출신자들은 자료에 따라 차이가 있는데 『승정원일기』에 의하면 14,207명으로 기록되어 있고 『무과총요』에는 17,652명으로 되어 있다(정해은, 2002 「조선후기 무과급제자 연구」 한국정신문화연구원 박사학위논문, 27쪽).

209) 『숙종실록』 권5, 숙종 2년 4월 甲寅

210) 『비변사등록』 제32책, 숙종 2년 8월 21일

211) 『숙종실록』 권4, 숙종 원년 9월 癸卯

212) 『숙종실록』 권5, 숙종 2년 4월 丁丑

213) 『松都志』 권3, 관방 「大興山城」(『여지도서』 상. 보유편 970쪽)

기시에 보관되어 있는 조총 등의 무기를 이곳으로 옮기기도 하였다.[214] (개성 일대 방어체제 정비에 대해서는 후술)

도체찰사부를 통해 윤휴 등 남인의 군권이 비대해짐에 따라 기존 군권을 장악하고 있던 서인 세력의 반발도 적지 않았다. 특히 유력 종친으로 수어청을 맡고 있던 김석주의 강한 반발을 받기에 이르러 어영청, 훈련도감 등 연하친병輦下親兵은 전란시가 아닌 평시에는 체부의 통제를 받지 않도록 하였다.[215] 남인 내부의 갈등과 김석주 등의 반발로 인해 도체찰사부 혁파 주장이 나타나기 시작하였다. 현종 후반기 훈련별대 및 정초청의 창설과 확장으로 인해 백성의 군역 부담이 커진 상황에서 숙종 초 1만 4천에 달하는 무과 출신의 체부 소속 군관으로의 편성과 급료 지급으로 적지 않은 군사, 재정적 문제점이 나타났다. 따라서 훈련별대와 정초청 군사 및 각 아문의 군관 등과 함께 체부 혁파를 주장하는 의견이 나타났다.[216] 체부 혁파와 군병 감축에 대한 논의가 활발해지자 이듬해인 1678년(숙종 4) 12월 남인의 요청으로 다시 설치될 때까지 도체찰사부는 혁파되었다.

1677년(숙종 3) 5월 말의 도체찰사부의 혁파 및 호위청, 정초청, 수어청, 총융청 등의 군병 감축과 어영청과 훈련별대의 호수戶首 정원 고정 등 군사력의 감축 조치는 기본적으로 당시 북벌의 전망이 흐려지고 있던 상황과도 밀접한 관련을 가지고 있다. 거사 초기 기세를 올리던 오삼계군은 1676년(숙종 2) 중반 청군의 저항에 따라 더 이상 북진하지 못하고 전선은 고착되었다.[217] 그해 연말 경정충耿精忠 부자와 왕보신王輔臣이 청나라에 항복하였고 상가희尚可喜가 병사하였

---

214) 『비변사등록』 제33책, 숙종 3년 12월 27일 ; 『비변사등록』 제34책, 숙종 4년 4월 4일

215) 『숙종실록』 권5, 숙종 2년 4월 乙丑

216) 『숙종실록』 권6, 숙종 3년 5월 甲午

217) Peter Lorge, *War, Politics and Society in Early Modern China, 900-1795*(Routledge, 2005), p.155

으며 아울러 청군의 오삼계 군에 대한 반격도 개시되었다는 변무사辨誣使의 보고가 있었다.[218] 따라서 북벌 추진을 염두에 둔 도체부의 존립 의의는 상당히 약화되었다.

도체부 혁파 이후에도 윤휴는 북벌 추진을 강하게 주장하였다. 1677년(숙종 3) 11월 그는 오삼계의 세력이 아직 건재하고 있으며 조선의 군사력이 막강하므로 북벌을 단행하여 청을 공격할 것을 주장하였다. 그러나 대신들의 반대로 그의 북벌 주장은 거부되었다.[219] 이듬해 8월에 들어서면서 중국의 형세가 오삼계에게 유리하다는 보고가 이어졌다. 아울러 오삼계와 정성공 세력의 연결, 몽골의 청 공격 가능성이 검토되었다.[220] 이러한 상황에서 청인淸人이 중원을 포기하고 만주로 돌아올 가능성을 검토하기 시작하였다.[221] 즉 청이 오삼계 등에게 패하여 근거지인 영고탑 지역으로 후퇴하는 중 몽골에게 저지되어 조선의 북부를 통과한다는 이른바 '영고탑회귀설'로 정리되는 전략적 위협 분석이 이루어지기 시작하였다. 이러한 전략적 가정 하에 청과의 전면전이 다시금 제기되었다.[222] 이에 따라 1678년(숙종 4) 12월 도체찰사부의 재설치 문제가 논의되어 허적을 다시금 도체찰사로 임명하였다.[223] 도체찰사부의 재설치는 곧바로 이루어지지는 못하였다. 아울러 그해 3월 오삼계가 이미 사망하였고 경정충과 정성공이 패하여 도주하였다는 사신의 보고가 들어왔다.[224] 즉 청의 멸망과 북벌의 가

---

218) 『숙종실록』 권5, 숙종 2년 12월 辛未
219) 『숙종실록』 권6, 숙종 3년 11월 壬午
220) 『숙종실록』 권7, 숙종 4년 8월 辛巳
221) 『숙종실록』 권7, 숙종 4년 8월 戊子
222) 영고탑회귀설에 대해서는 배우성, 1998 『조선후기 국토관과 천하관의 변화』, 일지사, 67〜70쪽 참조.
223) 『숙종실록』 권7, 숙종 4년 12월 己丑
224) 『숙종실록』 권8, 숙종 5년 3월 壬寅. 실제 한족 장수가 이끄는 한인으로 구성된 綠營의 공세로 인해 1677년(숙종 3)을 전후하여 삼번의 반란 세력은 이미 험한 산세의 중국 서남부 지역에 국한되어 있는 실정이었다(토마스 바필드(윤영인 저), 2009 『위태로운 변경』 동북아역사재단, 555쪽)

능성이 다소 낮아진 것이다.

　1679년(숙종 5) 9월에 윤휴는 군사 훈련과 군령체계의 확립을 위해 도체찰
사부의 재설치를 적극 주장하였다. 아울러 「체부절목體府節目」을 의논해 정하고
부사副使 및 찬획사贊劃使를 차출하고 임금이 병권을 총괄할 것을 요청하였다.[225]
이에 따라 11월 숙종은 「체부절목」을 의논하여 정하도록 명하고 아울러 부체찰
사에 병조판서인 김석주를 임명하였다. 김석주는 병조판서로서 어영대장을 겸
하고 있었으므로 그에게 군권이 집중되는 것을 우려한 윤휴의 반대에도 불구하
고 숙종은 김석주의 부체찰사 임명을 강행하였다.[226] 12월 초에는 도체찰사부의
「체부응행절목體察府應行節目」을 마련하였다. 이 절목에 의하면 각도의 원수와 순
찰사, 병사, 수사 이하는 모두 체부의 지휘를 받도록 하고 지방의 속오군과 어영
군, 정초군, 훈련 별대 군병으로 상번하지 않고 서북으로 방수하는 경우에도 체
부에서 통제하도록 하였다. 경기의 총융사와 남한산성의 수어사도 모두 체부에
소속되도록 하여 중앙의 숙위宿衛 군병을 제외한 당시 조선의 모든 군병은 실질
적으로 체부의 지휘 통제하에 두도록 하였다. 즉 체부는 중앙의 일부 군영을 제
외하고 조선의 최고 군령기관으로 위상을 분명히 갖게 되었다.[227] 당시 허적과
윤휴 등은 중국의 삼번의 난을 계기로 도체찰사부를 복설하고 이를 중심으로 조
선군의 군령체계를 일원적으로 조정하였을 뿐 아니라 군사력을 체계적으로 정
비, 확보하고자 시도하였다. 그러나 도체부를 중심으로 조선의 군사체제를 정비
하고 아울러 일원적 군령체계를 갖추고 군권을 확보하고자 하였던 남인의 영수
허적과 윤휴 등의 의도는 곧 다른 정파의 견제를 받게 되었다. 당시 오삼계의 사

---

225) 『숙종실록』 권8, 숙종 5년 9월 丁巳
226) 『숙종실록』 권8, 숙종 5년 11월 甲午
227) 『비변사등록』 제35책, 숙종 5년 12월 5일

망 등 삼번 세력의 위축이 분명해진 상황에서 윤휴 등이 북벌을 계속 주장하고 대흥산성, 축조, 중초 편성 등 체부 자체 군사력 확보 등의 움직임은 타 정파에게 비판의 구실을 주게 되었다.

1680년(숙종 6) 3월 말 이른바 유악사건油幄事件을 계기로 남인 세력이 실각하고 서인들이 다시 집권하였다. 군권의 측면에서는 남인계 무장인 공조판서 유혁연이 해임되고 김만기金萬基가 훈련대장으로 임명되었다. 아울러 총융사에는 포도대장 신여철을 임명하였다.[228] 4월 초에는 허적의 서자 허견許堅이 복선군 등을 추대하였다는 이유로 허적, 윤휴 등 남인 세력이 완전히 실각하고 서인 세력이 완전히 집권하게 되는 경신환국庚申換局이 일어났다. 그 과정에서 윤휴의 체부 설립 주장과 대흥산성을 중심으로 한 체부의 군사력 양성은 역모를 꾀하려 하였다는 구실을 주었다. 예를 들어 대흥산성에 소속된 이천 둔전의 군병[屯軍]에 대한 군사훈련 강화 등이 그 증거로 제시되었다.[229] 도체찰사부는 얼마 지나지 않아 혁파되어 관리소管理所로 격하되고, 대흥산성을 주관하는 당상관은 관리사管理使로 칭해져 김석주가 관리사를 겸직하였다.[230] 이로서 숙종대 초반 적극적으로 이루어진 북벌 추진은 완전히 좌절되었고, 이후 북벌에 대한 논의는 재야를 중심으로 만주에 대한 역사지리적 관심과 강한 영토 의식, 만주수복론 등의 형태로 나타나게 된다.[231]

---

228) 『숙종실록』 권6, 숙종 6년 3월 丁巳
229) 『숙종실록』 권9, 숙종 6년 4월 丙寅
230) 『비변사등록』 제36책, 숙종 8년 6월 7일 ; 『숙종실록』 권9, 숙종 6년 5월 丙申
231) 한영우, 1989 『조선후기사학사연구』, 일지사, 243쪽

숙종 초기 개성 일대 방어체제 정비[232]

현종 대 이후 삼번의 난 발발과 대륙의 유동적인 정세, 도성 일대의 성장 등으로 인해 이전에 비해 도성 방어의 중요성이 매우 높아졌다. 이 배경에서 도성 방어의 일환으로 수도 외곽 지역의 방어체제 정비가 적극 논의되었다. 앞서 본 북한산성 축조 논의와 전통적인 보장처였던 강화도 방어체제가 정비와 함께 한성 북부 지역 외곽 방어를 위해 숙종 초에는 개성 일대 방어 중심지로 대흥산성 축조가 이루어졌다.[233] 이는 임진왜란 이후 도성이 적에게 함락되는 일이 반복됨에 따라 수도 외곽에 중층의 방어선을 형성해야 한다는 위기의식에서 나온 것이라고 할 수 있다. 또한 정치적으로 수도의 군사력 장악이 정권유지를 위한 가장 중요한 조건이 되면서 수도 외곽 방어에 대한 관심은 더욱 높았다. 이는 이전과는 상당히 달라진 양상이라고 할 있다.

앞서 보았듯이 삼번의 난을 계기로 남인南人의 영수인 허적과 윤휴를 중심으로 북벌 준비의 일환으로 도체찰사부(이하 體府)가 복구되었다. 그리고 도성 주변의 방어 체계 전반에 대한 정비에 착수하였다. 특히 이전에 청의 견제 인해 이루어지지 못하였던 한성 이북 지역에 대한 방어체제 정비 움직임이 나타났다. 이는 임진강 이북 개성 일대의 방어체제 정비로 구체화되었다. 숙종 초 체부의 진으로서 대흥산성大興山城이 완성되었다.[234] 아울러 대흥산성에 필요한 군향 및 군졸의 확보를 위해 인근 지역에 둔전屯田을 설치하고 아울러 개성 주변 황해도

---

232) 숙종대 개성 일대 군사체제 정비에 대해서는 노영구, 2006 「조선후기 개성부 일대 관방체제의 정비와 재정의 추이」, 『한국문화』 38 ; 김종수, 2017 「조선 숙종대 경기지역 군사체제의 정비」, 『군사연구』 143 등 참조.

233) 『숙종실록』 권4, 숙종 원년 9월 계묘.

234) 『숙종실록』 권5, 숙종 2년 4월 丁丑. 도체부의 복설과 대흥산성 축조 과정에 대해서는 이태진, 1985 앞의 책, 189~193쪽 참조.

의 서흥瑞興, 수안遂安, 곡산谷山에 있는 수 개 처의 둔전과 훈련도감 소속 둔전으로 이천, 평강에 있는 둔전을 체부로 이속시키도록 하는 조치를 취하였다. 아울러 이 둔전의 주민은 아병牙兵으로 편성하여 각 둔전의 별장別將의 지휘 하에 비상시에는 대흥산성에 들어가 방어를 담당하도록 하였다.[235]

대흥산성이 완성되면서 산성 주변의 영애에도 여러 관방關防 시설이 설치되면서 이 지역 방어 체계가 전반적으로 정비되기 시작하였다. 1676년(숙종 2) 4월 대흥산성 동북쪽에 있는 고개인 백치白峙에 성을 축조하고 진을 설치하였다. 그리고 방어 책임자로 첨사를 임명하도록 하였다.[236] 백치는 금천과 토산의 사이 길[間路]에 위치한 고개로 이곳을 지나 내려가면 곧바로 임진강과 통할 수 있는 개성부 동북의 교통상 요해지였다.[237] 백치에 첨사가 최초로 임명된 것이 1678년(숙종 4년) 8월인 것으로 보아 이곳에 성곽이 축조되고 방어 체계가 일단 정비된 것은 이즈음으로 생각된다.[238]

숙종 초반 대흥산성의 축조와 방어 병력 및 군향의 확보, 그리고 주변 관방의 정비 등 여러 조치를 계기로 대흥산성은 개성과 황해도 남쪽 지방 군현의 핵심 방어 거점으로 역할을 하게 되었다. 아울러 대흥산성 방어 체계의 정비를 계기로 도성 북방 방어체제가 갖추어져 기본적인 도성 외곽 방어 체계의 윤곽이 형성되기 시작하였다. 대흥산성 축조 이후 황해도 지역의 방어체계도 전반적으로 정비되었다. 황해도와 평안도 접경 지대인 황주, 봉산, 서흥, 수안, 곡산의 주요한 영애嶺隘를 연결하는 산악 방어선의 정비에 착수하였다. 이는 1680년(숙종 6) 초

---

235) 『숙종실록』 권5, 숙종 2년 10월 壬子.
236) 『숙종실록』 권5, 숙종 2년 4월 乙丑.
237) 『大東地志』 권2, 京畿道 四都 開城府 ; 『海西邑誌』 1책, 「金川郡邑誌」 關阨(『邑誌』12, 아세아문화사. 44면).
238) 『숙종실록』 권7, 숙종 4년 8월 戊寅.

「황해도관방사목黃海道關防事目」으로 구체화되었는데, 이는 서북 지방에 대한 충분한 방어의 종심을 확보하기 위한 것으로 보인다.[239]

남한산성에 비견될 정도로 착실히 진행되던 대흥산성의 방어태세 정비는 앞서 보았듯이 1680년(숙종 6) 중반 남인 세력의 실각으로 위기를 맞았다. 남인 실각을 계기로 체부가 폐지됨에 따라 대흥산성을 주관할 기관이 없어졌다. 따라서 대흥산성의 군향과 군기를 관리하기 위해 관리소管理所를 따로 설치하고 그 책임자로 당상관인 관리사를 두었다.[240] 1682년(숙종 8)에는 관리사마저도 혁파하고 비변사의 당상 1명이 대흥산성의 군량미와 포목 등을 직접 관리하도록 하였다.[241] 즉 대흥산성의 관리 주체가 체부에서 비변사로 옮겨지면서 대흥산성의 관리 체계는 이전보다 다소 약화되었다. 예를 들어 비변사 관리 체제로 넘어간 직후 인 숙종 10년에는 대흥산성에 비축된 군수품을 송도 상인들이 멋대로 빌려 가기도 하고,[242] 대흥산성의 군향 1만석 중에서 2천 석을 강도江都로 운송하는 조치가 내려지기도 하였다.[243] 산성에 대한 관리가 허술해지면서 대흥산성을 포기하고 대신 양주의 홍복산洪福山에 산성을 축조하여 대흥산성의 물자를 옮기자는 의견이 나타나기도 하였다.[244] 대흥산성 소속의 모집한 백성들에 대한 대우가 낮아지면서 이들이 도산하거나 유리하는 경우도 나타났고 심지어 백성들의 원래 소속 고을에서 이들을 징발해가는 사례마저 있었다.[245]

239) 『숙종실록』 권9, 숙종 6년 정월 丙申. 조선후기 황해도 지역의 嶺隘 방어체계에 대해서는 고승희, 2006 「조선후기 황해도 直路 방어체계」, 『한국문화』 38 참조.

240) 『숙종실록』 권9, 숙종 6년 5월 丙申.

241) 『비변사등록』 제36책, 숙종 8년 6월 7일.

242) 『비변사등록』 제38책, 숙종 10년 9월 13일.

243) 『비변사등록』 제37책, 숙종 10년 1월 20일.

244) 『숙종실록』 권13, 숙종 8년 10월 辛巳.

245) 『비변사등록』 제37책, 숙종 10년 1월 20일.

군사적인 중요성은 많이 낮아졌지만 대흥산성의 존재 가치가 완전히 부정된 것은 아니었다. 숙종 초 북벌 준비에 따른 군비 확장 과정에서 서북 지방의 여러 관방 시설의 신설과 정비가 이루어지면서 의주대로 등 이 지역의 주요 직로直路 상에 위치한 영애에 鎭이 설치되고 산성의 정비가 이루어졌다. 그러나 아직도 대규모 적군의 공격을 효과적으로 방어하기에는 매우 부족한 실정이었다. 대규모 전쟁이 일어날 경우에는 서북 지역의 직로 상에서 적군을 막기 어려웠으므로 백마산성(의주부사), 용골산성(용천부사), 철옹산성(兵使), 자모산성(監司) 등 주요 군현 인근의 산성으로 들어가 스스로 지키는 수준에 불과하였다.[246] 따라서 보장처로서 대흥산성의 위상은 다소 약화되었지만 개성 인근 주민들의 피난처로서 의미는 남아 있었으므로 이의 관리는 중요한 문제였다.

한편 삼번의 난 이후 안정적이었던 청나라와 주변 정세는 1691년(숙종 17)에 들어서면서 다시 유동적으로 변하였다. 1688년(숙종 14) 몽골의 준가르부의 갈단이 군대를 동원하여 할하 몽골을 침공하면서 할하 몽골의 세력들이 청으로 남하하는 일이 벌어졌다. 청은 갈단과 러시아의 연결을 차단하기 위해 1689년 네르친스크 조약을 체결하여 러시아와 흑룡강 일대에서의 무력 분쟁을 일단락지었다.[247] 이후 강희제는 3차례 친정親征을 통해 갈단과의 전쟁에 전력을 기울여 1696년(숙종 22) 갈단을 제거하고 할하 몽골을 다시 청으로 복속시켰다.[248] 조선에도 그 소식이 전해져 청나라 관외關外 지역에서 몽골 등 주변 민족과 계속 전투가 일어나고 있었으므로 조선 조정에서는 청나라가 중원을 버리고 자신들의

---

246) 『비변사등록』 제45책, 숙종 17년 12월 19일. 숙종 전반기 평안도 지역의 방어 체제 정비 양상에 대해서는 노영구, 2004 「조선후기 평안도지역 內地 거점방어체계」, 『한국문화』 34, 245쪽 참조.
247) 구범진, 2018 「청대 대러시아 외교의 성격과 그 변화」, 『대동문화연구』 61.
248) Peter Lorge, *War, Politics and Society in Early Modern China, 900-1795*, (Routledge, 2005), pp.161~162.

발상지인 두만강 북쪽의 영고탑寧古塔 지역으로 돌아갈 가능성을 고려하기 시작하였다.[249] 따라서 의주에서 한성에 이르는 사이의 방어상 요지에 대한 방어 체제 점검이 이루어졌는데 그중 개성은 황해도 남부와 경기 북부 일대 방어의 핵심적인 거점으로 주목되었다. 특히 의주대로가 지나가는 개성 북부의 요충인 청석동淸石洞 일대 방어의 중요성이 본격 제기되었다.

청석동은 좌우 봉우리가 연이어 있는 20여 리의 깊은 계곡으로 평산平山, 금천金川에서 개성을 거쳐 서울로 들어가고자 할 때 가장 가까운 통로에 위치하고 있는 교통의 요충이었다. 또한 도로가 협소하여 방어하는 측에는 매우 유리한 지형을 가지고 있었다. 청석동은 거리상으로도 대흥산성과 10여리 떨어진데 불과하였으므로 대흥산성 방어와 연계한 방어가 가능하고 개성의 방어군을 곧바로 이 지역에 배치할 수 있는 등 개성 방어의 핵심적 지역이었다.[250] 따라서 대흥산성과 청석동을 거점으로 하여 북방으로부터의 침입에 대비하기 위한 개성 주변의 방어 체계 전반을 정비할 필요성이 높아졌다. 동시에 이 지역의 효율적인 방어를 위해 전반적인 방어 책임을 개성유수에게 일원적으로 부여할 필요성이 있었다.

개성 일대의 전반적인 방어 책임을 개성유수에게 일원적으로 부여한 것은 1691년(숙종 17) 이후 대흥산성의 관리 책임을 개성유수에게 맡긴 것을 통해 확인할 수 있다. 그해 8월 21일 마련된 「송도대흥산성조치절목松都大興山城措置節目」에 따라 개성 유수가 평소 대흥산성의 관리를 전담하도록 하고 비상시에는 개성

---

249) 『숙종실록』 권23, 숙종 17년 2월 庚辰. 숙종대 영고탑회귀설에 대해서는 배우성, 1998 앞의 책, 68-70쪽에 자세하다.

250) 『비변사등록』 제45책, 숙종 17년 5월 5일. 청석동의 군사적 중요성과 의미에 대해서는 윤일영, 1987 「關彌城位置考」, 국민대학교 석사학위논문, 53쪽에 자세하다.

의 사민土民을 거느리고 산성에 들어가 수비하거나 상황에 따라 개성의 요해지인 청석동에 나아가 적군을 요격하도록 하였다. 특히 이 절목에서는 개성부 및 황해도 남부의 풍덕豊德, 연안延安, 배천白川, 금천金川, 평산平山, 그리고 경기 북부의 적성積城, 삭녕朔寧, 마전麻田, 연천漣川 등 주변 고을의 무과 출신을 모두 대흥산성에 소속시켜 유수군관留守軍官으로 편성하도록 하였다. 또한 산산진蒜山鎭 등 황해도 일대 11곳의 주요 진도 대흥산성의 직접적인 지휘는 받지 않지만 위급한 상황이 발생할 때에는 대흥산성과 상호 협조하도록 하였다.[251] 즉 개성 주변의 방어 전반을 개성유수가 책임지도록 하고 동시에 황해도 일대의 전반적인 방어도 개성유수가 부분적으로 관여할 수 있도록 하였다. 이전보다 개성유수의 군사적 역할이 매우 중요해졌으므로 비변사의 당상관으로 임명하도록 하였다.[252] 개성유수에 대한 대흥산성 및 주변 지역의 방어 책임 부여는 이 시기 군사적, 재정적 측면에서 중요한 변화가 나타났음을 보여준다.

먼저 군사적인 측면에서 보면 이전에 청나라의 공격에 대응하기 위해 산성 위주의 수세적인 조선의 방어 전략이 이제 기존의 산성 방어와 함께 도로에 연한 요해지를 방어하는 군사전략을 함께 고려하고 있음을 보여준다. 따라서 이 시기 서북 지역의 방어를 위한 험조險阻로서 평안도의 효성령曉星嶺, 청천강, 대동강, 황해도의 동선령洞仙嶺, 개성의 청석동靑石洞과 임진강 등 한성으로 이어지는 교통상의 요지가 지목되고 있는 것은 이러한 사정을 반영한다.[253] 이는 의주대로에 연한 주요 영애 및 강안이 방어의 중심 거점으로 고려되고 있음을 의미한다. 따라서 개성 방어의 중점도 의주대로에서 다소 벗어난 지역인 대흥산성에서 청

---

251) 『비변사등록』 제45책, 숙종 17년 8월 21일.
252) 『비변사등록』 제46책, 숙종 18년 1월 13일.
253) 『숙종실록』 권23, 숙종 17년 5월 庚寅.

석동 지역으로 점차 이동하고 있음을 알 수 있다.

의주대로에 연한 청석동 및 주변 지역에 대한 방어를 강화하기 위해 이전에 개성유수의 역할이 대흥산성 방어에 중점을 두던 것에서 이제 필요시 청석동지역으로의 출동이 있을 경우에 대비하여 「송도대흥산성조치절목松都大興山城措置節目」에서는 대흥산성의 군병을 거느리고 산성을 지킬 책임자로 개성부 경력經歷을 지명하고 종사관의 호칭을 더하도록 하였다. 대흥산성 관리와 방어를 위해 개성유수가 비국 당상에서 임명하도록 하고 개성부 자체 군사로서 개성과 장단, 금천, 배천, 평산 등 주변 군현의 군병 1천여 명을 추가로 모집하여 편성하였다. 아울러 출신 200명을 모아 편성하면서 개성은 실질적인 하나의 독자적인 군문軍門의 성격을 띠게 되었다.[254] 개성부가 독자적인 군문으로의 성격을 함께 가짐에 따라 군사적 측면 이외에 재정적인 측면에서도 적지 않은 변화가 나타났다. 독자적 군문의 성격을 띤 개성부는 재정적인 측면의 변화는 독자적인 재정 운영권의 확보를 들 수 있다. 예를 들어 대흥산성의 군자軍資와 군수 등을 자체적으로 운영할 수 있게 되었다. 「송도대흥산성조치절목」 반포 이후 개성부에 의한 대흥산성의 관리 초기에는 이전의 관리 주체였던 훈련원 등의 다소 제약을 받기도 하였지만,[255] 이후에는 대흥산성에 비축된 군수은軍需銀 등을 개성부의 군수청으로 옮기는 등 개성부에서 자체적으로 운영할 수 있게 되었다.[256]

---

254) 『비변사등록』 제46책, 숙종 18년 3월 4일 ; 5월 18일.
255) 『비변사등록』 제46책, 숙종 18년 3월 4일.
256) 『비변사등록』 제47책, 숙종 19년 12월 27일.

숙종 전기 강화도 방어체제 정비와 진무영 설치

삼번의 난과 대륙 정세의 영향으로 숙종 초 전통적 보장처인 강화도 방어체제를 강화하여야 한다는 의견도 계속 제기되었다.[257] 숙종 초인 1677년(숙종 3) 1월에는 전 훈련대장 이완李浣의 아들 이인척李仁倜이 강화도 방어를 위해 연안에 돈대墩臺를 쌓아야 한다고 상소하였다.[258] 당시는 중국에서 삼번의 난이 일어나 청나라가 조선을 감시할 겨를이 없는 틈을 이용하여 돈대를 축조하자는 것이었다. 1678년(숙종 4) 4월에는 훈련대장 유혁연도 강화도에 돈대를 쌓아야 한다고 주장하면서 돈대 축조 논의가 본격화하였다.[259] 그해 9월 영의정 허적이 돈대 축조를 다시 건의하자, 숙종은 병조판서 김석주와 대사헌 이원정을 강화도로 파견하여 돈대를 쌓기에 적당한 곳을 조사하게 하였다. 10월 강화도에서 돌아온 김석주 등은 강화도의 지형과 돈대를 축조할 49개를 그린 지도와 함께 왕에게 서계를 올려 보고하였다.[260] 이에 1679년(숙종 5) 2월 숙종이 돈대 축조를 명하면서 역사役事가 시작되었다.

강화도의 돈대는 강원도 · 전라도 · 충청도 · 황해도 僧軍 8,900명과 어영군 4,262명을 동원하여 1679년(숙종 5) 5월에 완공되었다.[261] 즉 49개의 돈대를 불과 40여 일 만에 완공한 것이다. 개성의 대흥산성처럼 돈대 축조 역시 신속하게 완공되었다. 이후 돈대는 적게는 1개, 많게는 4개 정도가 강화도의 각 진보鎭堡에 소속되어 바다로부터 공격해 들어오는 적을 방어하는 중요한 시설물이 되었다.

---

257) 『숙종실록』 권2, 숙종 1년 정월 癸未
258) 『승정원일기』 13책, 숙종 3년 1월 23일.
259) 『숙종실록』 권7, 숙종 4년 4월 己丑
260) 『숙종실록』 권7, 숙종 4년 10월 庚寅
261) 배성수, 2003 「肅宗初 江華島 墩臺의 축조와 그 의의」, 『朝鮮時代史學報』 27

돈대는 원래『기효신서』에서 '돈후墩堠'라고 하여 적이 나타나는 것을 사전에 경고하기 위해 해변 등에 10리를 기준으로 하여 설치하도록 한 독립된 척후 시설로 5명의 군사가 경계를 서도록 규정되어 있었다.[262] 그런데 숙종대에는 이러한 돈대가 단순히 척후만을 위한 시설로 건설된 것은 아니었다. 성을 공격하는 데에 화포火砲가 점차 중요한 무기가 됨에 따라 성을 공격하는 적군이 점령할 경우 성을 화포로 공격할 수 있는 거리가 되는 장소인 성 밖의 주요 산 봉우리 등을 적군이 점령하지 못하게 하려는 목적에서 설치되었다. 따라서 기존의 주요 산성에 돈대가 추가되기 시작하여 이후 전국 여러 곳에 돈대가 건설되기 시작하였다.[263]

한편 조선의 화포가 임진왜란 이후 포신이 굵거나 길어지고 중량이 증가하는 등 대형화됨에 따라[264] 성곽 방어에서 화포의 역할과 중요성이 높아졌다. 이에 돈대의 구조도 단순히 척후에 그치는 것이 아니라 화포 사격에 적합하도록 변화하게 된다. 이러한 모습은 17세기 후반인 숙종 5년(1679) 강화도 해안을 따라 건설된 49곳의 돈대에 잘 나타난다. 당시 강화도의 각 돈대는 4호 불랑기佛狼機 8문과 대조총大鳥銃 10자루씩 배치되었다.[265]

현존하는 강화도 돈대를 조사한 최근의 한 보고서에 따르면, 돈대는 대체로 방형 또는 원형의 형태를 띠고 있으며, 둘레는 80-150m, 높이는 4m 정도로 협축夾築 방식으로 축조되었음을 알 수 있다. 불랑기를 사격할 수 있는 포좌砲座는 돈대의 하층에 2~4개소 구축되어 있었는데 그 사격 방향이 전면과 측면의 해

---

262)『紀效新書』권13,「守哨篇」烽堠解(국방군사연구소 영인본 하권, 230면).
263)『備邊司謄錄』제55책, 숙종 30년 10월 22일 ;『備邊司謄錄』제65책, 숙종 39년 4월 12일
264) 유승주, 1996「朝鮮後期 銃砲類 硏究」,『軍史』33, 129쪽.
265)『江都志』上,「墩堠」.

안을 지향하고 있으며 인접 돈대와의 교차 사격이 가능한 거리를 유지하고 있다.[266] 이를 통해 강화도로 접근하는 적선을 제압할 수 있도록 하였다. 돈대 상층에는 여장을 둘러 조총 등의 소화기를 사격할 수 있었다. 강화도 해안 돈대는 『기효신서』의 타워 형태 돈대와는 달리 낮은 성벽과 포좌를 가진 소규모 해안 포대의 기능을 띠고 있음을 알 수 있다.[267] 이전에 척후 목적으로 높게 축조된 돈대를 낮은 형태로 개량한 것은 병자호란 시기 청나라 군이 강화도 공격시 사용한 서양식 대형 화포인 홍이포紅夷砲의 사격에 큰 피해를 입은 경험과 밀접한 관련이 있다. 기존의 돈대 제도를 그대로 채용할 경우에는 적의 포격에 파괴될 우려가 커지게 된다. 따라서 화포를 사격할 수 있는 포좌는 돈대의 아래쪽에 설치하고 성벽의 높이는 예전보다 낮게 구축한 낮은 포대 형태를 가진 돈대의 출현은 이후 조선의 성곽 형태에 있어 하나의 새로운 모델을 제시한 것으로 생각된다. 즉 화포에 대한 방어력을 확보하면서 동시에 화포를 이용한 공격력을 갖도록 하는 성곽 제도가 나타난 것이다.

1678년(숙종 4) 10월 조정에서 돈대 축조 논의가 진행되는 가운데 강화 방어를 효율적으로 수행하기 위한 군영으로 진무영鎭撫營이 설치되었다. 당시 강화 유수 윤심尹深은 강화도가 광주廣州와 국방상 중요성이 다를 바가 없는데 병권을 상징하는 밀부密符를 발급하지 않고 있음을 지적하고 강화부에도 밀부를 발급해 줄 것을 건의하였다. 강화유수의 건의에 대해 숙종이 대신들과 의논하여 진무영을 창설할 것을 결정하였고, 유수가 진무사를 겸하도록 하면서 밀부密符를 발급하였다.[268] 밀부는 왕명王命을 증험하거나, 한 도道, 한 지역의 병사만을 통솔

---

266) 육군사관학교 육군박물관, 1999 『江華郡 軍事遺蹟 地表調査 報告書(墩臺篇)』, 161–171쪽.
267) 강화도 돈대의 형태와 기능에 대해서는 배성수, 2003 「앞의 논문」, 157–159쪽에 자세하다.
268) 『肅宗實錄』 권7, 숙종 4년 10월 甲申

할 수 있는 병부兵符로서, 밀부를 가지고는 여러 지역의 병사를 관장할 수는 없었다. 즉 진무영 창설 당시 정부로부터 받은 밀부로는 강화도 군사만을 통솔할 수 있을 뿐이었다. 그런데 강화도는 14개의 진보와 49개의 돈대를 가지고 있어 유사시 많은 병력을 필요로 하였다. 평상시에는 돈대에 별장 2명과 군인 3명이 윤번으로 수직守直하였으므로 강화도 내의 군병으로 충당할 수 있었으나[269], 유사시 각 진보와 돈대에서 전투를 수행하기 위해서는 훨씬 많은 병력이 요구되었던 것이다. 1684년 영의정 김수항은 강화부의 군사 수가 방어에 충분하지 않으므로 강화유수인 진무사로 하여금 강화도 군병뿐만 아니라 경기의 남양, 통진과 장단, 파주, 황해도의 연안과 배천의 군사들도 지휘할 수 있도록 하자고 주장하여 그대로 결정되었다.[270]

숙종 초 창설된 진무영은 중영中營이 강화도에 위치하고, 전영前營은 부평, 좌영左營은 통진, 우영右營은 풍덕, 후영後營은 연안에 위치한 5영營을 거느리고 있는 체제였다.[271] 진무영은 평상시 강화와 경기·황해의 군사로 이루어진 5영을 통솔하였고, 전시에도 이 체제를 그대로 유지하면서 비상사태에 대처하였던 것이다. 이후 진무영은 조선후기 내내 존속하면서 강화도 방어의 핵심 군영으로 역할을 하였고, 19세기 중엽 신미양요 당시에도 미국 함대와의 전투를 담당하였다.

진무영 설치와 더불어 강화도 주변 해방 체제도 강화되었다. 먼저 강화도 주변 섬인 장봉도와 주문도에 진을 설치하자는 논의가 제기되었다. 1679년 병조판서 김석주는 장봉도에 진을 설치할 것을 주장하였고, 1685년에 주문도 역

---

269) 李衡祥,「江都志」,「墩堠」
270) 『증보문헌비고』 권117
271) 『東國文獻備考』권54, 兵考3,「畿輔兵」

시 진보 설치를 검토하였다. 다만 이 섬의 인구가 적고 개간도 이루어지지 않아 진을 설치하지는 못하였다. 그러나 이후 강화도 주변 도서 지역에 대한 해안 방어체제 강화는 계속되었다. 먼저 강화도 이외의 주변이나 도서 지역에 진이 설치되었는데, 1682년 강화 건너편 김포 지역의 덕포진이 수군첨사진으로 승격하였다.[272]

강화도의 돈대 설치가 마무리된 이후 강화 해협 건너편의 요충지인 문수산 일대에 대한 축성작업도 이루어졌다. 병자호란 당시 문수산을 점령한 청군은 강화도 내 조선군의 동향을 내려다보며 조선군의 취약지를 찾아 공격하였다. 이에 대응하기 위해 1678년 김석주는 강화도 돈대를 시찰한 이후 돌아와 강화도 건너편의 문수산文殊山은 강도의 대봉對峯이며 규산窺山이 되어 강도를 내려다 보는 것이 마치 의자에 앉아 바둑판을 보는 것 같으므로 문수산에 산성을 축조할 것을 건의하였다. 또한 1682년(숙종 8) 8월에 강화유수 조사석趙師錫이 문수산성文殊山城 축조를 청하여 논의가 이루어졌으나 당시 나라일이 많아 논의는 일단 중지되었다.[273] 중단되었던 문수산성 축조 논의는 1693년(숙종19) 10월 숙종이 문수산이 강화도 방어의 요충이므로 축조할 것을 적극 요구하면서 본격화되었다.[274] 숙종의 적극적인 요구로 축성에 착수된 문수산성은 1694년(숙종 20)에 완공되었다. 당시 문수산성의 축조는 훈련도감, 어영청, 금위영 등 도성 수비를 담당하는 세 군문이 담당하였는데, 완성된 산성의 둘레는 5,529보, 여장 2,173첩이고 서, 남, 북문의 세 대문이 있었다. 문수산성은 이후 방어상에 여러 문제점이 나타났

---

272) 숙종대 강화도 해방 체제 정비에 대해서는 이민웅, 2012 「통제 · 통어 양영체제와 수군 재정비」, 『한국군사사』 8, 경인문화사, 163~164쪽 참조.

273) 『숙종실록』 권13, 숙종 8년 8월 戊戌

274) 『숙종실록』 권25, 숙종 19년 10월 癸酉

지만 강화로 통하는 요충지의 하나로서 면모를 갖추어나갔다.

문수산성이 축조될 무렵 강화도 내성과 외성도 축조되었다. 내성, 외성의 축조 논의도 17세기 후반 활발해졌는데, 외성은 1692년 강화 동부 해안의 남북을 가르는 옥포에서 초지에 이르는 연해에 축조된 토성이었다. 내성은 1701년 완성되었는데 석축으로 송악 이남에서 화산 이북에 축조되었다.[275] 숙종 전반기 강화도와 주변 지역의 방어체제는 이상에서 적지 않은 변동이 있었는데, 이는 강화도의 보장처로서의 역할과 관련이 있다. 자체 방어는 육군을 중심으로 하되 수군은 강화도 외곽의 해안 방어체제를 강화하여 강화도의 방어를 맡도록 한 것이었다.

숙종 전반 금위영 창설과 도성 외곽의 방어체제 정비

개성과 강화의 방어체제가 정비됨과 함께 한성 주변의 방어체계도 정비되게 된다. 1684년(숙종 10) 강화 진무영이 강화도뿐만 아니라 주변의 부평, 통진, 풍덕, 연안 등 네 영營의 군인을 통솔하게 되면서 총융청은 경기도 해안 지역의 휘하 병력을 잃게 되었다. 이에 1686년(숙종 12) 총융사摠戎使 구일具鎰은 총융청 운영의 어려움을 언급하며 장초군壯抄軍 예에 의거하여 정장丁壯을 뽑고 이들을 윤회輪回 상번上番시키며, 그 나머지는 보인으로 정해 6두씩 걷게 하도록 하면 번상 군인들은 관에서 급료를 받고, 납미納米하는 군인들은 한유할 수 있어 좋을

275) 박광성, 1973 「병자난후의 강화도 방비구축」, 『기전문화연구』 3

것이라고 하였다.[276]

총융청의 개편과 함께 도성 외곽의 주요 방어거점인 남한산성의 방어체제 보완도 이루어졌다. 예를 들어 1686년(숙종 12) 봉암외성蜂巖外城이, 1693년(숙종 19)에는 한봉외성汗峰外城이 축조되었다. 당시 축조된 봉암외성의 규모는 둘레 962보이고, 여장이 294타에 달하는 규모였다. 병자호란 당시 청군이 홍이포로 공격하였다는 한봉에는 수어사 오시복의 주도로 길이 851보, 여장 227타로 암문 1개소를 둔 한봉외성이 축조되어 남한산성의 방어력은 상당히 향상되었다.[277] 1705년(숙종 31)에는 남한산성의 성랑城廊과 객사, 공해, 군보 등을 보수하기 위해 공명첩인 속첩과 승첩을 발급하여 그 재정을 마련하였다.[278]

남한산성의 정비와 함께 수어청의 군사제도도 정비되었다. 수어청은 그동안 남한산성의 군사책임자인 수어사守禦使와 행정책임자인 광주부윤이 나뉘어져 있어 이들 사이에서 혼란이 적지 않았다. 이에 1682년(숙종 8) 8월 민유중과 김수항이 수어사를 혁파하고 강화 진무사처럼 광주부윤을 정2품 유수留守로 승격시켜 수어사를 겸하게 하자고 주장하였다.[279] 이 문제는 이듬해 정월 송시열에 의해 다시 제기되었다.[280] 결국 송시열의 건의가 받아들여져 수어사와 수어경청守禦京廳이 혁파되고, 광주는 유수부로 승격하여 광주유수가 종래 수어사가 담당하던 남한산성의 군사 부분까지 책임지게 되었다.[281]

도성 방어를 강화하기 위해 경기 일대 방어체제 정비가 숙종 초반 매우 활

---

276) 『비변사등록』 제40책, 숙종 12년 9월 7일
277) 『중정남한지』 권1, 「城池」
278) 『비변사등록』 제52책, 숙종 28년 4월 12일
279) 『숙종실록』 권13, 숙종 8년 1월 辛未
280) 『숙종실록』 권14, 숙종 9년 1월 庚午
281) 서태원, 2006 「조선후기 廣州의 군사지휘체계 변천」, 『역사와실학』, 29, 82쪽.

발한 것과 동시에 도성 방어체제의 정비도 나타났다. 이는 금위영 창설과 밀접한 관련이 있다. 앞서 보았듯이 1680년 3월 경신환국을 통하여 남인은 일거에 정계에서 배제되고 서인세력이 다시 정권을 장악하였다. 남인의 실각은 명목상 유악사건과 허견의 역모가 원인이었지만 근본적으로는 도체찰사부를 앞세운 남인 세력의 군권 장악에 대한 국왕 숙종과 김석주 등 척신세력의 우려에 따른 것이었다.[282] 이는 이후 정권 유지를 위해 정권을 장악한 세력은 군권의 뒷받침 필요성을 더욱 절실히 인식하게 되었다. 서인 세력이 집권하면서 군사제도 및 군역제 개편 논의가 다시 나타나기 시작하였다. 현종말~숙종 초 남인 집권 시기는 삼번의 난과 북벌 추진과 관련하여 군사력 증강이 급속도로 이루어진 시기였으므로 국가 재정에 적지 않은 부담을 주었다. 아울러 훈련별대 등 새로운 군영의 창설과 정초군의 확대 등으로 인해 신설 군영 및 병종을 바탕으로 한 새로운 군사제도로의 전환이 모색되었으나 통일적 군사체제를 갖춘 것은 아니었다. 따라서 각 군영 간의 편제나 운영이 통일되지 못하고 난립함으로써 군정의 정예화가 이루어지지 못하였다. 이에 서인 세력은 정권을 담당하면서 훈련도감 변통론을 비롯한 군제 개편론을 제시하며 군액 감축을 주장하였다. 서인들의 군액 감축 주장은 김만기, 김수항, 민유중 등 척신세력의 반대로 성사되지는 못하였다. 다만 이미 확대된 군사력의 유지 및 국가재정 부담의 완화를 위해 양역변통론이 다시 나타나기 시작하였다. 이때 제기된 것은 주로 호포론戶布論으로 이는 수포의 대상을 사족에게 확대하여 군사력을 유지하는 재원을 확보하고자 한 것이었다. 호포론은 숙종 이전 송시열 등이 사족수포 불가론 등 성리학적 명분론을 들

---

282) 이태진, 1985 『앞의 책』, 147~148쪽

어 반대하여 성과를 거두지는 못하였다.[283] 대신 송시열은 호포론 대신 군제 변통을 통해 국가의 재정 부담을 덜 수 있는 방안을 강구하였다. 그는 군사를 양성하는데 호조 재정의 2/3가 소요될 정도로 국가 재정에 부담을 많이 주는 훈련도감의 장번長番 포수를 궁극적으로 혁파하고 대신 번상병으로 대체할 것을 주장하였다.[284] 훈련도감 군병의 감축과 번상병으로의 충원, 그리고 어영청 강화 주장은 현종대 군제 개편 논의에서도 계속 제기된 것으로 번상제를 바탕으로 군역 및 군제 개편의 방향을 제기한 것이었다.

숙종 8년(1882) 3월 병조판서 김석주가 제시한 「군제변통절목軍制變通節目」은 숙종 전반기의 다양한 군제 개편 논의의 정책적 귀결점이었다. 이 절목은 당시 자주 거론되던 군제 개편의 방안을 부분적으로 수용하여 훈련도감을 개편하고 새로운 군영으로서 금위영禁衛營을 설치하는 것을 주 내용으로 하였다. 그 구체적인 내용은 다음과 같다.[285] 먼저 훈련도감 군병 5,707명에서 707명을 제외한 5천 명을 훈련도감군의 정원으로 정하고, 여기서 감축된 707명은 별대別隊로 이속시키도록 하였다. 이로써 확보된 연간 급료미 6,780석을 호조로 옮겨 삼수량의 부족분을 충당하게 하였다. 또한 정초청 보인 12,474명 중에서 5,879명을 병조로 옮겨 병조의 수포 대상으로 하여 병조의 재정난을 다소나마 해결하도록 하였다. 훈련도감에서 이속된 707명을 합한 훈련별대와 병조로 이속하고 남은 정초군을 통합하여 새 군영을 창설하고 금위영이라 칭하고 그 군병은 금위별대禁衛別隊라고 하였다. 금위영 창설과 함께 훈련도감은 5천명 규모로 축소되었지만

283) 이근호, 1998 「숙종대 중앙군영의 변화와 수도방위체제의 성립」, 『조선후기의 수도방위체제』, 서울학연구소, 36~37쪽
284) 『숙종실록』 권11, 숙종 7년 2월 戊午
285) 『숙종실록』 권13, 숙종 8년 3월 甲子

계속 유력한 군영으로 이후 존속하게 되었다.

훈련별대와 정초청 군병을 합하여 새로이 창설된 금위영의 구체적인 편성은 다음과 같다. 먼저 별대의 경우 훈련도감 정군과 훈련도감에서 넘어온 707명을 합하여 13,949명이었는데 이중 10,748명의 정군으로 4부 16사 80초를 편성하고 남은 정군 3,201명은 자보와 보인으로 편성하여 훈련별대 원래의 보인 41,100여명에 합하였다. 정초청 군병의 경우에는 원래 정군 3,773명을 1부 25초 3,350명으로 편성하고 남은 인원 423명을 그 자보 423명과 함께 보인으로 편성하였다. 이들을 기존의 보인 11,628명과 합한 12,474명 중 병조의 수포 대상으로 5879명을 넘겨주고 금위영에 6595명을 편입하였다. 즉 금위영은 정군 14,098명을 5부 105초로 편성하고, 자보資保 14,098명, 관보官保 54,097명을 확보하여 큰 규모의 군영이 되었다. 105초의 군사는 10번으로 나누어 두달씩 번상하는 근무 체제를 갖추었다.[286] 이후 기병 강화를 위해 1684년(숙종 10) 정월 500명 규모의 기병 창설에 착수하였다. 이에 그해 6월까지 황해도에서 200여명을 확보하여 13번으로 나누어 각 번에 16명씩 번상하게 하고 별효위로 호칭하였다.

금위영 창설을 통해 도성을 둘러싼 5군영 체제가 완성되었다. 이는 조선전기 5위체제를 대신할 새로운 조선후기의 군영 중심 군사제도의 외형이 갖추어진 것을 의미한다. 그러나 중앙의 여러 군영은 통일적 체계를 가지고 만든 것이 아니라 시급한 군사, 정치적 상황에 대처하기 위해 임시적으로 창설되었으므로 도성과 경기 일대의 체계적 방어를 구상한 것은 아니었다. 체계적인 도성 일대 방어체제를 갖추기 위해서는 대내외 상황의 변화가 필요하였다.

---

286) 금위영의 구체적인 체제에 대해서는 이태진, 1985 『앞의 책』, 201쪽에 자세하다.

06
숙종 후기 도성수비체제의 확립

숙종 후기 도성수비체제 성립의 배경

1681년 삼번의 난이 진압되자 청의 강희제는 만주의 흑룡강 일대에 대한 영향력 회복을 시도하여 1683년부터 러시아와 알바진을 두고 큰 공방전을 벌이게 된다. 그런데 1688년(숙종 14) 준가르의 갈단이 군대를 동원하여 할하 몽골을 침공하면서 할하 몽골의 세력들이 청으로 남하하는 일이 벌어졌다. 청은 갈단과 러시아의 연결을 차단하기 위해 1689년 네르친스크 조약을 체결하여 러시아와 흑룡강 일대에서의 무력 분쟁을 일단락지었다.[287] 네르친스크 조약 체결 이후 강희제는 몽골의 갈단과의 전쟁에 전력을 기울여 1696년(숙종 22)에는 마침내 갈단을 제거하고 할하 몽골을 다시 복속시켰다.[288] 따라서 영고탑 회귀설의 기본 가정인 청의 몰락과 영고탑 지역으로의 철수 가능성은 현실적으로 의미가 약해졌다.

청의 몰락 가능성이 거의 없어지면서 북벌을 전제로 확대되었던 여러 중

---

287) 구범진, 2008 「청대 대러시아 외교의 성격과 그 변화」, 『대동문화연구』 61
288) Peter Lorge, *War, Politics and Society in Early Modern China, 900–1795*, (Routledge, 2005), pp.161–162

앙 군영은 이제 조선의 재정에 적지 않은 부담이 되었다. 이제 적절한 군비 조정과 국방체제의 전환이 요구되었다. 청과의 위기 가능성이 낮아짐에 따라 조선은 이제 중앙의 군사력을 중심으로 감축과 정비에 착수할 수 있게 되었다. 1703년(숙종 29) 양역良役 개혁[變通]을 위한 전담 기구로서 이정청이 설치되고 이듬해 1월에 「양역변통절목良役變通節目」이 제정되었다. 이 절목에 따르면 5군영의 군액을 다소 감축하고 무질서하게 편성되었던 각 군영 군사 편제를 정리하여 통일성을 기하게 된다.

한편 현종대 이후 나타난 한성의 도시화도 계속 진전되었다. 17세기 중반 이후 기근 등으로 인해 사회적 생활 기반이 약한 유민의 도성 집중은 계속되었다. 도성 인구의 양적 증가로 인해 도시 공간이 확대된 지역은 동쪽로 대보동大菩洞~수유현~우이천~송계교~중량포, 서쪽은 시위동~사천도~망원정~마포, 남쪽은 중량포~전곶교箭串橋~신촌~두모포~용산, 북쪽은 대보동~보현봉~연서구관기~대조리~석관현이었다. 이들 지역은 도성에 인접한 성저 10리 지역으로 지방민이 도성에 이주할 때 주로 정착한 곳이었다. 1751년(영조 27) 「도성삼군문분계지도」에는 경강 지역에 두모방, 한강방, 둔지방, 용산방, 서강방 등이 신설되었다. 이상의 지역은 도성으로 들어오는 교통로 인근이며 한강변이었다. 살곶이, 신촌, 두모포, 대조리, 구관기 등은 모두 군영의 군사들이 주로 거주하던 곳이기도 하다. 지방 출신인 상번군들은 가족을 거느리고 군영 인근인 이 지역에 주거하면서 근무하였다.[289] 훈련도감 군인 호수가 한성부 전체 호수의 10% 이상을 차지할 정도였다. 즉 한성의 인구 증가, 특히 군인과 그 가족을 중심으로 인구가 급격히 늘어나고 한성의 성격도 행정도시에서 행정, 군사, 상업도시로 변하게 된

---

289) 이왕무, 2014 「조선후기 수도권 방위체제의 정비와 군사도시화 경향」, 『군사』 90, 89~91쪽

다. 이에 따라 한성의 방어 필요성은 매우 높아졌다.[290]

　도성의 중요성이 증가함에 비해 강화도와 남한산성, 대흥산성 등 도성 외곽 거점의 군사적 효용성에 대한 회의론이 나타나기 시작하였다. 1703년(숙종 29) 1월 숙종은 남한산성은 한 조각 외로운 성에 불과한 것으로 병자호란 때 들어간 것은 어쩔 수 없었기 때문이라고 하고, 강화도 역시 해구海寇의 염려가 있어 결코 국왕이 머물 곳이 아니라고 말하였다. 우의정 신완申琓은 국왕의 말에 동의하면서 남한산성은 주필지駐蹕地가 될 수 없고, 강화도 역시 수세水勢와 지형이 변해 더 이상 안전한 곳이 아니라고 대답하였다.[291] 이 무렵 조정에서는 유사시에 강화도와 남한산성을 믿을 수 없다는 주장에 계속 제기되었다. 그해 9월 우의정 김구金構도 옛날에는 강화의 사면이 습지이므로 배를 댈 곳이 없었으나, 강화도 안에 논을 만들어 이제는 옛날의 습지가 단단한 땅으로 변하였고, 뱃길이 사방으로 통하여 곳곳마다 정박할 수 있게 되었다고 언급하였다. 따라서 강화도 사면의 천참天塹도 이미 믿을 것이 못되는데 당시 성을 쌓아 지키려 하나, 성곽의 둘레가 백 수십 리나 되어 방어에 어려움이 크다고 주장하였다.[292] 이 무렵 숙종과 대신들은 강화도와 남한산성이 방어상 문제가 있다는 것에 대해 공감하고 있었던 것이다.

　한편 숙종은 강화도와 남한산성뿐만 아니라 개성의 대흥산성에 대해서도 불신감을 드러내었다. 1703년(숙종 29) 개성유수 김우항이 당시 논의되던 북한산성 축성에 반대하면서, 만약 병자호란 때처럼 오랑캐가 갑자기 쳐들어와 국왕이 강화도로 갈 시간이 없을 경우 남한산성에 들어가는 것보다 대흥산성으로

290) 박희진, 2014 「군제개편이 17세기 서울의 인구와 상업발전에 미친 영향」, 『역사와현실』 94
291) 『승정원일기』 21책, 숙종 29년 1월 20일.
292) 『숙종실록』 권38, 숙종 29년 9월 戊辰.

가는 것이 더 낫다고 하면서 대흥산성이야말로 가장 좋은 주필지라고 주장하였다. 그러나 숙종은 "대흥산성은 결코 주필지로 쓸 수 없다. 이것은 버려도 좋다."라고 즉각 반발하였다.[293] 당시 대흥산성은 1680년(숙종 6) 경신환국 이후 관리청이 설치되어 관리되었지만 매우 부실하게 운영되고 있었다. 군인이나 군량은 전혀 비치되어 있지 않고, 개성부의 군인들도 모두 다른 아문에 소속되어 거의 방치된 것과 같은 상황이었다.[294] 이러한 상황에서 국왕은 대흥산성의 군사적 효용성에 대해 불신하게 된 것이다. 이와 같이 조정에서 강화도와 남한산성, 대흥산성의 군사적 효용성에 문제가 있다고 인식하면서 자연스럽게 도성수비론과 북한산성 축성론 등 도성중심 방어론이 제기되었다.

「양역변통절목」과 중앙 군영 체제의 정비

1704년 제정된 「양역변통절목」의 한 절목인 「오군문개군제절목」에는 기존 군영에 대한 정비와 함께 통일적인 삼군문 도성수비체제를 표방하고 있다. 먼저 도성 주변의 두 군영인 총융청, 수어청의 군제를 외영을 3영 체제로 정비하였다. 총융청은 이전까지 좌영左營은 수원, 중영中營은 남양南陽, 우영右營은 장단長湍으로 하던 것을 중영이 3부部이고, 좌, 우영이 각 2부로, 매부는 각 2사司, 매 사는 각 5초哨로 하되 각 초는 1백 25인으로 편성하도록 하였다. 여러 군종을 통합하여 2만 3천 1백 57인으로 개정하였다.

293) 「승정원일기」 21책, 숙종 29년 1월 20일
294) 위와 같음

수어청은 이전 군제에는 전영이 광주廣州, 좌영이 양주楊州, 우영이 원주原州, 후영後營이 죽산竹山이고 좌우부左右部와 중부中部에 소속한 여러 군병까지 도합 3만 9천 5백 89인이었다. 숙종대 개편을 통해 3영營, 2부部 체제로 정하여, 매 영은 각 5사, 매 사는 각 5초이며, 매부는 아병 각 16초, 마병馬兵 각 3초로 하되, 훈련도감과 어영청 마, 보군, 친아병親牙兵을 합하여 모두 1만 6천 5백 인이며, 대장 이하 표하군標下軍, 군수노보軍需奴保 등 제색군까지 도합 3만 2천 3백 50인으로 편성하였다.

「양역변통절목良役變通節目」에 따라 훈련도감은 큰 변화가 없었지만 어영청과 금위영은 편제를 5부部 25사司 제도로 동일하게 하였다. 구체적으로 이전까지 어영청은 5부에 각 5사와 별 3사를 두고 각 사에 각 5초, 별중초 1초가 있었고 각 초에 134명과 각종 명목의 보인을 합하여 102,270명에 달하였다. 어영청의 편제는 금위영에도 그대로 적용되어 매 사에 각 5초와 별중초 1초가 있어 총 136초로 각종 인원이 91,696명에 달하였다. 『양역변통절목』에서는 이렇게 산만한 어영청과 금위영을 동일하게 5부로 통일하고 각 부는 각 5사, 각 사는 각 5초, 매 초는 127명으로 통일시켰다. 이에 두 군영의 군액은 어영청 86,953명, 금위영 85,274명으로 약간씩 감소되었다.

이상에서 보듯이 훈련도감을 제외한 나머지 네 군영은 전반적인 정비가 이루어졌으나 이미 현종대 군액이 1,000여 명 감소된 훈련도감은 특별한 변화는 나타나지 않았다. 아울러 훈련도감은 상비 군영으로 한성의 수비에 핵심적이었으므로 감축되지 않았다. 『양역변통절목』을 통한 개편으로 중앙 군영의 정비와 함께 삼군문 도성수비체제가 제도적으로 나타났다. 이 절목에서 훈련도감을 가운데로 하여 좌우에 어영청과 금위영을 두고 도성의 방위를 담당하도록 하는 것을 명시하였다. 이후 도성의 수비체제는 이 세 군영을 중심으로 정비되게 된다. 도성 주위의 군영인 총융청과 수어청은 경기의 남쪽과 북쪽 일대를 나누어 관할하는 군영으로 성격을 분명히 하였다.[295] 18세기 초 숙종 후반기에 나타난 도성 중심의 방위론과 도성삼군문수비체제의 정비는 17세기 중반 이후 국제정세 변동과 함께 본격적으로 나타난 한성의 도시 성장과 조선의 군사력 조정에 따른 것이었다.

도성에 주둔하는 3군문이 도성의 방위를 전담하게 되면서 도성 방위 및 치안 유지를 위해 중요한 지점인 한강변의 방위도 3군문이 전담하는 체제로 전환되었다. 조선전기에는 도강의 편의 및 치안 확보 차원에서 진도津渡에 그 관리와 도적 검속을 목적으로 별감別監(도승渡丞)을 파견하고 진리津吏와 진부津夫를 두었다. 1703년(숙종 29)에는 한강변의 주요 진도인 한강漢江, 노량, 양화도, 삼전도, 임진도 등 다섯 진津에 별장을 설치하여 치안 대책을 강구하였다. 도성 삼군문 수비체제가 갖추어진 1710년(숙종 36)에 훈련도감에서 한강진을, 어영청에서 양화도를, 금위영에서 노량진을, 총융청에서 삼전도를 각각 담당하도록 변경하여 각 군영의 한강변 나루터 일대의 방어 임무를 분명히 하였다.[296] 숙종대 후반의 진도 체계 변화는 영조대의『속대전』에 반영되었다. 이에 의하면 18세기 중앙군문의 진도 분속으로 인해 한강과 임진강에 있는 진은 모두 어영청, 금위영, 훈련도감, 수어청, 총융청 등 5군문이 관리하였다. 어영청은 강화도로 가는 진도인 철곶진, 공암진, 양화도 등 3곳, 금위영은 노량도 1곳, 훈련도감은 한강도와 용진 2곳, 수어청은 광주와 남한산성으로가는 길목인 신천진, 삼전도, 송파진, 광진 등

---

295) 이태진, 1985 『앞의 책』, 225~228쪽
296) 김웅호, 2005 「앞의 논문」, 86~88쪽

4곳, 총융청은 임진도 1곳이었다. 그 중 별장이 파견된 곳은 총 7곳으로 양화도, 노량도, 한강도, 삼전도, 임진도, 송파진, 용진이었다.

18세기 초 북한산성 및 도성 수축

삼군문 도성수비체제는 병자호란 이후 채택된 조선의 방어전략의 변화를 반영하는 것이었다. 병자호란 이후 도성은 방어상 어려운 점이 적지 않아 조선은 국왕을 강화도 등지의 이른바 보장처로 피난시키고 이후 반격하는 전략을 채택하였다. 그러한 상황에서 숙종 후반기 국내외적인 정세 변화를 계기로 북한산성 축성 논의가 나타났다. 숙종 28년(1702)을 전후하여 도성과 경기 등지의 군사력 정비는 종전에 주로 논의되던 남한산성과 강화도보다 도성 또는 북한산성을 중심으로 거론되기 시작하였다. 이러한 전환의 직접적인 이유는 앞서 보았듯이 강화도와 남한산성 등 도성 주변의 보장처의 군사적 취약점이 부각되고 이와 함께 1696년(숙종 21)의 대흉년으로 인한 사회적 혼란 등으로 도적이 창궐하고 도성에 기민饑民이 운집하는 등 내란 가능성이 적지 않았던 것에 기인하였다. 기근으로 인한 혼란으로 도성에 번상하는 금위영과 어영청 군사들의 번상이 정지되어 훈련도감의 군사들이 대신 근무하는 등 도성의 방어력은 상당히 약화되었다. 도성의 군사력이 약화됨에 따라 도성 방어를 위해 도성을 견고히 축조하고 도성 방어 도성 주민을 동원하는 방어체제가 주목되기에 이르렀다. 그 구체적인 방안으로 북한산성과 도성 수축의 문제가 제기되었다.

숙종 초 잠시 이루어졌던 북한산성 축조 논의는 이후 한동안 이루어지지 못하다가 18세기 초인 1702년(숙종 28)부터 본격적으로 거론되기 시작하였다. 이는 당시 국내외적인 정세 변화와도 밀접한 관련을 가지고 있다. 이러한 전환의 직접적인 이유는 강화도의 지형적 변화로 방어에 유리한 점이 점차 사라지고 있음과 함께 남한산성은 너무 고립되어 방어에 불리한 점이 지적되기도 하였다. 그러나 이보다는 1696년(숙종 21)의 대흉년으로 인한 국내의 내란 가능성도 적지 않았다. 기근으로 인한 혼란으로 도성에 번상하는 금위영과 어영청 군사들의 번상이 정지되어 훈련도감의 군사들이 근무하는 등 도성의 방어력은 약화되었다. 도성의 군사력이 약화됨에 따라 도성을 견고히 하여 도성민을 동원하는 방어체제가 주목되기에 이르렀다. 그 구체적인 방안으로 북한산성과 도성 수축의 문제가 제기되었다.[297]

　　1702년(숙종 28)의 북한산성 축조론은 비록 보장처의 추가 확보 차원에서 최초 이루어진 것이지만 도성 방어의 필요성과 가능성을 처음으로 제기하였다는 점에서 도성 수비론의 전개에 있어 매우 의미가 있는 주장이었다. 1702년(숙종 28) 우의정 신완申琓은 유사시를 대비하여 북한산성 축성을 다시 제기하였는데, 이는 한동안 조정 내에서 격렬한 논쟁이 이루어졌다. 신완은 축성의 최적지로서 창의문 밖의 탕춘대 터를 지목하였는데 창의문 밖은 도성에서 북한산성으로 들어가는 가까운 길이었으므로 자연스럽게 북한산성 축조론으로 나타났다. 그해 9월 이세백 등이 북한산성 축조를 다시 재론하였는데 이들이 북한산성 축성을 지지한 이유로는 먼저 강화도, 남한산성 등의 기존 보장처는 도성에서 멀리 떨어져 있고 방어상 난점도 있기 때문에 새로운 보장처가 필요하다고 주장하였다. 아울러 북한산성을 새로 쌓으면 도성에 가까워 유사시 피난하기 쉽고, 도

---

297) 이태진, 1985 『앞의 책』, 232~236쪽

성의 인원과 물자를 모두 옮길 수 있을뿐만 아니라 북한산성 자체가 천험의 요새여서 방어하기 쉽다고 하였다. 다음으로 도성이 지나치게 광대하여 수비에 어려움이 있으므로 북한산성을 수축하면 도성과 표리가 되어 충분히 방어할 수 있다고 주장하였다. 즉 북한산성 축조론은 도성 수비 불가론이 아닌 도성 수비의 가능성을 바탕으로 논의가 진행된 것이다.[298] 신완의 제기로 본격화된 북한산성 축성은 이듬해인 1703년(숙종 29) 3월 숙종의 허락을 받아 준비에 착수하였다. 얼마 지나지 않아 북한산성 축성 반대론자들이 도성 수축 주장을 제기하면서 격렬한 논쟁으로 전개되었다.

1703년 북한산성 수축론이 나온 뒤 곧이어 이를 대신하는 또 하나의 대안으로 도성 수축론이 대두하면서 북한산성 수축론은 다시 밀리기도 하였다. 북한산성은 공간이 좁아 도성민이 다 들어갈 수 없는 지리적 한계가 있었으므로 도성을 보수하여 방어할 것을 주장하는 의견이 나타났다. 1704년(숙종 30)의 도성 수축은 이러한 방어론의 반영이었다.

북한산성 축성 반대론자들은 도성을 견고히 하는 것이 우선이라는 입장을 내세우면서, 북한산성 축성을 뒤로 돌리고 먼저 무너진 도성을 새로 쌓자고 주장하였다. 마침내 숙종은 도성 수축을 결심하고 1704년 1월 말 훈련대장 이기하와 어영대장 윤취상에게 명하여 도성의 기지基址를 가서 살필 것을 명령하였다.[299] 이는 당시 도성이 부분적으로 무너져 그 성터를 살펴 수축에 필요한 소요를 파악하고자 한 것이었다. 2월 중순 두 대장은 도성 주위의 도면을 만들어 숙종에게 바치면서 구체적인 수축 논의가 이루어졌다. 곧바로 3월 25일 축성 공사

---

298) 숙종대 북한산성 축조론에 대해서는 이근호, 1998 「앞의 논문」, 67~69쪽 참조
299) 『숙종실록』 권39, 숙종 30년 정월 己巳

를 시작하는 고유제를 지내고 도성 수축 공사가 시작되었다.[300]

이전의 도성 수축은 별도의 관아인 도감을 만들어 시행하였으나 숙종 30년의 이 도성 수축에는 최초 훈련도감 등 다섯 군영이 각각 350여보씩 공사 구간을 분담하여 지형이 평이한 곳부터 수축을 시작하였다. 5월에는 가뭄으로 채석 공사가 일시 중지되기도 하였으나 9월 재개되어 11월까지 체성에 대한 수축은 계속되었다. 그러나 이듬해 초 일시 도성 수축이 중지되었다. 이는 도성 수축을 청에 통보하여야 하는지에 대한 논란과 함께 수축을 담당한 각 군영별로 재정의 한계가 있었으므로 한꺼번에 수축하기 보다는 각 군영의 능력이 미칠 때마다 조금씩 수축해 나가기로 한 것과도 관련이 있다. 그러나 근본적으로 도성의 군사적 효용성에 대한 논란과 관련이 있었다. 숙종과 주요 관원들이 도성이 넓어서 방어하기에 불리하다는 생각을 갖고 있었다. 이에 도성이 매우 낮아서 한 길 더 높여 쌓아야 하며 특히 동편과 서편의 평탄한 지형에는 포루와 치첩, 돈대, 옹성 등 성곽 시설을 추가 설치하고 암문을 내어야 한다는 주장이 나타나기도 하였다.

여러 논란이 있었지만 공사는 6월 재개되어 8월에는 수어청이 동성東城 125보, 어영청이 서성西城 75보를 수축하였다. 흉년으로 다시 공사가 중단되어 이듬해인 1706년(숙종 32) 봄 다시 재개되었다. 10월에는 도성 수축에서 이후 재력이 약한 수어청과 총융청은 제외하고 훈련도감, 어영청, 금위영 등 도성 방어를 담당한 3군영이 책임지고 수축을 담당하도록 하였다. 수축 작업에 착수한지 5년만인 1709년(숙종 35)에 일단 준공을 보게 되었다. 이듬해에는 성첩의 수축 공사에 착수하여 최종적으로 도성은 둘레 9975보步, 성첩 7091개에 달하게 되었다.[301]

---

300) 『비변사등록』 제54책, 숙종 30년 2월 29일
301) 도성 수축 과정에 대해서는 이근호, 1998 「앞의 논문」 ; 홍순민, 2016 『앞의 책』 106~120쪽 등에 자세하다.

그러나 숙종 36년 북한산성 수축론이 다시 대두하면서 도성 수축은 더 이상 진전이 이루어지지는 못하였다.

도성 수축과 함께 숙종 30년「양역변통절목」에 의한 군사제도 개편에 따라 5군영을 중심으로 군사력이 정비되면서 조선의 국방체제 전반에 변화가 나타났다. 즉 도성 중심의 군사력 정비과정은 한편으로는 조선전기의 국경중심의 방어전략에서 도성을 중심으로 하는 수도방위 중심 국방체제로의 전환을 의미하는 것이었다. 군사전략적인 시각에서 보면 도성인 한성에 주요 병력을 집중시킴으로써 중앙을 수호하는 동시에 전면전 시에는 중앙군을 파견할 수 있는 체제라고 할 수 있다. 중앙의 주요 군사력인 5군영과 강화도, 남한산성, 북한산성 등의 보장처 확보는 수도권에 군사력이 집중됨을 의미한다 이는 청과의 전면전 가능성이 다소 줄어들어 변방 군사력 강화의 필요성이 상대적으로 적어진 상황과도 관련이 있다. 동시에 청의 감시와 조선의 사회경제적 어려움으로 인해 전 국토에 걸쳐 전면전에 대비한 국방체제를 구비할 수 없는 한계가 있어 도성을 중심으로 군사력을 재편한 것이라고 할 수 있다. 즉 숙종대 수도 방어체제의 정비가 단순히 조선의 군사적 관심이 내부적, 혹은 소규모의 산발적 위협에 대비하기 위한 것이라고 하기에는 주저되는 바가 적지 않다.

도성 수축이 마무리되고 3군문에 의한 도성 방어체제가 정비되자 북한산성 축성 문제가 다시 제기되었다. 도성 공역이 끝난 직후인 종묘직장인 1709년(숙종 35) 이상휴李相休가 바로 북한산성의 축성 필요성을 제기하였다.[302] 이는 이듬해인 숙종 36년(1710) 청나라에서 온 해적 관련 자문咨文이 전해진 것을 계기로 구체화되었다. 이 자문에 의하면 청나라에서 해적을 소탕하였는데, 소탕을 피한 해

---

302)『숙종실록』권47, 숙종 35년 6월 戊辰

적들이 조선 연안에 나타나 노략질을 할 우려가 있으니 조선이 스스로 연안 방비를 강화하라는 내용을 담고 있었다. 아울러 이 무렵 요동, 심양 사이에 표류하였다는 이양선異樣船과 이양인異樣人으로 인한 막연한 위기감도 북한산성의 축성 필요성으로 제기되었다.[303] 이로써 일찍이 북한산성 축성 반대론의 주요 논거였던 '청나라의 의심을 살 우려가 있다'는 주장은 설 자리가 없게 되었고, 유보되었던 북한산성 축성도 바로 재개될 수 있었다.

청의 자문이 도착한 날 이이명은 홍복산성의 축성을 주장하였는데 이를 계기로 축성론이 본격적으로 거론되기 시작하였다. 이 때의 축성 대상지는 홍복산과 북한산이었으나 이를 반대하고 이광적과 조태로 등은 도성 수비 강화를 주장하기도 하였다. 당시는 도성 수축이 일단락된 상황이었으므로 도성 방어를 강화하기 위해 도성 이외 추가로 축성하자는 논의가 우세해졌다. 10월 한성군 이기하는 홍복산과 북한산의 성기城基를 살핀 이후 홍복산 보다는 북한산이 축성함에 편리하다고 숙종에게 건의하였다. 이에 숙종은 북한산성 축조에 대해 강한 의지를 보였는데, 북한산에는 별도의 양향과 기계를 조치하지 않아도 도성에 가까우므로 도성의 저축을 옮기면 된다는 점을 들었다.

이듬해인 숙종 37년(1711) 2월 숙종은 민진후閔鎭厚를 북한산구관당상으로 삼고, 아울러 김중기金重器로 하여금 일을 같이하도록 하여 북한산성 축성 역사를 재개하였다.[304] 북한산구관당상 아래의 비변사 낭청으로 도응책都策應을 두고 요진감관을 두었다. 각 군문에서는 도청都廳 1원과 함께 내책응, 외책응, 독역장 등을 두고서 전문기술자인 편수를 고용하여 공사를 매우 빠르게 진행시켰다. 북

---

303) 『숙종실록』 권49, 숙종 36년 10월 戊辰
304) 『숙종실록』 권50, 숙종 37년 2월 己巳

한산성 축조 공사는 9월에 체성과 여장 등의 기본적인 공사는 일단 마무리되고 문루까지 최종적으로 완성된 것은 공사 착수 6개월여 후인 10월 말이었다. 이 듬해인 숙종 38년(1712)에는 이유李濡의 건의에 따라 북한산성 내에 다시 중성重 城을 쌓기로 결정하고 숙종 40년(1714)까지 2년여에 걸쳐 완공하였다. 이로써 도 성 북방에 도성 방위를 위한 새로운 거점이 마련된 셈이다.

축성이 완료된 직후부터 북한산성의 관리를 위한 문제가 논의되었다. 기존 에 남한산성은 수어청, 강화도는 진무영이 주관하던 사례에 비추어 새로운 관청 을 만들어 관리를 하게 하자는 안이 제기되었다. 그러나 북한산성은 마치 왕도王 都 안에 있는 것과 같아 남한산성과 강화도와는 차이가 있으므로 새로운 관리 관 청을 둘 필요가 없으므로 1인을 정하여 주관하게 하고 도성 3군문의 장수가 각 자 분담한 구역을 주관하면서 관리하자는 방안이 제출되었다. 북한산성 관리체 계에 대한 검토는 북한산성 축조가 마무리된 이듬해인 1712년 4월 숙종이 산성 에 행행하여 산성을 둘러보는 자리에서 다시 제기되었다. 당시 호조판서 김우항 은 축성이 마무리되었는데 주관하는 관원이 없고 삼군문은 단지 맡은 지역 내의 성첩이나 성랑城廊 등의 보수에 그치므로 양주 부근의 4, 5면과 고양의 1, 2면을 산성에 소속시켜 고을을 만들고, 장관에게 북한부사北漢府使나 중흥부사重興府使, 수비사守備使 등의 직함을 주어 북한산성 관리를 전담시킬 것을 건의하였다.[305] 김우항의 의견에 대해 적지 않은 논란이 있었다. 예를 들어 판중추부사 이유는 북한산성은 마치 도성의 내성과 같은 형편이므로 기존과 같이 삼군문에서 주관 하되 시임대신이 이를 통제하는 것이 좋겠다는 의견을 내었다. 그리고 유사시에 는 시임대신에게 체찰사의 임무를 부여하는 것이 좋겠다고 하였다.

---

305) 『숙종실록』 권51, 숙종 38년 4월 壬戌

한 달이 지난 5월 대신과 비국당상을 인견하는 자리에서 이 문제가 다시 논의되어 숙종은 북한산성의 관리를 전담할 기구의 설치가 타당하다고 결정하고 신하들에게 이에 대한 사항을 논의하여 추가 보고할 것을 지시하였다. 그해 8월 영의정 서종태의 건의로 북한구관당상北漢句管堂上을 설치하고 판중추부사 이유를 주관으로, 병조판서 조태채를 당상으로 임명하였다. 9월 이유는 경리청이라는 칭호를 쓰고 주관대신을 도제조로, 당상은 제조로 하고, 3군문의 대장은 예겸 제조로 겸임하도록 할 것을 건의하였다. 이유의 견해가 받아들여져 9월 산성 관리를 위해 경리청經理廳이라는 새로운 전담 기구가 설치되었다. 경리청 설치 이후 「북한산성절목」 등을 마련하면서 북한산성 운영을 위한 기반을 마련해 갔다.

경리청은 주관 대신이 도제조로 하고 삼군문의 대장이 제조를 당연히 겸직하도록 하였다. 『북한지』에 의하면 경리청의 체제는 도성 내의 둔 경리청 본청, 산성 내에 둔 분소分所격인 관성소, 그리고 탕춘대의 평창平倉을 연결하는 3원 체제로 이루어졌다. 경리청 본청에는 영의정이 예겸하는 도제조 1인, 재추 중 1인이 예겸하는 제조 1인, 비변사 무비낭청의 1인이 예겸하는 낭청 1인, 관성장 1인 등과 경리청 호방, 군관 등 실무자와 이서 22인으로 구성되었다. 관성소는 북한산성 내의 여러 창고를 관리하고 세 군문의 유영과 승영 등을 관리하는 관서인데 군관과 고직 등 75인이 배속되어 있었다.[306] 평창은 1713년(숙종 39) 4월 신설된 산성 최대의 창고로, 북한산성 밖 탕춘대 일대에 설치되어 있었다. 경리청 체제는 이들 세 관서를 3원적으로 연결하여 북한산성의 내외를 관리하도록 한 것이었다.

이상의 방어대책에도 불구하고 북한산성은 방어를 위해 몇 가지 측면에서

---

306) 이태진, 1996 「숙종대 북한산성의 축조와 그 의의」, 『북한산성 지표조사 보고서』, 서울대박물관·고양시, 35쪽

취약점이 있었다. 먼저 북한산성으로 들어가는 길이 험하여 산성으로의 군량 수송은 어려움이 적지 않았다. 이에 산 아래쪽인 탕춘대 지역에 외창外倉을 설치하기로 하였으나 외창은 또한 그 보호를 위한 별도의 방어시설이 필요하였다. 특히 탕춘대 지역은 서북 지역에서 도성으로 이르는 길목이며 도성과 산성을 잇는 중간 지점으로서, 이 곳을 적에게 선점당하면 산성에 이르는 통로가 막히고 군량이 피탈되어 산성 방어가 어려웠다. 이에 탕춘대 일대에 토성을 수축하고 총융청을 이곳으로 옮겨 방어체계를 갖추자는 방안이 제시되었다.[307] 그 일환으로 북한산성 중성 축성이 완료된 직후 탕춘대성蕩春臺城 축성이 시작되었다. 1715년(숙종 41) 북한산성 축조에 깊이 관여하였던 이유李濡가 탕춘대 외창에 군량을 보관하고 그를 방비하기 위해 북한산성과 도성을 잇는 성을 쌓자고 건의한 적이 있었다. 이 당시에는 도성과 북한산성 외에 추가로 성을 축성하면 방어선이 길어져 오히려 불리하다는 반론이 있어 바로 착수하지 못하였다. 이후 수 년이 지난 숙종 44년(1718)년 윤8월에 탕춘대성 축성이 시작되어 10월까지 전체 구간의 반 정도를 완성하고 잠시 중단하였고, 이어 다음해 2월부터 약 40일에 걸쳐 나머지 구간을 완성하였다.

탕춘대성은 도성과 북한산성을 잇는 인왕산 북쪽과 북한산 남쪽으로 뻗은 능선 상에 남북으로 축조되었다. 탕춘대성은 북한산성과 연결되는 선에 있을 뿐만 아니라 안현을 통해 서울로 들어오는 주요 길목을 조망할 수 있는 지리적 이점이 있다. 이 탕춘대성은 북한산의 서쪽 외성 역할과 함께 창의문으로 들어오는 가는 가까운 길인 것이다.[308] 아울러 탕춘대성은 북한산성과 도성을 잇는 연

---

307) 이태진, 1985 『앞의 책』 239~240쪽
308) 노재민, 2006 「조선후기 수도방위체제의 군사적 고찰–17~18세기초의 방위체제를 중심으로」, 국방대학교 석사학위논문, 93~94쪽

결 통로인 이른바 용도甬道 및 관문과 같은 성격의 성으로서 그 주된 축조 목적
은 북한산성과 도성의 중간 지대에 군량을 보관하고 그를 지키기 위한 것이었다.
도성의 물자를 북한산성으로 옮겨야할 상황이 올 경우, 그에 기민하게 대처하기
위한 시설이었던 것이다. 아울러 유사시에는 도성을 이용하여 방어를 수행하다
가 위급시 북한산성으로 도성민을 이주시키도록 하는데 탕춘대성은 중요한 역
할을 할 수 있었다. 따라서 탕춘대성 역시 결과적으로는 도성 방위를 위한 관방
시설로 기능할 수 있는 것이었다.[309]

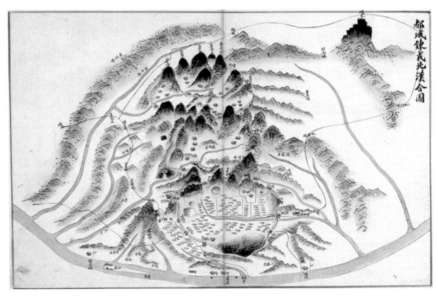

[그림] 도성연융북한합도

　　즉 북한산성과 탕춘대성의 축조는 애초 남한산성과 함께 보장처로서 의미

---

309) 민덕식, 2011「서울 탕춘대성의 축조과정」, 『향토서울』 80

를 가진 것이었으나 점차 도성 방어체제가 갖추어지면서 결과적으로는 도성을 사수할 수 있는 유력한 방어의 거점으로서 자리잡게 된 것이라고 할 것이다. 숙종 30년대 이후 이루어진 도성 및 북한산성, 탕춘대성의 수축은 3군문을 중심으로 한 도성수비체제의 물적기반이 정비된 것을 의미한다. 영조대 완비되는 도성수비체제는 기본적으로 숙종대 도성 일대 성곽 수축 작업에 힘입은 것이라고 할 수 있을 것이다.

숙종대 후반 도성수비체제

숙종대 후반 도성 및 북한산성, 탕춘대성의 수축은 기본적으로 당시의 도성수비론의 전개와 밀접한 관련을 가지고 있었다. 앞서 보았듯이 1702년(숙종 28) 신완의 북한산성 수축을 계기로 도성수비의 가능성이 조심스럽게 제기되기 시작하였다. 숙종 후반 나타난 도성수비론은 1704년(숙종 30)을 전후한 논의와 36년을 전후한 논의로 크게 나뉠 수 있다. 이는 도성 및 북한산성 축조의 전개와 밀접한 관련이 있다.

숙종 30년을 전후한 도성수비론은 대체로 도성 수축론과 관련이 있다. 기존 도성의 부분적인 수축을 거쳐 도성을 수비하자는 것으로 신완은 수도 방위를 위해 북한산성을 축성하자는 주장과 함께 백성과 더불어 함께 지키자는 주장을 하게 된다.[310] 이는 이전까지 보장처의 정비와 유사시에는 피난가는 것을 고려하던 것에서 진일보한 발상이었다. 예를 들어 김진구는 북한산성을 축조한다

---

310) 이근호, 1998 「숙종대 중앙군영의 변화와 수도방위체제의 성립」, 『조선후기의 수도방위체제』, 서울학연구소, 24쪽

면 도성의 주민과 병기가 모두 적의 손에 넘어가니 도성을 지킬 것을 주장하였다. 이여李畬도 도성은 종사宗社와 사민士民이 있는 곳이므로 도성을 증축하여 굳게 지킬 것을 주장하였다.

당시 도성의 방어 능력에 대한 신뢰는 숙종 30년대 이루어진 도성 수축이 성곽사적으로 보더라도 단순히 기존 도성의 수리에 그친 것이 아니라 일부 측면에서 진일보한 면이 있는 것을 통해 확인할 수 있다. 숙종대 개수된 도성은 세종 시기와 달리 규격화하여 가로 세로 2척인 정방형의 돌을 잘 가공하여 면석 간의 맞댄 면에 빈틈이 없게 평축平築으로 수직에 가깝게 축조하였다. 상부의 여장도 이전보다 규격이 크고 잘 가공된 석재를 사용하여 축조한 특징을 가지고 있다.[311] 흥미로운 점은 당시 도성에 새로운 성곽 제도인 돈대墩臺나 치성雉城을 추가로 설치하면 도성 방어가 가능하리라 생각한 의견이 적지 않았다. 예를 들어 좌의정 이여와 병조판서 이득일은 안현 등에 돈대와 치성을 설치하면 도성 방어가 가능하다고 주장하기도 하였다.[312] 비록 도성 수축의 과정에서 이러한 시설이 설치되지는 않았지만 시설의 추가 설치와 개수를 통해 도성의 방어 가능성을 높게 평가한 것은 향후 도성 방어론의 근거로서 의미가 적지 않다.

도성 수축이 끝난 직후인 1716년(숙종 36)을 전후한 도성수비론은 이전보다 보다 구체적이고 논리적으로 심화되었다. 이 시기의 도성수비론이 비록 북한산성 수축론의 반대 논리로 제기된 것이었지만 도성의 수비를 고려하기 시작하였다는 점에서 의미가 적지 않다. 이 시기 주목되는 점은 숙종 30년 삼군문 도성수비체제가 성립되고 이후 도성과 북한산 등 방어시설의 정비가 이루어지면서

---

311) 지균만, 2004 「17세기 강화 돈대 축조에 관한 건축사적 연구」, 경기대 석사학위논문 68~69쪽
312) 『승정원일기』 416책, 숙종 30년 정월 29일 己巳 ; 『승정원일기』 418책, 숙종 30년 5월 26일 甲子

인력과 장비 등의 효과적인 배치를 통한 구체적인 도성 수비론이 나타나기 시작한 것을 들 수 있다. 즉 이전의 도성수비론이 당위적인 측면에서 이루어졌다면 이 시기부터는 보다 구체적인 전술 및 방략이 제시되기 시작한 것이다. 1716년(숙종 36) 10월 부제학 조태로趙泰老는 도성민들이 모두 도성을 지키기를 바란다는 것을 언급하고 도성을 지키는데 이로운 점과 도성을 포기하는데 해로운 점을 지적하고 다음과 같은 도성 수비 방안을 주장하였다. 즉 도성은 종묘사직이 있는 곳으로 도성을 지키면 양향粮餉을 댈 수 있으며 기계器械를 풍족하게 사용할 수 있으며, 도성의 주민 약 10만 명의 남정男丁이 사수할 의지를 가지고 성첩을 나누어 지킬 수 있을 것이라는 주장하였다.[313] 이는 17세기 후반부터 상업적 분위기가 크게 나타나 행정 중심지의 성격이 아닌 상업 중심지로서의 성격이 강해진 당시 도성의 상황과 도성수비론은 밀접한 관련을 가지고 있다.

사직 이광적은 도성수비에 대한 매우 상세한 상소를 올려 도성 수비 방안을 제시하고 있다. 그의 도성수비 방안을 다음과 같다. 먼저 도성 주변에 군비를 강화하여 총포銃砲를 갖추고 지세가 낮은 곳에 포루를 설치할 것을 주장하였다. 다음으로 한강변의 창고인 강창江倉을 도성 안으로 옮겨 들이도록 하였다. 이는 만약 외침이 갑자기 있어 강관江館을 먼저 점거당하는 문제를 해결하기 위한 것으로 인왕산 아래 수성궁守城宮의 터에 창고를 설치할 것을 주장하였다. 세 번째는 도성의 주민들을 군문에 나누어 소속시키는 것으로 도성 주민은 장부상 남정이 10여만 명중 늙고 병든 자를 제하고 7~8만명에 달할 것으로 판단하였다. 구체적으로는 북부의 백성은 북성北城을 지키게 하되 금위영에 소속시키고, 남부의 백성은 남성南城을 지키게 하되 수어청에 소속시키고, 서부의 백성은 서성西城을 지

---

313) 『숙종실록』 권49, 숙종 36년 10월 乙亥

키게 하되 훈련도감에 소속시키고, 중부와 동부의 백성은 동성東城을 지키게 하되 어영청에 소속시키게 하되 각각 장령領將을 정하고 대오를 편성하여 성첩에 배치하고, 봄·가을로 방어 훈련을 하도록 하였다. 아울러 군량을 미리 비축하도록 하였다.[314] 이광적의 이 의견은 이전의 도성 방어론에 비해 매우 구체적일 뿐만 아니라 후일 영조대 도성수비론의 주요 내용을 대부분 담고 있다는 점에서 매우 선구적이라고 평가할 수 있을 것이다. 이상의 여러 도성수비론이 제기되었음에도 불구하고 국왕 숙종은 아직 도성의 수비 가능성에 대해 아직 회의적이었다. 즉 도성의 넓이가 이미 몹시 넓고도 큰데다, 국초國初에 도성을 쌓을 때 적을 방어하기 위한 것이 아니므로, 견고하게 쌓지 아니하였으니, 수축하여도 온전하지 못할 것이고, 지키기도 어렵다고 생각하였다.[315]

　도성의 수비 가능성에 대한 숙종의 회의적인 입장은 이후에도 계속되었다. 1710년 11월 한성군 이기하李基夏는 상소를 올려 도성은 반드시 지켜야 한다고 강력하게 주장하였다. 그에 따르면 도성은 나라의 근본이 되는 것으로서, 종묘 사직과 사민이 이곳에 있고, 기계와 식량이 저축되어 있어 방어가 반드시 필요하다고 하였다. 아울러 도성이 매우 단단하며 도성 내에 거주하는 장정도 7, 8만 명을 얻을 수 있고 지형적으로도 도성은 대부분이 모두 높은 산과 가파른 산등성 마루이므로 방어에 매우 유리하다고 하였다. 평탄한 곳은 새로 고쳐서 돌로 쌓고 포루를 많이 설치하면 적은 비용으로 방어하는데 어려움이 없다고 주장하였다.[316] 이기하의 주장에서 볼 수 있듯이 도성민을 동원한 도성수비체제의 정비와 함께 이 시기 도성의 성곽 시설 개수 및 추가적인 축성을 통한 도성 방어력을

---

314) 『숙종실록』 권49, 숙종 36년 10월 甲子
315) 『숙종실록』 권49, 숙종 36년 10월 丙子
316) 『숙종실록』 권49, 숙종 36년 11월 甲寅

높이기 위한 노력이 함께 나타나고 있음을 알 수 있다. 이는 당시 주요한 국방에 대한 주요 논설에서도 자주 나타나고 있다.

예를 들어 1711년(숙종 37) 전후 작성된 이만엽李萬葉의『비어오조備禦五條』에서는 도성 수비를 위해 강가의 여러 창고를 도성 안으로 옮기는 방안과 함께 도성의 외성外城 축조와 보루堡壘, 도성 아래 개천 설치를 통해 도성의 방어력을 높일 것을 주장하고 있다. 아울러 도성의 한산인으로 군대를 편성하여 방어 군병을 확보할 것을 주장하였다.[317] 숙종 40년대 작성된 것으로 추정되는『음우비陰雨備』에서는 도성 수축에서 가장 중요한 급선무는 치雉를 설치하고 아울러 지세가 낮은 도성의 동서 지역에 증축할 것을 주장하였다. 아울러 홍이포紅夷砲와 같은 당시 위력이 매우 큰 대형 화포에 견디기 위해 기존의 석성石城 축조 방식과 달리 서로 맞물리게 성을 쌓고 안쪽에서 버티도록 하여 도성의 방어력을 높일 것을 제안하였다.[318] 즉 도성과 북한산성 축조가 이루어진 이후 도성 방어체제를 강화하기 위해 성곽 방어력을 높이기 위한 구체적 움직임이 나타나고 있었음을 알 수 있다.

그러나 숙종대 후반까지는 아직 도성수비론이 불완전한 모습을 보이고 있다. 이는 전쟁 발발시 도성의 수비 가능성에 대한 회의론이 적지 않은 것에 기인하고 있다. 실제 이 시기 도성수비론은 완전한 도성의 고수라기 보다는 강화도를 포함한 보장처를 함께 고려하고 있다는 점에서 불완전하였다. 즉 전쟁의 상황에 따라 필요시에는 도성을 버리고 보장처로 들어가는 것을 함께 고려한 것이었다. 다만 이기하 등 도성에 거주하는 주민을 방어 병력으로 확보할 뿐만 아

---

317)『備禦五條』의 내용에 대해서는 노영구, 2005「숙종대 국방개혁안에 관한 일고찰」,『학예지』12 참조
318)『陰雨備』「都城」

니라 도성의 군사지리적인 장점을 고려하는 등 도성의 방어 가능성을 높게 보고 있고 이를 위한 구체적인 도성 수축 방안 등이 나타나고 있음은 주목할만 하다. 숙종 후반기 도성수비론은 영조대 확립된 도성 수비체제의 시원적 성격을 갖는다는 점에서 의미가 적지 않다.

강화 일대 방어체제의 재정립

18세기 들어 도성의 방어체제가 정비되면서 강화도는 이제 보장처로서의 역할보다는 도성에 가까운 지역 방어의 중심지로서 역할이 더 강조되었다. 1702년(숙종 28) 10월 이유李濡는 보장처로서의 기능이 약화된 강화도와 남한산성을 대신하여 도성 주변의 북한산에 성을 축조하여 도성수비체계를 강화하자고 주장하는 등[319) 강화도 일대의 방어체제 변화는 불가피한 상황이었다. 특히 17세기 후반 삼번의 난과 정성공의 난이 진압되면서 서해안 일대는 안정기에 접어들었으나 그 여진으로 황해도 등 서해안 일대에는 황당선이 자주 출몰하여 소란을 일으켰다. 황당선은 주로 중국의 밀무역선이거나 어선으로 추정되는데 점차 섬 지역에서 행패를 부리거나 단속하는 수군 지휘관을 살해하는 등 각종 소요를 일으켜 문제가 나타났다.

　　대규모 해상 위협은 줄어들었지만 황당선이 자주 출몰하고 해적의 침입이 우려되었으므로 해안 방어 강화가 요구되었다. 이에 수군을 정비하여 해안 방어를 강화해야 한다는 주장이 본격적으로 나타났다. 1703년(숙종 29) 3월 병조판

---

319) 『숙종실록』 권37, 숙종 28년 10월 壬午

서를 지낸 이인엽李寅燁은 상소를 올려 북한산성 축조에 신중히 하고 오히려 서해안의 해방海防과 경기 일대 방어를 강화할 것을 주장하였다. 이를 위한 구체적인 대책으로 강화, 교동喬桐과 영종도永宗島, 대부도大阜島 등 경기 서해안의 섬에 전함을 더 배치하고 서로 연락하여 각각 제어하도록 하였다. 그리고 경기의 주요 방어 거점인 수원 등의 고을을 좌보左輔로 삼고 장단長湍 등의 고을을 우보右輔로 삼아 도성 외곽 방어를 강화할 것을 주장하였다. 아울러 안흥진安興鎭 등은 남해를 방비하고 소강진所江鎭은 서해西海를 방비하게 하여, 서로 성원하면 적군이 바로 한성으로 들어오지 못할 것이라고 주장하였다.[320] 그 이전까지 강화 일대의 방어체계가 대부분 보장처인 강화를 수비하기 위한 것이었다면 이인엽의 주장은 해안 방어를 통해 도성 방어를 강화할 것을 주장한 것이었다. 1710년(숙종 36) 이조판서 최석항崔錫恒도 비슷한 주장을 하였는데, 그는 북한산성 축조를 반대하면서 강화도와 교동, 영종도를 강화하여 도성으로 들어오는 것을 방어할 것을 주장하였다.[321]

북한산성이 완공되었지만 숙종은 근본적으로 도성 수비에 대한 확신은 부족한 상황이었다. 따라서 북한산성과 도성 수축과 함께 강화도 수비체제 강화를 위한 여러 방안을 강구하게 된다.[322] 강화도 일대 방어체계 변화는 먼저 숙종 전반기 진행되었던 강화도를 둘러싼 경기 연안 지역의 수군진 설치로 구체화되었는데, 이 조치는 숙종 30년대 들어 더욱 활성화되었다. 그동안 일본과 청의 침입에 대비하기 위해 대규모 해전을 상정하여 마련된 17세기 전반의 수군 방어체제로는 황당선의 침입에 효율적으로 대응하기는 어려움이 적지 않았다. 이에 조

---

320) 『숙종실록』 권38, 숙종 29년 4월 庚辰
321) 『숙종실록』 권49, 숙종 36년 11월 甲申
322) 이민웅, 1995 「18세기 강화도 수비체제의 강화」, 『한국사론』 34, 28~29쪽

선은 수군진을 재배치하여 대비하고자 하였다. 17세기 전반 통어영의 수군진은 청의 침공에 대비하기 위한 것이었다. 앞서 보았듯이 현종대에는 강화도 방어는 육군이 주도하는 것으로 방어전략이 변화하였는데, 숙종 전반 돈대 48곳이 해안을 따라 축조되고 이후 문수산성, 강화의 내·외성이 축조된 것은 육군 중심의 강화도 방어전략 채택을 반영하는 것이다. 18세기 들어 도성과 북한산성이 축조되고 도성의 세 군문을 중심으로 도성수비체제가 정비되면서 강화 일대 수군체제 변화는 불가피해졌다. 이는 경기 지역 수군진 설치로 나타났는데, 1709년(숙종 35) 덕적도에, 1712년(숙종 38)에는 대부도에 각각 진을 설치하는 조치가 이루어졌다. 아울러 앞서 검토되었던 강화도의 철곶진이 강화 인근의 주문도로 이동하여 주문진이 되었으며 첨사가 파견되었다. 1717년(숙종 43)에는 정포진이 장봉도로 옮겨가 장봉진으로 개칭되었다. 1709년에는 예조판서 이인엽의 건의로 덕적도에 수군진이 설치되고 첨사가 파견되었다가 이듬해 만호진으로 승격되었다.

한편 통어영 소속 진보 중 하나인 영종진은 17세기 후반 그 위상이 더욱 높아졌다. 영종진은 앞서 보았듯이 강화도로 진입하는 우회로를 방비할 목적으로 효종 4년에 남양부에서 자연도로 이전한 진보였다. 그런데 17세기 후반 물류 증가로 인해 조운로 관리의 주요 거점으로서의 역할이 더욱 증대되었다. 1681년(숙종 7) 영종진을 첨사진으로 승격하고 무관당상을 파견하였다. 또한 수군 정원도 400명으로 늘리는 한편 영종첨사에게 어영청 파총을 겸임하게 하고 속오군 1개 사司, 즉 5초를 관할하게 하였다. 숙종 16년(1690)에는 영종첨사를 방어사로 승격시켜 직위도 경기방어사겸영종첨사가 되었고 어영청 천총을 겸임하도록 하였다. 아울러 소속 속오군도 5개 초에서 1초를 증원하여 6개초를 만들고 좌·우사左右司의 2개 사로 개편하였다. 이제 영종진은 방어영으로 개편되자 기존의 통어영에서 분리되어 독자적인 지휘권을 행사할 수 있었다.

영종진이 독립되고 지휘체제가 개편되자 새로운 문제점이 나타났다. 1708년(숙종 34) 12월 예조판서 이인엽은 강화도에 진무영, 통어영, 방어영 등 독립된 군문이 3곳이 있어 지휘체계가 일원화되지 않아 유사시에 유기적인 협조가 어렵다고 언급하였다. 그는 대안으로 강화도 진무영을 중심으로 통어영에 강화도 철곶, 정포, 용매, 연백을 이속시켜 강화의 북쪽 지역을 담당하고, 영종 방어영에 덕포, 화량, 연흥, 덕적진을 관할하게 하여 강화도 남부 바다와 연해 지역을 방어하도록 하는 방안을 제안하였다.[323] 이인엽의 제안 중 진무영이 영종진과 통어영을 통솔하는 것은 수용되지 않았지만 수군진을 통어영과 영종진으로 나누어 통솔하는 조치는 실현되었다. 아울러 경기 남부의 덕적진과 대부진은 영종 방어영에 소속되었다.

강화도 자체 방어 강화책으로는 먼저 강화 내성의 축성을 들 수 있다. 숙종 초인 1677년(숙종 3) 강화 내성을 개축하였으나 이는 병자호란 당시 허물어진 성을 수선한 것에 지나지 않았다. 강화 내성에 대한 축조 논의는 숙종 34년(1708) 말 강화유수 박권朴權이 축성을 건의하면서 본격화되었다. 그는 강도는 천연의 요새지이지만 섬의 주위가 140리에 달하고 장벽墻壁은 없어 수비하기 어려우므로 내성을 축성하여 적군이 비록 들어왔더라도 방어할 수 있도록 할 것을 주장하였다. 그리고 성기도城基圖를 국왕에게 올렸다. 당시 청나라 정세가 상당히 유동적인 상황에서 북방 일대 방어의 정비와 함께 보장처로서 강화도 방비의 필요성이 높은 상황이었다. 숙종은 박권의 건의를 수용하여 강화도가 보장처가 되

---

323) 『승정원일기』 445책, 숙종 34년 12월 6일. 영종진의 개편에 대해서는 송기중, 2016 「조선후기 수군제도의 운영과 변화」, 충남대학교 박사학위논문, 86~87쪽 참조

기 위해 내성의 축조가 필요하다고 말하고 박권과 예조판서 이인엽에게 축성을 담당하도록 하였다.[324] 다음해 2월 이기하, 조태구를 강화도에 파견하여 형편을 살펴보도록 하였다. 이기하 등은 강화의 남산이 반드시 내성에 들어와야 성으로서 기능을 할 수 있다고 주장하였다. 숙종은 이 건의를 받아들이고 민진원을 강화유수로 임명하여 내성의 축조를 담당하게 하였다.[325] 여러 과정을 거쳐 강화 내성은 1710년(숙종 36) 완공되었다. 강화도 내부의 방비 강화와 함께 통진의 문수산성을 강화도에서 관리하여 강화도 방어를 강화하는 방안도 이루어졌다. 1712년(숙종 38) 11월 강화유수 조태로는 강화도와 통진은 서로 긴밀하게 의지하고 있는 형세이므로 문수산성을 강화도로 이속할 것을 주장하여 실현되었다.[326]

---

324) 『숙종실록』 권46, 숙종 34년 12월 乙巳
325) 『숙종실록』 권47, 숙종 35년 9월 丙戌
326) 『숙종실록』 권52, 숙종 38년 11월 甲申

07
영조대 도성과 경기 방어체제

무신난과 도성수비태세[327]

숙종 후반기에 나타난 도성 중심의 방위론은 17세기 중반 이후 본격적으로 나타난 한성의 성장과 조선의 군사력 조정에 따른 것이었다. 이후 한동안 도성 방위를 위한 구체적인 움직임은 그다지 나타나지 않았다. 그러나 영조 4년(1728) 3월 무신난戊申亂, 이른바 이인좌의 난이 일어나면서 도성 방비의 필요성에 대한 본격적인 논의가 재개되었다. 특히 반란군의 최종 목표가 도성의 함락이었다는 사실은 영조로 하여금 도성 수비 강화의 필요성을 절감하게 하였다.

　무신난 당시 조정 신료들은 도성과 주변 성곽의 허술함 및 군량미 부족, 도성 민심의 동요 등 원인을 들어 도성 수비가 불가함을 주장하고 남한산성이나 강도로 이어할 것을 청하는 등 전래의 방어책을 제시하였다. 이에 영조는 도성 사수의 뜻을 분명히 밝히고 도성을 둘러싼 구체적인 방어에 착수하였다. 영조는

---

327) 본 절의 내용은 이태진, 1985 『앞의 책』, 251~253쪽 ; 원영환, 1975 「조선후기 도성수축과 수비에 대한 고찰-영조시대를 중심으로-」, 『향토서울』 33 등의 내용을 바탕으로 보완하였다.

훈련도감, 금위영, 어영청 등 도성의 세 군문을 중심으로 도성과 인근의 진津에 대한 파수를 강화하게 하였다. 아울러 도성 사수의 의지를 내외에 표명하였다. 이때 영의정 이광좌는 도성의 둘레가 40리에 달하여 한 장수의 호령으로 통솔할 수 없다는 이유를 들어 반대의 뜻을 표하기도 하였으나 영조는 자신의 사수 의지를 재확인하였다.[328]

국왕의 도성 사수 결의와 함께 도성을 방어하고 반란군을 진압하기 위한 구체적인 군사 동원도 이루어졌다. 우선 총융청과 수어청에서 병력을 동원하여 경기 지역을 순찰하도록 하고, 토벌군이 내려가자 안산, 과천, 양천, 금천 등 경기 지역이나 개성, 춘천 등지의 군사를 동작진 등 도성 주위에 포진하여 도성 방어를 강화하도록 하였다. 아울러 장단군을 동원하여 북한산성 아래를 방비하도록 하였다. 구체적으로 개성 군병의 경우를 보면 반란 당시 개성의 군병은 7,700명에 달하였고 소속 군병과 장교의 급료는 어영청, 훈련도감과 다름이 없는 독립적인 군문으로 성장하였다.[329] 무신란이 일어나자 곧바로 황해 병사를 시켜 청석동을 지키도록 하였다.[330] 그리고 개성의 마병인 별기위別騎衛 3백 명을 한성으로 파견하도록 하였다. 개성의 별기위 병력은 동작진에 주둔하면서 출정군의 증원 병력으로 참전하였다.[331] 무신난을 계기로 개성 마병의 군사적인 유용성이 확인되면서 추가로 100명의 마병이 증가되어 좌열과 우열 군관 400명으로 증가되었다.[332] 무신난의 전개 과정을 통해 한성을 중심으로 한 도성과 경기일대 방위 체

---

328) 『영조실록』 권16, 영조 4년 3월 甲子
329) 『비변사등록』 제84책, 영조 4년 10월 3일
330) 『영조실록』 권16, 영조 4년 3월 癸酉
331) 『비변사등록』 제83책, 영조 4년 3월 22일
332) 『비변사등록』 제107책, 영조 16년 8월 13일 ; 『비변사등록』 제109책, 영조 17년 12월 28일 ; 『松都誌』 권3, 「兵制」(『輿地圖書』 상, 松都 971면).

제의 유효성은 충분히 확인되었다. 숙종대 정비되었던 도성과 경기 일대 방어체제는 무신난의 조기 진압과 도성 방어에 상당한 기여를 하였지만 실제 운영상에서는 아직 충분하지는 못한 측면이 드러났다.[333] 무신난의 여러 경험은 이후 도성수비체제 정비의 주요한 근거가 되었다.

무신난 와중에 도성 수비에 대한 다양한 의견이 나타났다. 예를 들어 정언 권혁權爀은 상소를 올려 도성에 거주하는 조사朝士, 유생, 방민坊民을 막론하고 모두 군사로 편성하여 호위청에 소속시키거나 혹은 별도로 하나의 청廳을 설치하여 한 대신으로 하여금 통솔하게 하여 각자 성첩을 지키면 충분한 방어 군병을 확보할 수 있다고 하였다. 또한 도성도 낮은 곳을 수리하여 방어할 수 있는 근거로 삼을 것을 건의하였다.[334] 그러나 무신난은 1개월 정도의 단기간에 진압되어 본격적인 도성 방어를 위한 논의와 대책은 이후 활발히 이루어지지는 못하였다. 다만 몇 가지 측면에서 도성 방어를 위한 대책이 이후 강구되었다.

먼저 영조는 국왕에 대한 금군의 충성도가 낮아 반란군에 일부가 가담한 것은 나쁜 처우에 따른 것으로 파악하여 금군 처우 개선책을 마련하여 우대하고자 하였다. 즉 「금군절목禁軍節目」을 제정하여 금군으로의 성격을 분명히 하고 금군의 승진을 보장하였다. 아울러 금군의 규모를 새롭게 하였다.[335] 다음으로 삼군문 중심의 도성 수비체제를 정비하게 되며 총융청을 도성의 인후인 탕춘대로 이동시킨 것도 도성 수비체제의 일익을 담당시킨 조치라고 할 수 있다.[336] 아울러 1733년(영조 9) 4월 삼군문의 궁궐 별순라別巡邏의 담당 구역이 정해져 삼군문

---

333) 조준호, 1998 「영조대 수성절목의 반포와 수도방위체제의 확립」, 『조선후기의 수도방위체제』, 서울학연구소, 106~110쪽
334) 『영조실록』 권16, 영조 4년 3월 癸酉
335) 『영조실록』 권46, 영조 13년 11월 戊寅
336) 『영조실록』 권66, 영조 23년 9월 丁巳

의 평시 궁궐 치안군으로의 역할을 분명히 하였다.[337] 조선전기까지 도성 내외의 순라는 포도청의 소관이었으나 포도청이 부실해져 치안 문제가 나타나자 인조대 들어 훈련도감의 도성 순라가 정례화되었는데 이후 금위영과 어영청의 도성 내 순라 임무가 강화되기 시작하였다. 무신난을 계기로 도성 내의 민심이 동요하자 3군문의 순라 횟수를 늘리고 아울러 별순라를 추가하여 궁궐 담장을 연하여 순라하도록 하였다. 그러나 무신난 이후 10여년 동안 특별한 도성 수비 체제의 변화는 나타나지 않았다.

영조대 전반기 강화 외성, 도성 축조와 도성 수비론

무신난 이후 한동안 도성 방어에 대한 큰 논란과 정책은 나타나지 않았다. 그러나 영조 18년(1742) 강화성江華城 개축을 둘러싸고 도성의 수비 문제가 다시 제기되었다. 당시 강화유수 김시환金時煥이 강화성은 토성土城이므로 비만 오면 무너지는 문제가 있으므로 중국의 북경성北京城과 같이 벽돌로 개축할 것을 건의하였다. 이에 영조는 강화성 개축 문제를 대신 등에게 물어보고서 훈련도감 등 도성의 3군문에게 명하여 강화성을 벽돌로 개축하도록 하였다.[338] 이렇게 강화성 개축이 결정되자 김시환은 강화의 외성外城 10리를 벽돌로 개축하였고, 아울러 좌의정 송인명이 주관하여 강화 내성 30리도 벽돌로 개축하였다. 이 개축 공사에 소요된 경비는 막대하였던 것으로 미곡만도 30,000곡斛을 소비할 정도였다.

---

337) 『영조실록』 권34, 영조 9년 4월 庚午
338) 『영조실록』 권55, 영조 18년 10월 乙未

이렇게 막대한 경비를 소비하게 되자 정부 안에서는 논란과 시비가 벌어졌다.

영조는 강화성 개축을 둘러싸고 논란이 계속하자 여러 신하에게 강화성의 개축에 대해 논의를 하게 하였다. 이 때 강화성 개축을 맡았던 송인명은 유사시에는 반드시 강화로 피난하여야 하고 도성은 결코 지킬 수 없기 때문에 강화성은 반드시 개축되어야 한다고 주장하였다. 이에 비해 총융사 구성임具聖任은 유사시에 도성을 충분히 지킬 수 있는데 도성을 버리고 강화로 피난갈 필요가 없으므로 강화성을 개축할 필요가 없다는 주장을 하였다. 특히 구성임은 이 논의가 시작되기 직전인 8월 초 도성을 지키는 방책 16조를 올리기도 하였다.[339] 구성임의 방책은 국왕이 도성 수비의 뜻을 확고히 하는데 큰 영향을 미치게 된다. 실제 8월 하순에도 다시 송인명과 구성임의 상반된 의견을 놓고 다시 논쟁이 있었다. 흥미로운 점은 이 시기부터 도성 방어 불가론보다는 도성 방어를 위해 필요한 도성 수축 및 성곽 시설의 추가 건설 문제가 논의되었다는 것이다.[340] 즉 도성의 낮은 곳에는 치성을 추가 건설하면 방어할 수 있다는 의견이 적지 않았다. 치성의 증설을 통한 방어력의 강화 논의는 이후에도 계속되었다.[341]

한편 강화 외성의 축성이 완료된 이후 강화도 주위의 방어책에 대한 의견도 개진되었다. 강화도 방어에 있어 요충지인 문수산성에 대한 방비를 중심으로 논의가 활발히 이루어져 통진을 독진으로 삼아 읍치를 산성 내로 옮길 것, 부평과 양천을 병합하여 군정을 변통하는 방도를 마련할 것, 해로의 요충에 있는 덕진에 대한 무기와 군량 비축 등이 제기되었다. 이에 영조는 방책을 만들어 절목

---

339) 『영조실록』 권58, 영조 19년 8월 丁巳
340) 『승정원일기』 제962책, 영조 19년 8월 癸酉
341) 『승정원일기』 제965책, 영조 19년 11월 甲申

으로 구체화할 것을 명하였다.[342]

　강화성 개축을 둘러싼 이상의 논쟁은 기본적으로 조선의 도성 방위전략을 둘러싼 여러 입장의 상이에 따른 것이었다. 즉 이전의 보장처 중심의 방위전략과 새로이 등장한 도성 중심의 방위전략이 충돌한 것이다. 이러한 도성 방위전략에 대한 논란은 당시 조선과 주변 지역의 군사적 상황에 따른 것이었다. 영조대 들어서도 조선은 여전히 청이 몰락할 것이라는 가능성과 그 과정에서 자신의 발상지인 남만주의 영고탑 지역으로 돌아갈 것이라는 이른바 영고탑회귀설에 바탕을 둔 전략적 가정을 하고 있었다. 그러나 조선의 서북 지역 방어체제가 갖추어지면서 청의 진로가 평안도의 청천강 이북 지역과 함경도의 삼수, 갑산을 따라 이동할 것으로 판단되었다. 특히 몽골이 중원을 장악하고 조선에 피해를 줄 수 있는 세력으로 인정되기 시작하였다.[343] 영조 초반 몽골의 존재에 대해 매우 위협적으로 인식한 것은 몽골족의 일파인 준가르부의 세력 크게 확장되어 1723년에는 티베트(西藏)까지 영향력이 확대된 것과 관련이 있다.[344] 이러한 전략적 상황 하에서 북방 위협에 대응하기 위해 영조대 전반기 조선은 청천강 이북 지역의 산성과 청천강 가에 있는 안주 및 영변 지역에 대한 방어 체계를 집중적으로 정비하였다.[345] 무신난 직후인 영조 5년부터 도성방어체제가 본격적으로 정비되는 영조 23년(1747)까지 총 24개 지역에 축성이 이루어졌고 이는 영조대 축성 사업 전체의 88%에 달하는 것이었다. 그중 평안도는 13개소로 54%에 달하는 등 평안도 주요 지역에 대한 축성은 거의 이루어졌다.[346]

342) 『영조실록』 권61, 영조 21년 3월 癸未
343) 배우성, 1998 『앞의 책』 79~91쪽
344) 임계순, 2000 『청사-만주족이 통치한 중국』, 신서원, 284쪽
345) 노영구, 2004 「조선후기 평안도 내지 방어체계」, 『한국문화』 34
346) 조준호, 1998 「앞의 논문」 118~119쪽

영조대 전반기 평안도 지역에 구축된 방어체계가 실제 전면적 발생시 대규모 적군을 막아낼 수 있을 것인지에 대해서는 의문이 적지 않았다. 특히 당시 활발히 이루어지고 있던 화전과 개간으로 인해 평안도 지역의 주요 영애嶺隘에 설치되었던 방어용 수목지대가 줄어들고 길이 넓어지던 상황에서 청천강 이북의 방어체계가 대규모 침입을 효과적으로 저지할 수 있을 것인지에 대해 의문을 갖게 되었다. 실제 1743년(영조 19) 김재로와 송인명 등은 전면적인 상황이 발생시 대규모 적을 서북에서 막아내기 어렵다고 판단하고 있었다. 따라서 전면전 가능성을 염두에 두고 서북 지역보다 도성 방어체제를 정비하여 이에 대비할 것을 주장하였다.[347] 국내적인 상황과 함께 국제적인 상황도 전면전의 가능성을 높이고 있었다. 1745년(영조 21) 준가르의 지도자인 갈단 쉐린이 죽은 후 분열이 일어나 상호 항쟁하는 등 매우 유동적인 정세가 전개되었다.[348] 따라서 서북 지역의 방어체제 정비와 함께 도성 일대의 방어체제도 다시금 정비할 필요성이 높아졌다.

도성 방어에서 중요한 문제는 방어에 다소 불리한 한성의 지형적 문제였다. 도성의 수비에 대한 찬반 의견이 엇갈리는 가운데 도성의 방어 가능성에 대해 점차 의견 접근이 나타났다. 아울러 국왕 영조의 경우 도성 수비에 대해 강한 의지를 가지고 있었다. 영조는 유사시 도성을 버리고 강화나 남한산성으로 피난하면 도성민들은 모두 어육魚肉이 될 것이므로, 도성을 버리고 피난하는 것보다 도성을 지키는 것이 바람직하다고 하여 도성 수비의 뜻을 밝혔다.[349] 1743년(영조 19) 8월에도 영조는 관우의 사당인 관왕묘關王廟에 치제를 하기 위해 행차할 때에도 직접 흥인문興仁門의 문루에 올라 성첩城堞을 살펴보고 도성의 동대문 일대

---

347) 배우성, 1998 『앞의 책』 224쪽
348) 岸本美緒·宮嶋博史, 1998 『明淸と李朝の時代』, 中央公論社, 386쪽
349) 『영조실록』 권56, 영조 18년 10월 己亥

등 지세가 낮은 지역의 방어 가능성을 검토하며 대신 등에게 도성 수축에 대해 묻는 등 영조의 도성 수비의 결심은 확고하였다.[350]

1743년(영조 19) 11월 영조는 우의정 조현명趙顯命의 의견을 받아들여 우선 3군문에 도성의 수축을 분담시키고 그 파손된 곳을 수축케 하였다.[351] 그러나 곧바로 공사에 착수하지는 않았던 것으로 보인다. 이에 1745년(영조 21) 7월에 다시 3군문에게 도성을 분담시켜 수축, 수비케 하여 그 이듬해 7월에 수축을 마치게 되었다. 이 때 수축된 도성의 지점은 모두 40여개 처로서 파손된 곳을 수축한 것도 있지만, 석회로 성벽만 바른 경우도 있었다. 즉 이 시기 도성 수축은 전면적인 도성 개축이라기 보다는 숙종대 후반 부분적으로 이루어진 도성 수축 작업에 약간의 보수를 더한 정도였던 것으로 보인다.

당시 도성 수축에 있어서 훈련도감 등 세 군문이 분담한 구역을 보면 다음과 같다. 즉 훈련도감은 숙정문 동쪽의 무사석에서 돈의문 북쪽까지 4,850보이고, 금위영은 돈의문에서 광희문까지 5,042.5보이며, 어영청은 광희문에서 숙정문까지 5,042.5보로서 모두 14,935보였다.[352] 이렇게 전체 도성을 3군문에서 분담하여 파손된 곳을 수축하고 수비를 맡게 되었다. 이 시기 3군문 주도로 도성을 분담하여 수축한 것은 단순한 도성 수축에 그친 것이 아니라 그 구역 내의 구체적 방어 구역까지 명시됨으로써 실질적인 도성 방어의 핵심으로 그 체제가 정착되었다는 점에서 의미가 적지 않았다. 3군문이 도성 수비에서 차지하는 비중과 영향이 증대함이 따라 이를 뒷받침할 안정적 세수 확보를 통해 군문의 안정적 운용을 가능하고자 시도하였다. 이것이 영조대 군역 개혁인 균역법의 시행 과정

---

350) 『영조실록』 권58, 영조 19년 8월 庚午
351) 『영조실록』 권58, 영조 19년 11월 丁亥
352) 『영조실록』 권62, 영조 21년 7월 丙子

에서 감축된 금위영과 어영청의 재정을 지방의 군액으로 대신 지급하는 양상으로 나타나기도 하였다.[353]

도성 수축이 진행되는 과정에 도성 수비의 가능성에 대한 회의론도 일부 나타났다. 예를 들어 1745년(영조 21) 7월 부수찬 홍중효洪重孝는 5개의 이유를 들어 도성은 결코 수비할 수 없다고 주장하였다. 첫째, 서울 도성의 주위가 너무 넓어서 군령軍令이 제대로 전달되지 못하고, 둘째, 사람과 가축이 많은데 식량과 사료의 비축이 적어서 지탱할 수 없으며, 셋째, 성 외에 많은 사람들이 살고 있어 만일 도성 내에 적이 들어오게 되면 적이 주인이 될 것이며, 넷째, 안산鞍山·팔각현八角峴·만리현萬里峴·우수현雨水峴 등 도성 주변의 산들이 도성 안을 굽어보고 있어 여기에서 적들이 우리의 허실을 엿볼 수 있으며 마지막으로 두모포豆毛浦 위쪽의 강물의 형세가 급하고 또 동교東郊는 평탄하여 적을 막을만한 장애물이 없다는 것이다.[354]

이상의 도성 수비 불가론에 나타난 여러 문제 제기에 대해 영조는 당시 신하들이 도성을 수호하려는 국왕의 계책을 오활迂闊하다고 여기지만 조선에서 성을 지킬 만한 곳은 강도江都와 남한산성에 불과하며 아무리 험한 요충지라도 결국에는 함락되고 마는 것으로 이해하였다. 국왕이 도성을 포기하는 것은 곧 국가가 의지할 백성을 버리고 망하는 길이므로 결코 도성을 포기할 수 없다는 의지를 보였다.[355] 영조는 도성 방어의 구체적인 대책으로 총융청을 탕춘대로 이전하여 북한산성을 전담하게 하고, 1746년 12월에는 「수성절목守城節目」을 작성하고 호조와 선혜청 및 금위영, 어영청 등 도성 밖에 있는 군문들의 여러 창고를 차

353) 조준호, 1998 「앞의 논문」, 115~116쪽
354) 『영조실록』 권62, 영조 21년 7월 甲申
355) 『영조실록』 권65, 영조 23년 4월 己卯

례차례 성 안으로 옮기도록 하였다[356] 영조의 도성 사수 입장은 대내외적인 침략에 대해 국왕과 도성민이 군사적으로 방어하겠다는 의지의 표명이며 동시에 왕권을 안정시키려는 이중의 전략으로 평가할 수 있다.[357]

도성 군영의 도성 방어체제의 강화와 함께 도성 방어의 가능성을 높이기 위해 도성 외곽의 주요 거점에서의 방어 필요성이 제기되었다. 18세기 후반 나타나는 유수부를 중심으로 하는 중층적 방어체제의 필요성이 제기된 것이다. 이에 따라 영조 후반 이후 도성의 수축과 함께 도성 외곽의 수비체제는 계속 정비되었다. 18세기 후반 정조대에 갖추어지는 이른바 4유수부 체제는 이러한 상황의 반영이었다.

18세기 전반 영조의 도성 사수론이 나타나고 도성의 부분적 개수가 이루어지고 나서 도성의 수축과 방어체제 정비의 움직임은 상대적으로 소강상태에 들어갔다. 특히 18세기 후반 이후 유수부를 중심으로 한 도성 외곽 방어의 중요성이 높아지면서 도성의 수축과 방어체제 정비는 상대적으로 비중이 약해졌다. 이는 18세기 후반 이후 도성의 수축 양상을 통해 짐작할 수 있다. 정조 연간에는 도성을 둘러싼 유수부의 정비에 집중되면서 도성에 외형상 특별한 변화가 나타나지는 않았다. 다만 무너진 부분이 생기면 고치는 정도로 현상 유지 수준에 그쳤다. 예를 들어 1781년(정조 5) 5월 호우로 인해 도성의 훈련도감 담당구역인 돈의문 서편 15칸, 금위영 담당 구역인 숭례문 남변 6칸과 소의문 북변 14칸이 무너져 수축이 이루어졌다. 19세기 초인 순조 초년에는 백악 자락의 창의문과 숙정문 인근의 도성이 여러 곳 무너진 적이 있었다. 무너지는데 따라 수리 공사가

---

356) 『영조실록』 권64, 영조 22년 12월 丁卯
357) 이왕무, 2018 「군영정치의 등장과 전환」, 『조선후기 중앙군영과 한양의 문화』, 한국학중앙연구원출판부, 56쪽

진행되었는데 무너진 부분은 체성으로 당연히 그 위의 여장도 함께 무너져 수리가 이루어졌다. 이 수리 공사에 소용되는 석재는 주로 노원역 근처의 불암산에서 떠다 사용하였다.

개성 일대 방어체제 정비

숙종대 후반 이후 도성 일대의 방어가 주요한 군사전략으로 채택되면서 한성 북방의 개성은 도성 외곽 지역 방어의 주요 거점인 이른바 보군輔郡의 역할이 요구되었다. 이에 개성의 관방 체계와 군사제도 전반에 걸쳐 매우 큰 변화가 나타났다. 먼저 개성 방어의 중점이 궁벽한 지역인 대흥산성에서 직로에 연한 요해지인 청석동으로 다시 옮겨지게 된다. 1710년(숙종 36) 사직司直 이광정은 해적에 대비할 것을 통보한 청나라 자문咨文을 계기로 올린 상소에서 외적 방어 대책의 하나로 개성의 요충인 청석동을 개성유수가 방어하도록 하여 대흥산성과 기각지세를 이루도록 할 것을 건의하고 있다.[358] 주장은 이후 여러 관인들에 의해 제기되었다. 그해 11월 김우항은 청석동 방어를 위해 송도유수에게 관리사管理使의 칭호를 내려 대흥산성의 전반적인 군사 지휘권을 위임하도록 건의하였다.[359] 이에 따라 이듬해인 1711년(숙종 37) 정월 개성유수가 관리사를 겸하게 되면서 훈련도감 소속이었던 관리청 휘하의 군관軍官 등 개성 지역의 여러 명목의 군병에 대

---

358) 『숙종실록』 권49, 숙종 36년 10월 甲子
359) 『숙종실록』 권49, 숙종 36년 11월 己未

한 실질적인 통제권도 가지게 되었다.[360] 이어서 3월에 마련된 「개성부관리사절목開城府管理使節目」을 통해 개성유수는 정2품인 강화도의 진무사鎭撫使와 동일한 품계를 가지고 관리사를 겸하게 되었다. 특히 개성부 군병의 징발과 조련 등 개성 지역 일대에 대한 전반적인 방어 책임을 지게 되었다.[361]

「개성부관리사절목」의 내용은 개성유수가 기존의 개성부와 대흥산성에 속한 군병을 관할하는 것에 그치는 것이 아니라 개성에 거주하면서 타 군문에 소속된 군병 전체에 대한 통제권을 동시에 가지게 됨을 의미하는 것이었다. 즉 '전속全屬' 조치가 바로 그것으로 이는 경내의 주민을 모두 담당하고 여타 잡다한 역명役名을 없애는 것으로 타 군문에 소속된 거주민도 이에 해당되었다.[362] 이러한 조치는 수원에도 함께 시행되었는데 '전속'이란 군사적으로 볼 때 이른바 해당 고을에 '독진獨鎭'을 설치하여 고을이 독자적으로 거주민을 자체 군병으로 관리를 할 수 있도록 한 것이었다.[363] 이 조치로 개성에 거주하는 병조 소속의 기병騎兵과 보병步兵, 어영청 소속의 군병이 먼저 개성부로 전속되었고, 나머지 포보砲保 등 2,404명의 군병 등에 대해서도 전속 조치가 강구되었다. 그리고 인근 고을에 거주하는 양아병良牙兵과 각종 표하군標下軍 2,600여 명 중 양아병을 개성에 거주하는 백성으로 바꾸도록 하였다.[364] 개성의 호구가 계속 줄어들어 양정良丁이 부족한 상태에서도 어영군 호보戶保 1,300명을 획급하는 등 개성 소속 군병의 강화 조치는 강력하게 추진되었다. 또한 기존의 아병 1,200명에 더하여 개성 거주 어

---

360) 『비변사등록』 제61책, 숙종 37년 1월 8일
361) 『비변사등록』 제61책, 숙종 37년 3월 6일
362) 『비변사등록』 제61책, 숙종 37년 1월 23일
363) 『비변사등록』 제64책, 숙종 38년 4월 19일
364) 『비변사등록』 제64책, 숙종 38년 4월 23일

영청 군보軍保 1,567명이 개성에 전속되었다.[365] 이에 따라 약 3,000명의 아병이 확보될 수 있었다. 독진화 이후에도 개성의 군병은 계속 증가하여 영조 초에는 6천여 명에 달하게 된다.[366] 이 '전속' 조치로 다수의 개성 주민을 아병牙兵 등 개성의 방어 군병으로 확보함과 함께 개성의 재정을 충실히 하기 위한 다양한 조치가 이루어졌다. 대흥산성의 군향을 확보하기 위해 호조 및 상평창, 진휼청 의 쌀 수천 석을 획급劃給하는 조치가 내려지기도 하였다.[367]

개성이 독진이 된 후 모든 재물과 곡식을 유수가 관리하게 되고 군포를 내는 다수의 아병을 확보함에 따라 개성부의 재정은 상당히 안정되었다. 게다가 영역이 좁아 경작지가 적어 어려움이 있었던 개성부에서 이전부터 꾸준히 획급을 요구하였던 장단부의 송서면松西面을 개성부에 붙여주는 조치가 일시 내려지기도 하였다.[368] 독진으로서 성격을 가지게 된 개성의 군사제도도 점차 정비되기 시작하였다. 주로 군포를 납부하다가 명령이 있으면 모여 점고를 받는 아병牙兵 이외에 정예 기병 부대가 편성되기 시작한 것이다. 영조 4년 무신난 당시 동원된 개성의 마병馬兵 300명이 그것이다. 이들 마병은 주로 출신과 선무군관選武軍官, 무학武學, 한량閑良 등으로 편성된 부대였다.[369]

독진으로 발전하면서 개성은 이전보다 지역 발전이 더욱 확대되었다. 개성

365) 『비변사등록』 제67책, 숙종 40년 8월 9일
366) 『비변사등록』 제89책, 영조 7년 2월 7일
367) 『비변사등록』 제65책, 숙종 39년 2월 7일
368) 『비변사등록』 제72책, 숙종 45년 11월 12일. 그러나 송서면 획급 조치는 일시적이었던 것으로 보인다. 즉 개성 유수 김운택이 경종 원년에 재차 송서면을 개성부로 이속시켜 줄 것을 요구하는 것을 통해 확인할 수 있다(『경종실록』 권4. 경종 원년 윤6월 甲子).
369) 『영조실록』 권19, 영조 4년 4월 甲辰. 이는 개성에 국한된 것은 아니고 숙종대 후반 이후 각도의 국방상 요지에 수백 명 규모의 각종 명목의 정예 마병이 창설되었다. 숙종대 후반 이후 기병 창설의 양상에 대해서는 노영구, 2002 「18세기 기병 강화와 지방 武士層의 동향」, 『한국사학보』 13 ; 최형국, 2012 「조선후기 기병의 마상무예 연구」, 중앙대학교 박사학위논문 등 참조.

은 한성의 주변 지역인 이른바 교외郊外 지역이지만 당일로 왕복이 가능한 1일 행정 거리 지역인 근교近郊가 아닌 2일 행정거리인 2일정日程 지역인 원교遠郊였다. 따라서 일상적인 상황에서 곧바로 한성의 직접적인 영향을 받기는 어려운 지리적 환경을 가지고 있었다.[370] 다만 18세기 이전까지 개성 주변 지역은 기본적으로 지방의 인구가 유입되고 규모가 확대되던 한성과의 관계를 통해 발전이 이루어 졌다. 그러나 개성이 독자적인 기능을 가진 지역으로 발전되면서 개성 주변 지역과 개성과의 관계는 더욱 긴밀하게 확대되었을 것이다. 독진으로 변하여 독립적인 재정과 마군馬軍과 같은 상비적 성격이 강한 군사 확보 등이 이루어지면서 개성으로의 인구 유입과 물자의 조달 필요성 등 이전과 다른 양상이 나타나기 시작하였다. 개성의 인구 유입 및 재정의 확대에 따라 개성 주변 지역도 개성과 관계를 가지면서 발달하기 시작하였다. 여기서 개성의 상업 발달을 위한 기반이 마련된 것으로 볼 수 있다. 이는 중국의 도시 발달에서도 비슷한 양상이 나타난다. 중세까지 중국의 대도시는 지역 행정 중심과 군사 요새 역할을 겸하였지만 기본적으로 향촌 지역의 도시 섬들이라고 할 수 있었다. 그러나 17세기 이후 향촌과 도시 사이의 상품 교환이 발달하면서 시진市鎭 중 교역이 활발한 지역은 다 기능적인 소도시가 되어 시진과 지방의 큰 도시 사이를 연결하는 역할을 하였다.[371] 즉 중심의 대 도시와 함께 주변의 도시도 자체적으로 완결적인 역할을 담당하면서 또 다른 중심 지역으로 발전하게 된 것이다.[372]

한편 영조 초 무신난의 전개 과정을 통해 한성을 중심으로 한 도성의 방어 체제에서 개성의 중요성은 충분히 확인되었음을 알 수 있었다. 무신난을 계기로

370) 최영준, 1997 『국토와 민족생활사』, 한길사, 294쪽
371) 윌리엄 T.로우(기세찬 역), 2014 『하버드 중국사 청 : 중국 최후의 제국』, 너머북스, 226~228쪽
372) 노영구, 2016 「조선후기 개성의 도시 발달과 지역의식의 성장」, 『서울학연구』 63

영조는 도성수비체제의 확립을 적극 도모하게 된다. 도성수비체제 확립의 일환으로 경기 일대 주요 관방에 대한 정비에 착수하게 된다. 특히 영조 전반기에는 의주대로에 연한 서북 지방 군현의 관방 시설에 대한 정비가 본격적으로 이루어졌다.[373] 이의 일환으로 개성 일대의 관방 체제도 정비되기 시작하였다. 기존 대흥산성의 중요성은 약화되어 군량과 기계 등이 매우 허술한 지경에 이르렀다.[374] 상대적으로 도로망 중심의 방어가 중시되면서 도로에 연한 주변 지역에 대한 방어의 중요성이 다시금 커졌다. 이에 따라 새로운 관방 시설의 설치와 기존 관방의 정비가 필요해졌다.

1730년(영조 6) 개성유수 이기진은 청석동은 험조險阻이므로 적군은 이 곳을 통과하지 않고 인근의 용현龍峴이나 여현礪峴으로 우회하여 남하할 가능성이 크다고 주장하고 이곳에 새로운 진을 설치하거나 금천金川의 읍치를 용현과 청석동 사이로 옮길 것을 건의하였다.[375] 이는 이괄의 난 당시 반란군이 청석동을 거치지 않고 그 옆의 용현을 넘어 내려온 경험에 따른 것이었다. 이에 그해 10월 개성부의 아병 10초를 내어 산예역 지역에 여현진을 설치하도록 하였다.[376] 여현진의 설치와 함께 이 일대 방어의 강화를 위해 여현진과 청석진이 갈라지는 곳으로 금천의 읍치를 옮기자는 의견도 계속 나타났다.[377] 실제 1731년(영조 7)과 1732년에는 계속하여 여현진과 청석동 사이의 평지에 토성土城을 건설하고 이곳으로 금천의 읍치를 옮기자는 상당히 구체적인 의견도 나타났다.[378]

---

373) 조준호, 1998 「영조대 『수성절목』의 반포와 수도방위체제의 확립」, 『조선후기 수도방위체제』, 서울학연구소, 118쪽
374) 『비변사등록』 제90책, 영조 7년 7월 7일
375) 『비변사등록』 제88책, 영조 6년 8월 6일 ; 『비변사등록』 제88책, 영조 6년 9월 7일
376) 『비변사등록』 제88책, 영조 6년 9월 12일
377) 『영조실록』 권4, 영조 원년 3월 己酉 ; 『영조실록』 권32, 영조 8년 12월 辛酉
378) 『비변사등록』 제89책, 영조 7년 2월 6일 ; 『비변사등록』 제92책, 영조 8년 12월 11일

여현진 건설이 마무리되어 청석동 일대의 접근로에 대한 방어 체계는 정비되었지만 개성 일대 방어는 아직 결정적인 취약점이 있었다. 개성은 그 지리적인 특성상 산맥이 개성 앞쪽을 지나가는 이른바 '횡격실橫隔室' 구조로 이루어져 있어 방어에 유리하지만 적군이 청석동을 지나지 않고 북쪽으로 돌아가서 금천이나 평산에서 다시 동쪽으로 돌아 토산兎山으로 들어가 삭녕을 거쳐 남하할 경우에는 개성을 중심으로 한 한성 북부 지역 방어 체계는 붕괴될 가능성이 매우 컸다.[379] 금천의 읍치를 기존 지역에서 남쪽으로 옮길 경우에는 이러한 문제가 발생할 가능성이 컸다. 따라서 개성 북부 지역 금천 읍치의 이동 문제와 함께 개성 북부 지역 방어 체계의 정비도 중요해졌다.

1676년(숙종 2) 대흥산성 축조와 함께 설치되었던 백치진의 방어 중요성도 높아졌다. 개성 방어의 중점이 청석동 일대에 두어지면서 영조 전반기 백치진 일대의 방어 체계는 상당히 약화된 상태였다.[380] 또한 백치진이 황해도 금천에 소속되어 황해도의 절제를 받도록 되어 있어 개성유수의 지휘권이 미치지 못하였다. 따라서 개성 일대 방어의 효율성을 기하기 위해 백치진의 관할권을 개성부의 관리영에 이속시키는 방안이 제안되기도 하였다.[381] 그러나 백치진 소속 토지와 민졸民卒, 조적糶糴 등이 모두 황해도에 소속되어 있다는 이유로 백치진의 개성부 이속은 일단 유보되었다. 그렇지만 개성 일대의 방어 체계를 개성에 국한하지 않고 주변 지역을 함께 통합하여 방어하는 방안은 계속 강구되었다.

1742년(영조 18) 11월에는 여현진과 청석동 일대에 대한 추가 축성 함께 주

---

379) 『대동지지』 개성부 「鎭堡」. 개성 북방의 지리적인 특성과 청석동 방어 문제에 대해서는 윤일영, 1987 「앞의 논문」, 52–53쪽에 자세하다.
380) 『영조실록』 권32, 영조 8년 12월 辛酉
381) 『영조실록』 권43, 영조 13년 정월 己亥

변의 배천, 금천, 장단, 적성을 개성과 함께 5영營의 제도에 준하여 방어체계를 정비하는 방안이 제시되기도 하였다.[382] 이에 개성 주변 일대 방어의 일환으로 1753년(영조 29) 금천 읍치가 청석동과 여현진 중간인 남면南面의 금교金郊 옛 지역으로 이전하게 된다.[383] 다음으로 임진臨津 일대 방어 체계의 정비가 이루어졌다. 이는 개성 후방 지역 방어의 일환으로 한성 북부의 마지막 방어 거점 정비라고 할 수 있다. 1755년(영조 31) 8월에는 개성에서 파주로 이어지는 교통의 요지인 임진과 장산長山에 돈대墩臺 8처와 문루門樓를 설치하였다(이에 대해서는 후술). 이와 함께 1756년(영조 32)에는 1717년(숙종 43) 금천군 소속으로 바뀐 백치진을 다시 송도로 환속시켜 개성부 책임 하에 이 일대 방어를 담당하는 방안이 다시 강구되었다.[384] 아울러 백치진의 뒤쪽에 있는 금천의 대남면大南面과 소남면小南面을 개성 관할 아래의 점석둔粘石屯과 서로 바꾸도록 하였다. 그러나 이 방안은 황해도의 반대로 이루어지지 못하였다.

영조 전반기 의욕적으로 추진된 개성 일대의 관방 시설 정비의 비용은 전적으로 개성부의 재원에 의지하였으므로 개성부의 재정 부담은 증가하게 된다. 군사 활동에 따른 재정 부담의 가중에 따라 개성 소속 아병의 군사훈련인 습조習操는 비용 문제로 제대로 이루어지지 못하였다. 대신 아병에게서 방번전防番錢을 거두어 이를 재정에 보태는 실정이었다.[385] 개성의 재정 상태는 18세기 전반기 이후 진행된 지방 소재 영진營鎭 소속 군역자 정액화 작업과 균역법의 시행으로 다시 압박을 받게 되었다.[386] 이전까지 장단 등 주변 군현의 군역자에 대해서는 2

---

382) 『비변사등록』 제111책, 영조 18년 11월 15일
383) 『輿地圖書』 하, 황해도 금천 「建置沿革」 ; 『영조실록』 권79, 영조 29년 2월 丁未
384) 『비변사등록』 제130책, 영조 32년 1월 27일
385) 『비변사등록』 제89책, 영조 7년 2월 7일
386) 손병규, 1999 「18세기 良役政策과 군역 운영」, 『軍史』 39

냥을 걷는데 비해 개성은 1냥 2전만을 거두었으므로 다수의 인근 주민이 가벼운 역[歇役]인 개성의 아병牙兵으로 투속하고 있었다.[387] 즉 독진인 개성의 경우 재정 운영 방식이 중앙의 군문에 준하고 있었음을 알 수 있다. 그러나 군역 정액화 작업은 국가의 권력 기관이 지방에 산재하는 군역자를 자의적으로 파악하여 군역을 부과, 징수하는 개별 분산적인 균역 징수권은 실질적으로 제한되는 결과를 가져왔다.[388] 동시에 균역법 이후 군역 부담이 공평해진 상황에서 다른 군현의 주민이 헐역인 개성부의 군역에 투속하는 현상은 거의 없어지게 되었다. 이에 따라 인접 고을의 호적대장에 이름이 올라있고 송도의 군역에 편성된 자를 일일이 조사하여 원 거주지로 환속하는 조치가 내려지게 된다.[389] 이러한 조치로 인해 개성의 재정은 곧바로 상당한 타격을 받게 되었다. 영조 후반까지 타 군현에 거주하는 개성의 군병이 상당히 남아 있었지만[390] 개성 주민만으로 군액을 충당함에 따라 개성 내부의 군역 부담은 매우 커지고 재정 상태도 취약해졌다. 각 군현 별로 군액이 정해지고 군역 부담이 균등해진 상황에서 이를 타개하기 위해서는 개성의 행정 구역을 확대하여 호구 및 토지를 증가시켜 독자적인 재정이 가능하도록 하는 것이 필요하였다. 이에 따라 제기된 방안이 이전부터 논의된 인근 지역을 개성부에 붙이는 이른바 '정계획급론定界劃給論'이었다.[391] 이는 재정적인 측면에서 개성의 재정 안정을 기하고자 하는 것이지만 동시에 개성을 중심으로 이 일대 방어 체계의 정비를 기하고자 하는 방안의 하나였다. 이에 따라 영조대 후

387) 『비변사등록』 제131책, 영조 32년 8월 8일
388) 손병규, 2003 「조선후기 재정구조와 지방재정운영 −재정 중앙집권화와의 관계−」, 『조선시대사학보』 25
389) 『비변사등록』 제132책, 영조 33년 5월 18일
390) 『비변사등록』 제153책, 영조 45년 1월 6일
391) 개성부의 '정계획급론'에 대해서는 김태웅, 1999 「앞의 논문」 676−688쪽 참조.

반 백치진白峙鎭의 개성부 이속 요구가 다시금 제기되었다.[392]

백치진의 개성부 이속 문제는 영조 중반 이후 여현진과 청석동, 임진 및 장산 일대 방어 체제의 정비가 마무리되면서 개성 일대 방어 체계 정비의 최종적 단계로서 제기된 것이었다. 백치진은 1691년(숙종 17)에 개성부 관할에서 금천으로 변경되었지만 황해도의 감영으로부터 260리, 병영으로부터 280리 이상 떨어져 있어 급작스러운 사태가 발생할 때에는 적절히 대응하기 어려운 문제가 있었다. 만일 적군이 대로를 놓아두고 곧바로 토산兎山을 넘어 내려온다면 한성으로 이어지는 가장 빠른 길이 되어 도성 방위에 있어 큰 취약점이 될 수 있었다.[393] 특히 백치진을 넘으면 개성을 경유하지 않고도 임진강에 도달할 수 있고[394] 주요 여울인 술탄戌灘을 건너 적성積城에 도달할 수 있어 영조대 임진강 일대에 건설한 임진 및 장산진의 방어 체계를 무력화할 수 있었다. 따라서 백치진을 개성부에 이속하여 대흥산성을 중심으로 백치진과 여현진을 기각으로 삼아 요충으로 삼는 방안이 계속 제기되었다.[395] 이는 18세기 중반 이후 육상교통로가 발달하면서 이전에 잘 사용하지 않던 도로가 확충되거나 아니면 새로운 교통로가 개설되던 상황의 반영이었다.[396]

백치진의 개성 이속은 백치진과 그 배후 지역인 금천의 대남면, 소남면의 개성부 이속을 함께 의미하는 것이었다. 이는 개성 일대 방어 체계의 전반적인

---

392) 『비변사등록』 제148책, 영조 41년 8월 30일

393) 『정조실록』 권5, 정조 2년 3월 辛巳

394) 『大東地志』 권2, 경기도 四都 「開城府」

395) 『정조실록』 권16, 정조 7년 7월 癸卯 ; 『정조실록』 권23, 정조 11년 5월 戊子

396) 18세기 중반 이후 육상교통로의 발달 양상에 대해서는 고동환, 1998 『조선후기 서울상업발달사연구』, 지식산업사, 101~111쪽 참조.

정비를 위한 필요한 재정적 소요에 대비하기 위한 것이었다.[397] 이에 따라 1796년(정조 20) 5월 금천의 대, 소남면과 백치진, 그리고 장단부의 사천면沙川面을 개성부로 환속시키도록 하는 조치가 이루어졌다.[398] 이 조치로 황해도와 개성부에 접한 지역의 방어 책임은 개성부로 확실히 귀속되어 일원적인 방어가 가능해지고 동시에 백치진을 통한 적군의 남하를 보다 효율적으로 통제할 수 있게 되었다.

백치진의 개성 이속과 함께 청석동 지역의 관방 시설 정비도 논의되었다. 18세기 후반에 들어서면서 청석동은 수레가 지나다닐 정도로 도로가 확장되었으므로[399] 이 지역에 대한 진 설치 및 축성築城 요구가 계속되었다.[400] 청석령 지역에 대한 방어 체계 정비는 1803년(순조 3) 12월 청석동 기슭을 따라 3리의 성을 쌓고 주민을 모아 청석진靑石鎭을 설치하고 첨사를 파견하기로 결정되어 청석동에 대한 방어 대책이 완비되었다.[401] 청석진 설치로 17세기 후반 이후 다양하게 논의되던 개성 일대 방어 체계는 완성되었다.

임진강 일대 방어체제의 정비

숙종대 후반 이후 영조대 전반기에 걸쳐 개성 일대 방어체제가 정비되면서 그

---

397) 『정조실록』 권24, 정조 11년 10월 丁酉
398) 『비변사등록』 제183책, 정조 20년 5월 30일 ; 『정조실록』 권44, 정조 20년 5월 癸酉
399) 『정조실록』 권16, 정조 7년 7월 丁未
400) 『비변사등록』 제173책, 정조 12년 8월 18일 ; 『정조실록』 권26, 정조 12년 11월 癸未
401) 『비변사등록』 제194책, 순조 3년 12월 8일

배후에 있는 임진강 일대 방어체제 정비가 논의되기 시작하였다. 임진강은 강의 양안에는 깎아지른 듯한 낭떠러지인 단애斷崖가 발달하여 교통의 장애와 동시에 천연 방어선을 형성해주었다. 따라서 도성 방어를 위해 매우 중요한 자연 장애물이었다. 1754년(영조 30) 총융사 홍봉한洪鳳漢이 국왕의 명을 받고 가서 임진臨津 일대의 형편을 살피고 돌아와 임진진 근처 내소정來蘇亭 근처에 얕은 여울이 있는데 이 지역은 옛 장릉長陵으로 통하는 길로 막힌 데가 없으므로 허술하므로 내소정의 얕은 여울부터 장산長山까지 모두 7리가 되는 곳에 토성土城을 쌓아 막고, 이곳에 방수 별장防成別將을 두거나 파주坡州의 읍치邑治를 옮길 것을 건의하였다. 아울러 임진 좌우의 석벽 사이에 홍예 석문虹霓石門을 설치할 것도 아뢰었다. 이에 영조는 청석동靑石洞을 지나면 지킬 만한 곳이 이 곳뿐이라고 언급하고 별장을 두고 돈대와 함께 홍예석문虹霓石門을 설치하라고 명하였다. 이 조치를 총융사 홍봉한으로 하여금 담당하도록 하였다. 임진강 일대 방어체제 강화는 18세기 전반 동아시아 지역의 국제정세 변화와도 밀접한 관련을 가지고 있다.

앞에서 보았듯이 1696년 강희제의 친정으로 갈단 세력이 몰락 이후 일시적으로 세력이 위축되었던 준가르부는 18세기 초 그의 조카인 체왕 랍탄이 오늘날의 신장 지역에서 다시 유목 제국을 건설하고 러시아와 연대를 모색하기 시작하였다. 그리고 세력을 점차 확장시켜 1723년(경종 3)에는 티베트西藏까지 영향력이 확대하였다.[402] 1727년 체왕 랍탄이 죽고 그 아들인 갈단 체링이 집권한 이후인 1731년(영조 7)에는 알타이 산맥을 넘어 몽골 깊숙이 진출하여 청군과 대립하는 등 세력이 크게 확장되어 이듬해 청나라와 알타이 산맥을 경계로 강화를 맺

---

402) 임계순, 2000 앞의 책, 284쪽.

었다.[403] 이러한 대외적 상황 하에서 북방으로부터의 위협에 대응하기 위해 영조대 전반기 조선은 청천강 이북 지역의 산성과 청천강 유역에 있는 안주 및 영변 지역에 대한 방어 체계를 집중적으로 정비하였다.[404]

영조대 전반기 평안도 지역에 구축된 방어체계가 실제 전면전 발생시 대규모 적군을 막아낼 수 있을 것인지에 대해서는 의문이 적지 않았다. 특히 당시 활발히 이루어지고 있던 화전과 개간으로 인해 평안도 지역의 주요 영애嶺隘에 설치되었던 방어용 수목지대가 줄어들고 길이 넓어지던 상황에서 청천강 이북의 방어체계가 대규모 침입을 효과적으로 저지할 수 있을 것인지에 대해 의문을 갖게 되었다. 실제 1743년(영조 19) 김재로와 송인명 등은 전면적인 전쟁 발발시 대규모 적을 서북에서 막아내기 어렵다고 판단하고 있었다. 따라서 전면전의 가능성을 염두에 두고 서북 지역보다 도성 방어체제를 정비하여 이에 대비할 것을 주장하였다.[405] 특히 1745년(영조 21) 준가르의 지도자인 갈단 체링이 죽은 후 내부 분열이 일어나 상호 항쟁하는 등 이 지역에서는 매우 유동적인 정세가 전개되었다.[406] 따라서 서북 지역의 방어체제 정비와 함께 도성 일대의 방어체제도 다시금 정비할 필요성이 높아졌다.

한편 한성의 도성 수축이 일단락된 시기인 1745년 준가르의 지도자 갈단 체링이 사망하였다. 그 직후 준가르는 내부 분란이 일어나자 이를 틈타 청의 건륭제는 1755년 준가르부를 공격하여 이 지역을 점령하였다. 곧이어 천산남로의 위구르 지역에서도 반란이 일어나자 다시 청군이 공격하여 1759년까지 천산남

---

403) 구범진, 2008 앞의 논문, 2008, 173~174쪽.

404) 노영구, 20004 「조선후기 평안도 내지 방어체계」, 『한국문화』 34.

405) 배우성, 1998 앞의 책, 224쪽.

406) 岸本美緒・宮嶋博史, 『明淸と李朝の時代』, 中央公論社, 1998, p.386.

북로 일대의 오아시스 지역을 모두 장악하고 이 지역을 '신장新疆'으로 명명하고 직접 통치하기 시작하였다.[407] 1755년(영조 31) 전후 조선에서 도성 외곽 지역 방어에 대해 관심이 제기된 것은 급격한 국제정세의 변동에 따른 대응이었다. 도성 외곽 지역 방어의 중요성이 커지면서 기존의 도성 주위의 군사적 거점의 성격도 변화하기 시작하였다. 즉 이전의 국왕 피난지의 성격을 가지고 있던 남한산성, 북한산성, 강도의 전략적 위치가 이제는 도성을 지키는 외곽 요충지로서의 역할이 중요해졌다. 이러한 상황에서 임진 일대의 방어체제도 정비된 것이다.

임진 일대 방어체제 정비를 명한지 수 개월이 지난 1755년(영조 31) 8월 병조판서 홍봉한은 장산 및 임진진의 건설 결과를 보고하였다. 이에 의하면 장산의 돈대墩臺는 총 여덟 곳으로 둘레 합계가 4백 31보로 1백 25타垜로서, 진사鎭舍가 50칸이었다. 임진 성문의 홍예虹霓는 높이와 넓이가 16척이며 길이가 23척에 누樓가 8칸, 좌우의 익성翼城이 80보 27타였다. 장산진 돈대는 임진강을 도강할 수 있는 나루터의 배후에 위치하고 있는데 돈대 전면에 위치한 능선 전면의 임진강에는 하상도인 초평도가 자리잡고 있으며 강폭이 급격히 좁아지는 지형적 특징이 있다. 즉 강으로 접근이 쉽고 배를 정박하기 유리한 곳으로 장산진 돈대는 장단과 파주를 잇는 주요 나루와 포구의 배후에 입지하여 이를 감시하고 방어하기 위한 목적에서 축조되었다.[408] 아울러 강화도 돈대와 같이 각종 화포 등을 이용한 제압도 가능하였다. 임진강 일대의 축성이 마무리되자 영조는 파주 목사를 방어사로 승격시키고, 장산 별장은 첨사로 승격시켜 방어 중군防禦中軍을 삼도록 하였다. 장단은 이전에 방어영이었으나, 이때에 이르러 파주로 옮기고 독

---

407) 피터 C. 퍼듀, 공원국 옮김, 2012 『중국의 서진─청의 유라시아 정복사』 길. 342~364쪽.
408) 정민섭, 2018 「17~18세기 경기도 일대 돈대의 입지와 구조적 특징」, 『인천학연구』 28, 29~30쪽

경강부임진도

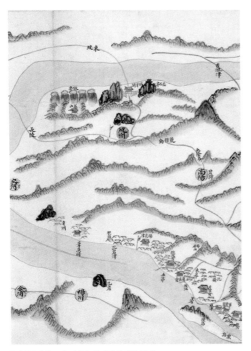

「경강부임진도」에 나타난 임진진과 장산 돈대

진獨鎭으로 승격한 것이었다.

1754년(영조 30)~1755년의 임진강 일대 방어체제 정비로 경기 일대 방어체제는 더욱 강화되었다. 이후 영조 대 도성 및 임진강 일대 방어 대책이 이후 더 적극적으로 진전되지 못하였다. 이는 기본적으로 유목제국 준가르의 패망과 청의 제국 지배가 이루어진 안정적인 국제 상황과도 관련을 가지고 있다. 즉 1760년 이후 신장新疆 및 천산남북로 지역에 대한 청나라의 통제력이 확립되면서 그 직전 매우 유동적이었던 국제관계가 급격히 안정되었다. 즉 청의 제국지배 질서가 확립된 것이다.[409] 1750년대 말 청의 신장 지역 장악과 제국질서 확립을 계기로 조선의 대청 위기감은 급격히 약화되었다. 이에 따라 전면전을 가정하고 수립되었던 조선의 군사 전략 및 방어체계는 변화가 불가피해졌다. 추가적인 방어체제 확립의 필요성이 급격히 줄어든 것이다. 이후 조선의 국방체제는 청과의 전면전을 고려하여 정비되었던 기존의 것에서 변화되어 국내적인 안정과 압록강변 등 변경 지역의 경비가 중요해졌다. 영조대 중반 이후 압록강 및 두만강변의 파수 체제의 정비가 본격적으로 나타난 것은 이러한 상황의 반영이었다.[410]

탕춘대성의 개축과 총융청의 이진移陣

앞서 보았듯이 영조는 집권 초기 일어난 무신난의 과정에서 도성을 사수하겠다는 의지를 천명하고 도성을 방위하기 위한 군사 배치 및 도성민의 방어군 조직 등 일련의 조치를 취했다. 이는 이후 도성수비체제를 확립하는 데 밑거름이 되었다.[411] 1743년(영조 19)에는 도성 수축 공역을 결정하고, 영조는 도성의 축성할 곳을 친히 살펴보는 등 도성 수축 진행에 적극적으로 임하였다. 1744년(영조 20)부터 시작된 도성 수축의 공역은 적극적인 영조의 진행으로 빠르게 진행되어 이

409) F. W. Mote, *Imperial China 900–1800*, Harvard University Press, 1999, p.936.
410) 강석화, 2004「조선후기 평안도지역 압록강변의 방어체계」,『한국문화』34, 182~193쪽.
411) 조준호, 1998 앞의 논문, 143쪽

듬해 12월에 완료되었다. 이후 영조는 오부방민五部坊民을 도성 수비를 위해 분속할 방안 및 강가의 창고를 성내로 옮기는 방안 등을 마련하도록 하여 1746년(영조 22) 12월에 「오부분속삼영절목五部分屬三營節目」을 완성하였다. 이를 바탕으로 해서 「수성절목守城節目」의 초안을 작성하는 등[412] 도성 중심의 수비 체제가 강화되면서 탕춘대 일대에 대한 방어 대책도 논의되기 시작되었다.

이상과 같이 도성을 사수하는 방향으로 군사전략이 확립되면서 더불어 탕춘대성과 도성의 관계가 중요하게 인식되었다. 1747년(영조 23) 4월에는 도성의 북쪽 외곽지역인 북한산성과 더불어 탕춘대 일대를 총융청에서 주관하는 것으로 결정하였다.[413] 수어청이 남한산성을 주관하듯 총융청이 북한산성을 주관하도록 해서 경기의 좌우 병사로 삼아 수도 외곽의 방어체제를 한층 강화하는 형태로 개편한 것이다. 이에 영조는 총융청을 아예 탕춘대로 출진시키게 된다. 영조는 북한산성을 총융청에 이속한 직후인 1747년(영조 23) 5월 6일에 총융청의 영사營舍를 탕춘대로 옮기도록 명하였다.[414] 총융청의 영사는 최초 도성 내의 사직동 북이영北二營에 개설하였다가 1669년(현종 10)에 삼청동으로 옮겼고, 이때에 와서 탕춘대로 옮기게 되었다.[415] 총융청을 탕춘대성으로 이동시키자는 논의는 숙종 말부터 있었으나 영조대 도성수비체제가 본격적으로 구성되기 시작하면서 마침내 이루어진 것이었다. 총융청을 옮길 위치는 탕춘창의 중창中倉 근처로 결정하고 청사를 옮겨짓는 역사는 1748년(영조 24) 2월 초부터 시작하여 5월 초에 완전히 마쳤다.[416] 총융청의 출진으로 연융대 지역은 총융청의 주요 군대

412) 『영조실록』 64권, 영조 22년 12월 6일 정묘
413) 『승정원일기』 1015책, 영조 23년 4월 29일 무자
414) 『영조실록』 65권, 영조 23년 5월 6일 乙未
415) 『만기요람』 「군정편」, 총융청 開營始末
416) 『승정원일기』 1029책, 영조 24년 5월 1일 갑신

주둔지가 되었다. 숙종대에는 수비체제 상 전략적 거점이었던 북한산성을 지원하던 연융대 지역이 영조대에는 도성 수비 체제의 강화를 바탕으로 연융대가 도성 수비를 위한 지역으로 변화하게 된 것이다.

영조대에 이루어진 도성 수비에 대한 보다 적극적인 방안으로의 재편을 배경으로 탕춘대성의 증축 공역이 이루어졌다. 준비 작업을 거쳐 1753년(영조 29) 2월부터 증축이 시작되었다.[417] 탕춘대성 증축 공역은 1754년(영조 30) 9월 1일에 마쳤는데, 이 때 수문 북쪽부터 향로봉까지 구간을 완성하였고, 홍지문 남쪽부터 인왕산 도성 밑까지의 구간에 50보의 체성과 여장이 완성되었다.[418] 숙종대 시작된 탕춘대성 축성 공역은 영조대로 이어졌고, 인왕산 북쪽의 도성 성곽 아래부터 홍지문을 지나 향로봉에 이르는 구간이 그 모양을 갖추게 되었다. 이는 도성을 사수를 위한 수비체제가 확립되면서 완료될 수 있었다. 탕춘대성이 완성되면서 단순한 도성 밖 지역이던 이 지역이 탕춘대성을 경계로 내, 외로 구분되고, 성의 내부가 하나의 공간이 되었다. 즉, 탕춘대성을 경계로 하여 성내 지역이 하나의 독자적인 공간이 된 것이다. 영조는 탕춘대성이 완성된 바로 다음날인 1754년(영조 30) 9월 2일 기존 지명이던 '탕춘대'를 '연융대鍊戎臺'로 바꾸어 이 곳의 군사지역으로서의 성격을 분명히 나타냈다.

북한산성과 탕춘대 일대의 방어체제는 영조대 중반 경리청이 폐지되면서 총융청이 담당하게 된다. 따라서 북한산성 방어군인 총융청의 편성을 통해 방어의 실체를 이해하기 위해서는 당시 총융청 편제와 진법을 보여주는 병서는 매우 유용하다. 경리청이 폐지된 직후인 1745년(영조 25) 편찬된『속병장도설』에는 18

---

417) 『승정원일기』 1091책, 영조 29년 2월 14일 경자
418) 『비변사등록』제127책, 영조 30년 9월 1일

세기 중엽 중앙 군영의 편성과 진법이 자세히 나타나 있다.『속병장도설』에 의하면 경리청 폐지 직후 총융청의 편성이 매우 구체적으로 드러나 있다.

『속병장도설』의「총융청」조에는 1704년(숙종 30)의 군제 개편에 따라 내영內營을 폐지하고 외영 3영으로 개편한 것을 반영하여 내영을 따로 두고 있지는 않지만 총융대장摠戎大將 아래에 편성하고 있다. 내영의 구체적인 편성은 대장 아래 중군中軍 1원과 종사관 1원, 천총千摠 2원, 파총把摠 4원, 초관哨官 26원을 두어 내영의 군사를 지휘하도록 하였다. 즉 부部의 지휘관인 천총 2인이 이전처럼 좌부와 우부를 담당하고 각 부에 파총이 지휘하는 사司 2개씩 모두 4개 사司를 두었다. 각 부는 좌사와 우사를 두고 그 아래 각각 10개 초씩 두게 된다. 각 초관이 지휘하는 26개 초는 각 고을의 장초壯抄 10초, 아병牙兵 10초와 각 둔屯의 장초 3초(일명 둔장초屯壯抄)와 아병 3초(일명 둔아병屯牙兵)로 이루어졌다. 구체적으로 보면 각 부에는 장초와 아병 5초씩 10초로 편성하고 둔장초, 둔아병은 난후친병攔後親兵이 되었으므로 별도로 사司를 편성하지 않았으므로 총융청의 각 진도陣圖에서 누락되어 있다. 즉 평소 군사 훈련에는 참여하지 않아 이들의 실제 군사적 역할은 낮았고 전투와 같은 실제 상황에서만 대장의 뒤에서 예비대 역할을 하였음을 알 수 있다. 내영의 26초 군사들은 경기와 충청도 군사로 이루어졌는데, 매년 10월 15일부터 이듬해 정월 15일까지 3운運으로 나누어 매 운마다 4초씩 교대로 번상하도록 하였다. 번상에서 제외될 경우[除番]에는 양인은 미 6두, 노奴는 미 3두를 내도록 하였다.[419] 실제 군사들의 훈련을 담당하는 중군은 평소 북한산성의 관리를 담당하는 관성장管城將을 겸임하였다.[420]

---

419) 『속병장도설』「총융청」40면.
420) 『만기요람』군정편「북한산성」

총융청 외영은 앞서 보았
듯이 여러 차례 개편이 이루
어졌는데, 경리청 혁파 직후
의 자료인 『속병장도설』에 의
하면 외영의 세 영營은 좌영,
중영, 우영으로 구성되어 있
었다. 각 영의 구성을 잘 보여
주는 자료인 『속병장도설』의
「총융청삼영방진도」을 통해 이
를 구체적으로 확인할 수 있다.
먼저 수원의 군병으로만 편성
되어 있는 독진獨鎭인 중영은
가장 규모가 컸는데,[421] 수원부
사가 겸직하는 영장 1인과 중
군 1원 아래 각 군사들을 지휘

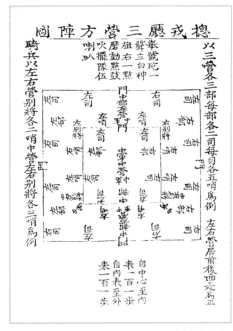

총융청삼영방진도

하는 장수로서 별장 2원, 천총 3원, 파총 6원, 초관 40원이 편성되어 있었다. 수
원군의 주력은 마병 6초와 보군 30초, 즉 36초가 있었고 이에 더하여 제장표하
군과, 치중군, 독성모입보군 3초 등이 있었다. 40인의 초관이 있는 것을 통해 40
개 초가 편성되어 있음을 알 수 있는데 제장표하군은 각 장수에 소속된 군사이
므로 별도의 초를 편성하지는 않으므로 독성모입보군 3개초에 치중군이 1개초

---

421) 영조대 후반기 수원병의 규모를 '7千兵馬'라고 언급할 정도로 대규모였다(『승정원일기』 1267책, 영조 43년 5월 16일 己卯).

를 구성하였을 것이다.[422] 조선후기 군사 편제에 의하면 대체로 마병은 별장이 지휘하고 보군은 천총이 지휘하였다.[423] 6초의 마병은 좌·우 별장 아래에 각각 3초씩 소속되어 있고, 보군 30초는 3개의 부에 10초씩 소속되어 있었다. 부의 지휘관인 천총 아래에 사의 지휘관인 파총이 2명씩 있었고, 파총 아래에는 초관이 5명씩 배치되어 있게 된다. 중영은 좌, 우 중부로 구성되고 각 부는 좌·우사로 구성되었다. 독성모입보군 3개초와 치중군은 별도의 사를 구성하지는 않았다. 위에 보이는 「총융청삼영방진도」를 보면 2중의 방진 중 안쪽의 방진에서 수원군으로 구성된 중영의 편성을 볼 수 있는데, 이에 의하면 각 부에 좌·우사의 2개사가 있음을 볼 수 있고, 기병인 좌·우별장 휘하의 각 3초가 안쪽 방진의 좌우에 중영 소속의 좌우별장을 의미하는 '중좌별장中左別將', '중우별장中右別將' 좌우로 3개 초(좌·중·우초)가 있음을 볼 수 있다. 중영에는 이러한 지휘관 및 군사 이외에도 다양한 군관과 군사들이 있었는데 예를 들어 교련관 10원, 지구관知彀官 5원, 기패관 61원, 방영 군관 61원, 중군수솔군관 40원, 모입군관 30원, 도훈도 4명 등이 있었다.

좌영과 우영은 편성이 기본적으로 동일하였는데 좌영은 남양 등 다섯 고을(남양, 安山, 衿川, 陽川, 果川)을 소속 고을로 두었다. 구체적으로 남양부사가 좌영장을 겸하고 중군 1원, 별장 1원, 천총 2원, 파총 4원, 초관 22원을 두었다. 좌영군은 2개초의 속오 마병과 보군 20개초로 구성되어 있어 각 초를 초관이 지휘하도록 하였다. 2초의 마병은 별장이 지휘하고, 보군 20초는 각 사에 5개초씩, 각 부에 10초씩 소속되어 있었다. 마병 2초는 남양에서 편성하였고, 보군은 남양 10

422) 『만기요람』 총융청 『외영군』 조에도 3영에 모두 치중초관 1인씩을 둔다는 것을 보면 미루어 짐작할 수 있다.
423) 김종수, 2002 앞의 책, 혜안

초, 안산 4초, 과천 2초, 금천 1초, 양천 1초로 편성하였다. 제장표하군과 치중군도 편성되었으나 따로 초哨로 편성하지는 못한 것으로 보인다. 이외에도 지구관 15원, 기패관旗牌官 41원 등이 있었다.

우영은 장단 등 여덟 고을(朔寧, 파주, 교하, 漣川, 마전, 적성, 고양)을 소속 고을로 두었다. 영장은 장단부사가 겸하고 중군 1원, 별장 1원, 천총 2원, 파총 4원, 초관 22원을 둔 것은 좌영과 동일하다. 이는 좌영과 우영의 기본 군사인 속오군인 마병과 보군의 편성이 동일하였음을 의미한다. 마병 2초는 장단에서 편성하였으므로 별장은 장단 출신으로 임명되었다. 보군은 장단 5초, 파주 및 삭녕 각 3초, 교하 및 고양, 연천, 마전 각 2초, 적성 1초씩 편성하였다. 제장표하군과 치중군 이외에 양군수보良軍需保, 노군수보奴軍需保, 취철아병이 편성되어 있어 좌영과는 약간 달랐다. 이외에 지구관 9원과 기패관 25원이 편성되어 있었다.

경리청에서 관리하던 북한산성은 경리청 혁파 이후에는 총융청 중군이 관성장을 겸하면서 관리하였는데 평시에 북한산성을 관리하는 군사는 이전과 동일한 체제를 유지하였다. 구체적으로 파총 1원과 초관 6원이 편성되었는데, 초관은 아병 5초의 초관 이외에 별파진 초관이 편성되었다.[424] 주요 군사는 아병 5초(약 600명), 별파진 15번番, 그리고 수첩군관총 2원이 지휘하는 수첩군관守堞軍官 24령領 등이 있었다. 수첩군관총 2원이 수첩군관 12령씩 지휘하였을 것인데, 대장隊長 휘하에 11명의 군사로 한 대隊를 편성하는 보병과 달리 령은 조선후기 기병의 가장 작은 단위였다. 예를 들어 국왕 호위 군영으로 전원 기병으로 편성된 용호영 기병은 기병 10명과 지휘자인 영 1명 등 총 11명으로 이루어진 영이 가

---

424) 『속병장도설』에는 나타나 있지 않으나 『만기요람』 북한산성 설치연혁 조에 별파진초관 1명이 나타난 것으로 보아 별파진을 지휘하는 별파진 초관 1원이 있었던 것으로 보인다.

장 작은 단위이고 령領 3개가 모여 한 정正을 편성하였다. 그리고 세 정, 100명이 한 번(番)을 편성하였다.[425) 이에 따르면 수첩군관의 규모는 240여명에 달하였을 것이다. 그 외 주요 군병으로 의승義僧과 파하군把下軍이 있었는데, 의승은 경기, 충청도, 황해도, 경상도, 강원도, 전라도에 산재하며 매년 6운運으로 나누어 2달씩 교대로 번상하도록 하였다. 파하군은 북한산성의 주요 지휘관인 파총把摠의 직속 군사였다.[426) 흥미로운 점은 화포를 전문적으로 다루는 별파진이 북한산성에 상주하는 군병으로 편성된 사실이다.

　　1747년 5월 7일 북한산성의 관리 주체가 경리청에서 총융청이 되면서 제정된 절목인 「총융청주관북한탕춘대절목摠戎廳主管北漢蕩春臺節目」에는 북한산성 및 탕춘대 수성군의 규모에 대한 구체적인 규모가 명시되어 있다. 이에 의하면 수첩군관 266인, 별파진 200인, 아병 635인, 의승 350인으로 나와 있어 『속병장도설』의 북한산성의 관련 내용을 바탕으로 계산한 내용과 큰 차이가 없다. 이 절목에 의하면 총융청에는 7색표하군七色標下軍 852명, 장초 10초, 아병 60초, 둔장초 3초, 둔아병 3초, 군수보 5600명, 취철아병 80명 등 모두 1만 2천 130여병으로 나와 있다.[427) 이를 보면 북한산성 소속 군병 규모에 대해서는 대체로 위의 내용과 큰 차이는 보이지 않지만 총융청 군병의 경우는 외영에 소속된 아병 60초는 70초 혹은 80초의 오기가 아닌가 추정된다.[428) 즉 보군의 경우 중영이 30초, 좌, 우영이 각각 20초 모두 70초에 달하고 있을 뿐만 아니라 마병도 중영 6초, 좌우영 각 2초 등 모두 10초이므로 80초의 가능성이 적지 않다.

---

425) 용호영의 구체적인 군사 편성에 대해서는 노영구, 2016 『조선후기의 전술』, 그물 참조.
426) 『만기요람』 북한산성 설치연혁 조에는 파하군이 30명으로 나와 있는데 대체로 이 정도 규모였을 것으로 보인다.
427) 『비변사등록』 117책, 영조 23년 5월 7일
428) 이러한 오류는 현대 『비변사등록』 탈초의 과정에서 나타난 것으로 보인다.

강화도 수비체제의 변화

18세기 도성수비론이 강화되면서 강화의 군사전략적 위상도 보장처에서 이제 도성을 외곽에서 방어하는 거점으로 성격이 변하게 되었다. 또한 17세기 계속된 강화 일대 지형의 변화도 강화도의 군사적 위상을 변화시켰다. 17세기 후반부터 조선은 제언을 쌓아 언답堰畓을 조성하는 농지개간사업이 활발하였다. 17세기 말 ~18세기 초에 걸쳐 강화도에서는 많은 간척 사업이 이루어졌다. 효종대 굴곶평과 장평에 둔전을 설치한 이후 현종대에는 고려말 축조된 승천제를 보수하는 동시에 대청언, 가릉언, 장지언 등을 축조하였다. 숙종대에는 염하 연안의 비포언과 북적언, 가리언과 남쪽의 선두포언 등이 축조되었다. 영조대에는 길상장에 제언을 축조하여 길상목장이 개발되고 가릉제를 보수하는 등 대규모 농지가 마련되었다.[429] 그중 선두포언은 간척지 둘레가 30리에 달하는 등 그 규모도 매우 컸다. 따라서 이전에 강화 방어의 핵심적인 요소였던 넓은 갯벌은 상당히 축소되어 천연적인 방어물로 역할이 축소되었다. 1703년 강화유수 이건명이 '예전 강화도는 사면이 습지였으므로 배를 댈만한 곳이 없었으나 이제는 예전의 습지가 단단한 땅으로 변하였고 뱃길이 사방으로 통하여 곳곳마다 정박할 수 있습니다'라고 한 보고를 통해서도 짐작할 수 있다.[430]

　　지형의 변화로 방어에 어려움이 나타난 강화의 방어체계를 강화하기 위해 강화도 수비 대책도 강구되었다. 앞서 보았듯이 숙종대 후반 통진의 문수산성을 강화도로 이속시킨 이후 통진의 부치를 문수산성 안으로 이동시키자는 논의가

---

429) 최영준, 1991 「강화지역의 연안저습지 간척과 경관변화」, 『학술원논문집』(인문사회과학편) 30 참조
430) 『숙종실록』 권38, 숙종 29년 9월 戊辰

1743년(영조 19) 이후 계속되었다.[431] 이와 함께 강화도 외성 축조가 논의되어 영조 22년 강화 외성이 개축되었다.

18세기 초반부터 도성 방어론이 등장하고 도성의 수축과 북한산성 축조가 이루어졌지만 유사시 국왕의 피난 장소인 보장처로서의 역할이 유지되던 강화도는 영조대 들어서면서 보장처가 아닌 도성의 외곽의 방어 중심지로 그 군사적 역할이 완전히 변화하였다. 이에 이전까지 강화도 자체 방어에 집중하던 것에서 탈피하여 황당선의 약탈 등에 대비하여 강화를 중심으로 한 서해안 일대의 해안 방어에 보다 주력하게 된다. 영조대 들어 강화 주변 황해도 수군체제 변화는 이러한 상황의 반영이다. 황당선에 대비하기 위해 황해도 병선수의 확충과 해방별대의 창설논의 등이 그것이다. 먼저 양남에 있던 전선을 해서 수영으로 각각 2척씩 이속하는 등 병선을 확충하는 조치를 강구하기도 하고,[432] 황해도 은율殷栗, 장연長淵, 해주海州, 강령康翎 등 고을의 군병을 합하여 이른바 해방별대海防別隊를 편성해서 그 곳의 지방관이 통솔하게 하는 것 등이 그것이다.[433]

아울러 강화에 인접한 황해도 수영의 체제 정비도 이루어졌다. 숙종 44년(1718) 황해 수영의 창설은 내성 등 강화도의 방어체제 정비가 숙종 30년대 후반 완료된 이후 이루어진 안흥진 등 주변 해역에 대한 방어체제 정비의 일환이었다. 영조대 들어 서해안 일대 수군 강화는 중요한 문제의 하나였다. 그것은 영조 초 일어난 무신난 당시 반란군들이 삼남의 수로를 따라 배를 타고 도성에 들어오려는 시도를 한 사실이 드러난 것과 일부 관련이 있다.[434] 따라서 영조대에 강화도

---

431) 『영조실록』 권57, 영조 19년 4월 丁亥
432) 『영조실록』 권47, 영조 14년 7월 辛丑
433) 『영조실록』 권45, 영조 13년 9월 己亥
434) 『영조실록』 권21, 영조 5년 3월 癸亥

와 서해 연안에 대한 수군 강화 정책을 지속적으로 실시하였다. 구체적으로 영조 10년(1734) 8월 황해수사 김성응金聖應의 건의로 황당선이 드나드는 길목인 황해도의 창린도昌麟島를 도로 황해 수영에 다시 소속시키도록 하였다. 또한 그해 5월 주문도 첨사 윤필은의 건의로 강화도 주변의 주문진注文鎭에 보음甫音·아차도牙次島·서검도西檢島의 백성은 소속시키고, 장봉진에 무의無衣·용류龍流·덕적도德積島 백성을 소속시켜 힘을 합하여 변란에 대비하도록 하였다.[435] 1744년에는 옹진의 군액 488명을 황해 수영에 획급해주기도 하였다.

영조대 후반 도성 방어 논의

도성 주민을 총동원하고 방어구역을 규정한『수성책자』의 간행으로 도성 방어를 위한 논의는 일단락되었다. 그렇지만 이후에도 도성 방어를 보강하기 위한 다양한 논의와 대책은 계속되었다.[436] 예를 들어 1752년(영조 28) 11월, 도성 중에서 흥인문과 광희문 사이의 지세가 낮아 방어에 어려움이 있었으므로 치성을 축조하여 방어력을 높이는 문제가 제기되었다.[437] 이에 따라 이듬해(영조 29) 2월 말 이 곳에 모두 6곳의 치성雉城 축조가 결정되어 3개월만인 6월 초에 완성되었다. 최근 이 치성 중 현재 동대문 운동장 근처 조사를 통해 1곳의 유구遺構가 발굴되기도 하였다.[438] 즉 이전에는 도성 방어의 가능성 및 방어 군병의 확보에 주로 논

---

435) 『영조실록』 권38, 영조 10년 5월 辛卯

436) 영조 후반기 논의에 대해서는 강성문, 1997 「앞의 논문」을 바탕으로 보완 정리함

437) 『승정원일기』 제1088책, 영조 28년 11월 丙戌

438) 『승정원일기』 제1095책, 영조 29년 6월 乙酉. 영조대 치성 축조와 유구의 현황에 대해서는 민덕식, 2011 「새로 발굴된 서울성곽의 부대시설」, 『향토서울』 78 참조.

의의 중요성이 있었던 것에 비해 이 시기에는 도성의 군사지리적인 문제 및 도성의 방어시 견고성과 관련된 보완적 방안의 성격을 가지는 것이었다.

앞서 보았듯이 탕춘대성의 개축과 함께 탕춘대는 영조 30년 연융대로 명칭을 바꾸어 도성 방어의 주요처로 그 역할을 부여하였다. 즉 탕춘대의 연융대로의 개칭은 영조대 수성절목의 반포로 도성 내의 군민에 대한 편제를 완비하과 동시에 도성 주변의 북한산성과 연융대를 중심으로 외곽 방어체제를 정비하고자 시도한 것이다. 아울러 기존 도성에 더하여 추가적인 축성의 문제가 나타나기도 하였다. 예를 들어 1760년(영조 36) 2월 이천구가 도성 수비를 위해 도성 주위에 외성外城을 축조할 것을 다음과 같이 건의하였다.

적을 방어할 지역으로서는 실로 도성만한 데가 없습니다. (중략) 그러나 그 지형을 헤아려보고 험조險阻함을 따져 보면 실로 넓은 데 대한 우려는 없습니다. 돈의문에서 북쪽으로 동소문까지는 실로 천험天險의 지역이고, 동소문에서 남쪽으로 동대문까지 역시 험조한 지역이며, 동대문에서 수구문水口門까지가 조금 평탄하기는 하나 성첩이 두텁고 완벽하니 족히 방어할 만합니다. (중략) 1. 남산의 남쪽 상봉에서부터 어영청 경계까지는 본성本城과의 거리가 4, 50발이 되는 사이에 규봉窺峰이 잇달아 있으므로, 네 곳에다 돈대를 쌓아서 적이 넘보는 것을 막는 것이 좋겠습니다. 1. 도성이 비록 완벽하다고는 하나 동쪽과 서쪽에 규봉이 많이 있으니, 외곽에 토성을 또 쌓아서 더욱 견고한 기반을 삼는 것이 역시 좋은 계책일 것입니다. 서쪽은 안현에서부터 쌓아서 대현大峴을 거쳐 곧장 청파靑坡, 석우石隅에 닿게 하고 동쪽은 남산 석수대石水臺의 산등성이에서부터 쌓아 청파 노여리盧閭里를 거쳐 석우에 닿게 하여 두 끝이 마주치는 곳에다 석문石門을 만들어야 합니다. 다만 석우와 노여리에 시내가 있어서 성을 쌓기가 어려우니, 수문을 만들 경우 버드나무와 잡목을 많이 심어서 빽빽한 삼림을 조성한다면 좋을 듯합니다. 1. 토성의 꼭대기는 너비를 열 길[丈]로 하고 성 안팎으로 상수리나무와 밤나무를 세 줄로 빽빽히 심어서 세월이 오래 되어 나무가 자라게 되면, 전란을 당하였을 때 세 길 정도만 남겨 두고 그 윗 줄기는 가로로 묶고 그 아래를 촘촘하게 울타리 같이 방패 모양으로 그 사이에 줄줄이 세워 두면 의거할 곳이 되기에 충분할 것이고, 또 그 사이에 숨어서 조총과 시석矢石을 쓴다면 견고함이 석성石城보다도 더 나을 것입니다.[439]

이 자료에서 볼 수 있듯이 도성을 포기하여서는 안되며 이를 위해 도성 주위에 다시 흙으로 축조한 외성을 쌓고 아울러 도성에 돈대 등의 추가적인 방어 시설을 갖출 것을 주장하였다. 먼저 토성 축조 문제는 17세기 후반 이후 동아시아 지역의 전쟁 양상은 크게 변하기 시작한 것과 밀접한 관련이 있다. 17세기 중반 흑룡강 일대로 진출한 러시아 세력을 저지하고자 러시아 세력의 근거지인 雅克薩(Yakesa) 성을 둘러싸고 1680년대 러시아와 청군이 대규모 전투를 벌일 당시에도 청군은 홍이포紅夷砲 등 다량의 대형 화포와 각종 화전火箭 등을 동원하여 雅克薩성에 대해 수일간 포격을 가하여 큰 성과를 거두기도 하였다.[440] 일본의 경우에도 17세기 전반기의 주요 공성전인 오사카성 전투(大坂の陣), 시마바라의 난(島原の亂)에서 성문과 같은 성곽의 구조물을 파괴하는 대포가 본격적으로 도입되어 전쟁의 변화가 컸고 벽이 두꺼워지는 등 새로운 성곽 제도가 나타나기도

439) 『영조실록』 권96, 영조 36년 2월 戊辰
440) 中國人民革命軍事博物館 編著, 2001 『中國戰爭發展史』 (上), 人民出版社, pp.502~504

하였다.[441] 즉 화포 중심의 전쟁 양상이 전개된 것이다. 이에 대처하기 위한 방안의 하나로 성곽의 내구성을 높일 필요성이 있었다. 토성土城의 재료인 흙은 수 많은 흙 입자가 모인 형태를 띠고 있으므로 외부의 충격을 받을 경우 입자 사이의 공간이 줄어들면서 충격을 완화시키는 특성을 가지고 있다. 토성土城은 포탄을 맞을 경우 그 지점에 포탄이 박혀 꺼지거나 파헤쳐지고 다른 부분으로 충격이 적게 전달되는 장점이 있다. 숙종 초 강화도 돈대와 갑곶진甲串津의 성이 대부분 토성으로 건설된 것은 변화하는 전쟁 양상에 대비하기 위한 성곽 구조 변화의 일단을 보여준다.[442] 이 토성의 견고성을 높이기 위해 그 위에 나무를 심어 방어를 위한 장소인 이른바 목성木城을 축조하자고 주장한 것은 이후에 계속 계승되었다.

다음으로 논의되는 돈대는 원래 적이 나타나는 것을 사전에 경고하기 위해 해안 등에 설치한 독립된 척후斥候 시설이었다. 그런데 성을 공격하는 데에 화포가 점차 중요한 무기가 됨에 따라 이에 대응하기 위해 17세기 후반부터 강화도 등 전국의 주요한 곳에 낮은 성벽과 포좌砲座를 가진 소규모 포대 형태의 성곽 구조로서 당시 여러 곳에 건설되고 있었다.[443]

도성에 외성을 축조하자는 논의는 이후에도 계속되었다. 1760년 11월 김경일은 모화관慕華館으로부터 청파까지 외성을 축조하고 강창江倉을 도성 안으로 옮기자는 건의를 하였으나 그 실행을 보지는 못하였다.[444] 도성 외성 축조를 통해 도성의 방어력을 획기적으로 높이자는 의견은 이후에도 계속되었다. 영조 후반 도성 방어 방략을 주장한 대표적인 논자는 무인 송규빈宋奎斌이었다. 송규

---

441) 藤田達生, 2004「戰爭と城」『日本史講座』5(近世の形成), 東京大學出版會, pp.265~266
442) 『승정원일기』 267책, 숙종 4년 11월 5일 ; 『승정원일기』 321책, 숙종 13년 4월 23일
443) 지균만, 2004「17세기 강화 墩臺 축조에 관한 건축사적 연구」, 경기대학교 석사학위논문, 72쪽
444) 『영조실록』 권96, 영조 36년 10월 戊戌

빈은 영조 49년(1773)에 상소하고 이어 『방략』을 올려 그의 국방론을 개진하였다. 여기서 그는 도성 방어를 위한 다양한 방책을 제시하였는데 그 구체적인 내용은 다음과 같다.[445]

송규빈은 다음의 5가지 측면에서 도성 방위의 가능성을 매우 높게 보았다. 먼저 도성은 지리적으로 북쪽에는 연융대와 북한산의 험조함이 있고 남쪽으로는 남한산성 요새가 있고 서쪽 강화도의 수송 운송로가 있어 지리적으로 완벽한 조건을 가지고 있었다. 다음으로 도성까지 온 적들을 청야전술로 보급이 제대로 이루어지지 못하게 하여 기아에 허덕이게 할 수 있었다. 셋째, 기아와 곤란에 처하여 황급해진 적이 속전속결로 도성을 공격하면 도성의 곳곳에 우수한 병기인 조화순환포造化循環砲를 설치하여 적에게 발사하면 섬멸할 수 있다고 판단하였다. 넷째 기후와 심리전을 이용한 방어책으로, 임시 거주에서 기아에 허덕이는 적군에 비해 영구시설에서 포식하는 조선군은 승리할 수 있다고 보았다. 마지막으로 산과 계곡이 많은 우리나라의 지형을 이용하여 매복과 기습을 시의 적절하게 운용하면 소수로도 승리할 수 있다고 생각하였다. 그는 이미 방어상 허점이 드러난 강화도나 남한산성은 전략적으로 적합하지 않다고 하면서 도성사수론을 견지하였다. 아울러 송규빈은 도성의 내부가 평탄하고 수원이 풍부하며 높은 산과 연결되어 있어 적의 동태를 파악하기 유리하고 적을 기습하기 좋은 지형이라는 점에서 훌륭한 방어거점으로 평가하였다. 더욱이 서울 북쪽의 층암절벽이 있는 창의문과 북한산의 천험은 조선 8도에서 제일가는 요새지라 평가하였다. 전략적이나 지형적으로 도성의 방어 가능성을 매우 높게 본 것이다.

---

445) 송규빈의 도성 방어론에 대해서는 손승철, 1994 「정조시대 『풍천유향』의 도성방위책」, 『향토서울』 54 ; 이재범, 1998 「송규빈의 생애와 그의 도성사수론」, 『향토서울』 58 ; 백기인, 2003 『조선후기 국방론 연구』, 혜안, 3장 등 참조.

송규빈의 도성수비론은 크게 도성방어체계와 도성주변 강화체계로 구분할 수 있다. 도성방어체계는 대체로 크게 3단계로 구분할 수 있는데 이는 강안방어체계 – 도성 외곽방어체계 – 그리고 도성방어체계로 구분할 수 있을 것이다. 송규빈은 도성방어를 강화하기 위해 먼저 기존의 도성 안팎으로 추가적인 축성과 성곽 시설을 보강하여 설치하는 방안을 강구하였다. 구체적으로 보면 북한산성, 탕춘대성, 도성으로 이어지는 기존의 성곽체제를 보완하고자 북한산의 형제봉으로부터 도성의 북쪽 곡성曲城까지 잡목을 빽빽하게 심어 목성木城을 이루게 하고 흑암으로부터 탕춘대성의 한북문까지 토성을 쌓을 것을 제안하였다. 그리고 도성 안쪽에도 백악 아래부터 인왕산에 이르기까지 성첩을 쌓고 성문을 설치할 것을 제안하였다. 송규빈은 사현, 안현으로부터 승전봉, 아현, 대현을 거쳐 청파의 석우에 이르기까지 외성外城의 축조를 주장하면서 그렇게 되면 서쪽으로부터 외적인 침입하더라도 그들이 주둔할 곳은 습한 용산과 마포 사이 뿐으로 방어에 유리하다고 주장하였다.[446]

특히 송규빈은 도성 수비를 위한 방어 지역의 하나로 북한산성의 입구 지역에 있는 연융대를 매우 중시하였다. 연융대는 원래 탕춘대로서, 송규빈이 제안한 연융대 방어책은 먼저 동쪽 등마루는 형제봉과 북 곡성 사이에 잡목을 심어 목성처럼 만들고, 둘째 산등성이 아래의 외성外城은 모두 절벽을 이루도록 하되 지형에 따라 산길을 만들도록 하였다. 셋째, 흑암과 북한문 사이에도 흙으로 된 여장인 토첩土堞을 만들고 역시 나뭇길을 만들며 마지막으로 백악산 기슭에서 인왕산 까지는 짧은 여장인 단첩短堞을 쌓아 방어하도록 하였다.

송규빈은 기존 도성의 방어력 강화를 위해 다양한 성곽 시설의 추가 설치

---

446) 송규빈(성백효 옮김), 1990 『풍천유향』, 국방군사연구소, 126~127쪽

를 주장하였다. 먼저 성벽과 성문의 제도를 바꾸어 적루와 옹성을 설치하고 성문 좌우에는 속이 비어있는 적대적인 이른바 공심적대 5~6개소를 설치하여 적을 효과적으로 방어하는 방안을 제시하였다. 이러한 도성 수비론은 이후에도 그대로 계속되었다. 1778년^(정조 2) 9월 부사직 강유姜游가 영조대의 도성 수비론을 계승하면서 추가적인 방책을 제시한 것은 그 대표적인 사례라고 할 수 있을 것이다.[447]

흥미로운 점은 숙종대 후반부터 영조대에 걸쳐 도성 방어를 위한 방안의 하나로 한강 일대에 대한 방어의 중요성에 대한 인식이 높아지고 있었다는 것이다.[448] 이는 3군문이 한강변의 나루터 등을 관할하여 방어 책임을 부여한 것과 밀접한 관련이 있다. 1710년^(숙종 36) 이유李濡는 내성과 외성의 방어 대책을 강구하였으면 강과 여울의 수비 방책도 강구하여야 한다고 주장하고 용진으로부터 임진에 이르기까지 요해처를 따라 돈대를 설치하여 적군의 도강을 막아야 한다고 주장하였다.[449] 그는 임진왜란 당시 임진강 파수로 일본군의 진군을 10여일 늦추는 등의 사례를 들고 한강변의 주요 진도를 5군문에 나누어 소속시키는 방안을 강구하였다. 앞서 보았듯이 훈련도감에서 한강진 등을 담당하도록 하였다. 송규빈은 도성 방어를 위한 한강 방어전술을 다음과 같이 제안하였다.

먼저 적의 침입 소식이 들이면 미리 적군이 주둔할만한 곳에 석포石砲를 묻어 놓고 모든 선박을 한강의 내안內岸으로 모아 높은 뒤 적이 도착하면 폭약을 터트려 적을 몰살시키는 방안을 주장하였다. 둘째, 도성쪽의 한강 나루터에 모래흙을 넣은 가마니로 진지를 구축하되 사이사이에 구멍을 내어 대포를 설치하

---

447) 『정조실록』 권6, 정조 2년 9월 丙申
448) 이에 대해서는 김웅호, 2005 「앞의 논문」 85~86쪽 참조
449) 『숙종실록』 권49, 숙종 36년 10월 丁亥

고 물을 적신 솜이불을 서로 연결하여 적의 화살과 탄환을 피할 수 있개 한 다음, 적선이 강안에 다다르면 일제히 대포, 화전火箭, 궁노弓弩를 사격하여 적을 격퇴하는 방안을 내었다. 셋째 청야전술로서 한강변 부근의 곡식과 기물을 모두 험한 산골짜기로 옮겨 놓고 적이 도강할 배나 뗏목을 만들 수 없도록 관청이나 민가, 나무들을 모두 태우도록 하였다. 넷째 적이 얕은 여울을 택하여 도강하는 것을 막기 위해 미리 여울가에 마름쇠를 박은 나무판자를 많이 설치해두고 도상하던 적군이 마름쇠를 밟아 넘어질 때 일제히 공격하도록 하였다. 마지막으로 겨울에 강물이 얼면 군대를 동원하여 나루터의 얼음을 떠내어 사람이나 말이 넘을 수 없을 정도 높이의 얼음성을 만들어 적군의 진로를 차단하고 정예 포병을 매복시켜 임기 응변하게 하였다. 송규빈은 도성수비를 위해 3단계의 방어체계를 갖추도록 한 이후 구체적인 군사 배치 및 담당 구역에 대해 영조대 중반『수성책자』에 나타난 삼군문의 도성수비 편제를 부정하고 5위의 군제를 바탕으로 새로운 도성 방어체제를 주장하기도 하였다.

이상과 같이 영조 후반 이후에도 도성 방위에 대한 다양한 논의가 나타났다. 이는 기존의 도성의 방어 체계를 더욱 보강하기 위한 것으로 실제로 도성의 시설과 외성, 그리고 한강 및 북한산성 등 도성 외곽의 방어체계 보강을 통해 기존 도성의 방어력을 높이고자 하였다. 아울러 삼군문의 도성 수비에서의 역할 및 비중을 높일 수 있도록 평시 및 전시에서의 역할을 더욱 강조하였다.

08
18세기 후반 중앙 군영 정비와
유수부 체제의 정립

중앙 군영의 정비 논의

앞서 보았듯이 1704년(숙종 30) 중앙 5군영의 군사 편제에 대한 변통이 착수되어 훈련도감을 가운데 두고 어영청과 금위영의 편제를 동일하게 하여 양익兩翼으로 삼는 도성 삼군문 수비체제가 완성되었다. 그리고 도성 외곽을 담당하는 총융청과 수어청을 삼영제三營制로 함께 통일시켰다.[450] 이러한 편제상 변화가 이루어진 상황에서 1728년(영조 4)의 무신란은 도성수비체제에 변화를 가져왔다. 무신란은 비록 짧은 시간 내에 토벌되었지만 그것이 가져다 준 충격은 대단히 컸다. 청의 침입을 주된 위협으로 고려하던 조선의 방어체제는 이제 내란에 대비한 방어의 필요성이 함께 제기된 것이다. 도성 함락을 목표로 하여 반란군이 도성민과 내응하고 특히 금군의 일부까지 반군과 내응한 사실은 도성 방어체제의 전면적인 정비를 필요하게 하였다. 영조가 이후 도성 방어를 위해 도성을 수축하고 도성

---

450) 이태진, 1977 「三軍門 都城守備體制의 確立과 그 變遷」, 『韓國軍制史』(근세조선후기편), 169–173쪽.

민을 동원한 수비체제를 확립하고자 『수성윤음守城綸音』을 반포한 것 등은 이러한 상황과 관련이 깊다.[451] 아울러 도성의 세 군영과 도성 외곽의 두 군영을 통일적으로 통제하여 도성 수비체제를 강화할 필요가 있었다. 1745년(영조 25) 11월 『속병장도설續兵將圖說』의 편찬은 이러한 요구의 반영이었다.[452] 이 책은 기본적으로 조선 전기의 오위五衛와 달리 각 군영 사이에 적지않은 차이가 있어 일원적으로 통제하기 어려운 상황을 고려하여 국왕이 주관하는 대규모 열무인 대열大閱에서 이를 통일적으로 통제할 진법이 필요한 상황에서 편찬되었다.

『속병장도설』에서는 우선 「오영합열진도五營合閱陣圖」를 제시하여 대사마大司馬인 병조판서가 지휘하는 금군禁軍을 중심으로 다섯 군영 전체를 조선 전기의 오위 체제와 같이 하나의 체계에 편입하는 방식을 보여준다. 『속병장도설』을 통해 각 군영의 일원적인 군사 편성이 이루어질 수 있는 계기가 마련되었으나 대사마인 병조판서가 5군문의 열진閱陣할 때에 중앙의 금군을 지휘하면서 동시에 금위영을 통제하도록 하였으므로 각 군영과 일사분란한 지휘 체계를 갖추기 어려웠다. 이러한 문제점을 해결하기 위해 1754년(영조 30) 10월에 「병조변통절목兵曹變通節目」을 제정하여 금위대장을 따로 임명하고 병조판서는 금군만을 통솔하도록 하면서 중앙에서 각 군문을 일원적으로 통제하도록 하였다.[453] 이에 따라 각 군문에 대한 국왕-병조판서로 이어지는 통일적인 장악이 가능해졌고 국왕의 군권 장악을 바탕으로 영조대 왕권 강화에 기여할 수 있었다.[454]

영조 사후 즉위한 정조는 즉위 직후 규장각을 설치하여 그가 추진하는 우

---

451) 강성문, 1997 「英祖代 都城死守論에 관한 考察」, 『淸溪史學』 13
452) 『英祖實錄』 권70, 영조 25년 11월 壬子.
453) 『備邊司謄錄』 제127책, 영조 30년 10월 30일.
454) 이태진, 1985 앞의 책, 한국연구원, 260–261쪽.

문정치右文政治를 수행할 제도적 장치를 완비하였다. 아울러 국왕권 강화를 위해 1782년(정조 6)에는 새로운 숙위 체제로서 장용위壯勇衛를 설치하였다. 또한 정조는 정국 주도를 위해 5군영을 일원적인 체제로 통일하고자 5군영제를 개혁하고자 하였다. 정조는 즉위와 함께 5군영 중심의 수도 방어체제 대신 도성을 둘러싸고 있는 각 유수부의 강화를 통해 쓸모없는 군사를 도태시켜 효율적인 도성과 경기 방어를 기하고자 하였다. 정조는 당시 5군영제로 인해 군권이 일원적으로 귀속되지 않으며, 오위제의 장점인 병농일치의 군제가 더 이상 실현되지 않는 것으로 인식하였다.[455] 5군영의 변통을 위해 우선 경기의 군영인 총융청과 수어청의 통합을 시도하였다.

1778년(정조 2) 정조는 수어청과 총융청을 합하여 한 군영으로 만들고 경기 좌우도의 병마兵馬를 관장하도록 하여 허다한 쓸모없는 군병과 군량을 줄일 수 있다고 보고 이 문제를 대신 등에게 의견을 거두도록 하였다.[456] 이는 수어청과 총융청이 수시로 내·외영을 이루어 군사제도와 재정이 적절하지 않았을 뿐만 아니라 총융청이 방어하여야 하는 경기 외곽 지역 방어를 수원은 방어영을 두어 관할하고 있고 남한산성은 수어청이, 강화도는 유영수군留營水軍이 각각 관할하고 있어 병권이 중첩되어 있어 적지 않은 문제가 나타나고 있었다. 이에 대해 수어청과 총융청을 합하여 하나의 군영으로 만들자는 의견과 두 군영을 혁파하자는 의견, 그리고 두 군영을 그대로 두자는 의견 등 매우 다양한 의견이 제시되었다.[457]

---

455) 배우성, 2001「正祖의 軍事政策과『武藝圖譜通志』편찬의 배경」,『震檀學報』91, 336–338쪽.

456)『弘齋全書』권30,「守摠兩營革罷當否問議敎」戊戌.

457)『正祖實錄』권5, 정조 2년 윤6월 壬午. 이에 대해서는 장필기, 1998「정조대 화성 건설과 수도방위체제의 재편」,『조선후기의 수도방위체제』149–151쪽 참조.

수어청과 총융청 두 군영을 혁파하자는 의견은 대사성 유당柳戆의 주장이 대표적으로, 그는 한강을 경계로 경기를 남북으로 나누어 네 곳의 방어영을 설치하여 경기의 군사들을 이곳에 소속시켜 관리하도록 하고 유사시 경기관찰사가 이를 관장하도록 할 것 주장하였다.[458] 이는 두 군영을 혁파함으로써 경기 각 처에 산재한 수어청과 총융청의 재용과 군사들을 통괄하기 용이하도록 하자는 방안이었다. 이에 비해 당시는 두 군영을 그대로 둔 채 남한산성과 북한산성을 제대로 통솔하도록 해야 한다는 주장이 대세였다. 예를 들어 영의정 김상철은 북한산성 일대의 연융대와 경리청을 복구시켜 군무를 책임지고 담당하여야 한다고 주장하였다. 예조판서 이경호 등은 두 군영이 각각 남한, 북한산성을 관장하여 도성을 남북에서 서로 보장처가 되도록 할 것을 주장하였다. 이에 더하여 남한산성에서 도성이 위급할 경우 경기 우도의 군사를 통솔하여 임진강 이남 방어를 담당하여 남한산성, 수원과 파주 방어영, 양주 후영으로 동서남북에서 도성을 호위할 것을 주장하였다. 지평 김익휴는 수어사는 경기 좌도 군사를 관할하고 총융사는 우도 군사를 관할하도록 하되 만일 수령이 방어사를 겸임하는 사례대로 수어사의 군사를 광주에 소속시켜 광주부윤이 거느리게 하고, 총융사의 군사를 수원에 소속시켜 수원부사가 거느리게 하여 좌우의 별장別將을 삼도록 할 것을 주장하였다. 그리고 경기병사를 겸하는 경기관찰사가 수어청과 총융청에서 관할하고 있는 경기 좌,우도의 군사를 통솔하게 하면 쓸모없는 군사와 쓸모없는 군량의 폐해를 제거할 수 있을 것으로 보았다.

　　당시 총융청과 수어청 개편에서 가장 대세를 이룬 의견은 두 군영의 보완을 통한 도성 방어 강화였다. 사직 윤면동은 총융청을 수어청과 합하고 심도沁

---

458) 『정조실록』 권5, 정조 2년 윤6월 壬午

都(즉 강화도)와 교동을 합할 것을 주장하는 한편 남한산성은 부도副都이므로, 다른 보장처와는 다를 뿐 아니라, 수어청에서 실지로 관할하고 있으므로 수어청을 존속시키되 특별한 군영으로 하여야 도성을 호위할 수 있다고 주장하였다. 이에 비해 총융청은 북한산성을 전적으로 관장하고 있으나, 북한산성은 곧 경성과 한가지이므로, 도성의 세 군문으로 옮겨 소속시키면 충분하다고 주장하였다.[459]

북한산성과 남한산성을 강화하여야 한다는 주장과 함께 도성을 강화하여야 한다는 주장도 계속되었다. 예를 들어 부사직 강유는 도성은 반드시 지켜야 하는 핵심적인 곳임에도 불구하고 당시 도성을 지킬 수 없는 곳이라 하고 오히려 강화도나 남한산성을 지킬 계책을 우선하는 것을 잘못된 것이라고 비판하였다. 그는 당시 도성은 둘레가 매우 넓어서 지킬 수 없고 동남쪽이 험조險阻하지 않아서 지킬 수 없다고 하는 비관론에 대해, 도성은 둘레가 1만 보가 못되고, 또 목멱산木覓山·인왕산仁王山·백악산白嶽山이 굳게 세 방면을 막고 있으며, 천연적으로 험준한 북한北漢이 외부의 성과 연결이 되어 있어 비록 동쪽과 남쪽의 두 방향에는 말할 만한 험조한 곳이 없지만, 중국의 평지에 있는 성과 견주어보면 상당히 험하다고 주장하였다. 문제는 성의 넓고 좁음이 아니라 군량미의 저축과 성곽의 견고함에 있다고 주장하고, 당시 도성 밖 여덟 문에는 모두 문을 지키는 군사가 있는데, 유독 성을 순찰하는 군사가 없고, 여덟 문은 석축石築이 이미 견고하고 철문鐵門이 또 견고한데도 오히려 군사를 시켜 지키게 하면서 성곽은 단지 주먹만한 돌로 포개어 쌓았을뿐 순찰하는 사람이 없음을 지적하고 성을 순찰하는 군사를 배치해야 한다고 방안을 제시하였다.[460]

---

459) 『정조실록』 권6, 정조 2년 7월 丁未
460) 『정조실록』 권6, 정조 2년 9월 丙申

이상에서와 같이 1778년(정조 2)에 논의되었던 수어청과 총융청을 통합하는 문제는 도성과 경기의 방어체제에 대한 신하들 간의 다양한 입장 차이로 인하여 두 군영을 합하는 문제는 쉽게 결정되기는 어려웠다. 다만 이 논의를 통해 정조는 총융청과 수어청을 중심으로 하는 경기 방어체제의 문제점을 정확히 인식하고 새로이 성장하는 도성 주변의 주요 지역에 유수부를 두고 유수를 중심으로 도성 및 경기의 방어체제를 재편하여야 한다는 입장은 분명히 가지게 되었다.

유수부 체제의 정립

3군문 중심의 도성방어체제가 영조의 「수성윤음」 반포와 「수성책자」의 완성 등으로 체계화되면서 그 직후인 1754년(영조 30) 이후에는 도성 외곽 지역의 방어에 대한 관심이 매우 높아지기 시작하였다. 도성 외곽 방어는 도성을 둘러싼 외연을 방어함으로써 도성을 방어하는 것으로 도성 외곽 방어로서 수 개의 주요 군현이 중시되었다. 이는 유수부제의 정립을 통해 확인할 수 있다.

유수부제는 원래 중국 당나라와 송나라의 제도에서 비롯하였다. 당나라에서 수도 주변에 배도陪都 또는 배경陪京을 설치하고 옛 도읍지를 경京으로 삼는 3경제京制를 실시한 것과 송나라에서 수도와 그 주변 고을을 적현赤縣과 기현畿縣으로 삼아 여타 행정구역과 구별한 것이 그것이다. 이와 같은 당나라, 송나라의 제도를 본받아 고려에서도 3경제와 배도제를 도입하였다.[461] 조선은 고려의 수도인 개성을 관리하기 위해 1395년(태조 4) 개성부를 개성유후사開城留後司로

---

461) 배우성, 2004 「정조의 유수부 경영과 화성 인식」, 『한국사연구』 127, 245~246쪽

개칭하였고, 1438년경(세종 20) 의정부에서 명칭의 적합성 문제를 제기하여 개성 유후사를 유수부로 개칭하였었다.

조선에서 개성을 유수부로 삼은 것은 고려 왕조의 구세력에 대한 회유와 견제와 감시 차원에서 이루어진 것이었다. 아울러 명나라 사신이 유숙하는 지역이었으므로 관리의 필요성도 있었다. 즉 조선 전기 유수는 개성 한 곳뿐으로 군사적인 목적이라기 보다는 정치적, 외교적 고려에 치중되었다. 그러나 조선후기 들어 유수부는 옛 수도의 관리라는 목적 외에 현재의 수도를 외곽에서 호위하는 기능을 가지면서 한성 주위에 여러 곳이 설치되었다. 유수부를 중심으로 한 도성 방위체제는 임진왜란과 병자호란을 겪으면서 갖추어지게 된다. 이 전쟁 중 국왕이 도성을 버리고 피난한 것은 왕실의 안녕을 위해 불가피한 일이었지만 이는 민심의 이반을 가져오게 된다. 따라서 도성 주변을 군영으로 방어하여 도성을 수비하는 방어체제의 채택이 불가피해졌다. 이에 도성 주변에 위치한 주요 거점을 배도陪都로 삼아 방어 거점으로 삼는 유수부제가 확립되었는데 이때 우선적인 후보지가 강화도였다.

앞서 보았듯이 광해군대 이미 강화도는 국왕의 피난처인 보장처로서 역할이 정해졌고 정묘호란과 병자호란 이후에도 그 역할은 없어지지 않았다. 그러나 강화도는 섬이라는 지형적인 한계도 적지 않았는데, 시대에 따라 물살이 바뀌고 계절에 따라 주변 물길이 수시로 바뀌거나 봉쇄되는 문제가 있었다. 강화도는 도성과 인접하고 한강의 포구를 이용하여 쉽게 접근할 수 있었지만 적군이 도성을 점거할 경우 역으로 민심이 동요하고 방어군의 사기를 떨어뜨릴 수 있는 약점이 되기도 하였다.[462] 강화도의 대안으로 남한산성이 부상되기도 하였지

---

462) 『숙종실록』 권38, 숙종 29년 정월 丙寅

만 남한산성은 육지의 섬과 같은 곳으로 외부와의 연락이 차단되면 해로와 달리 인력과 물자를 수송할 방법이 없는 문제점이 있었다. 실제 병자호란 당시 남한산성에서 인조는 50일간 고립되었다가 항복한 경험이 있었다. 강화도와 남한산성의 지형적 약점을 극복하기 위해 개성과 수원이 대안으로 모색되었다. 개성은 조선초기부터 유수부 체제를 운영하였으므로 방어체제로 전환하기 용이하였고 도성의 북쪽 진입로에 있으면서 청석동 등의 요충지에서 침략을 막을 수 있었다. 수원의 독성산성은 권율이 임진왜란 중 일본군을 물리친 천연 요새지였다.

　도성 일대의 주요 방어거점으로 유수부의 성격이 정해지면서 17세기부터 한성 인근의 강화, 수원, 광주, 개성에 유수부가 차례로 설치되었던 것이다. 강화는 1627년 정묘호란 당시 인조가 피난하고 도성으로 돌아온 직후 유수부로 승격되었다. 광주부는 숙종대 이전까지 유수부로 거론되었지만 1683년(숙종 9) 송시열이 남한산성의 수어사와 부윤이 따로 있어 폐단이 있으므로 수어사를 혁파할 것을 주장한 것을 계기로 수어청의 경청京廳을 혁파하고 광주부를 유수부로 삼았다. 광주유수가 남한산성의 행정과 군사를 독자적으로 담당하게 하였다. 그러나 광주 유수부는 1690년(숙종 16) 다시 부윤 체제로 돌아간 이후 영조대까지 광주에 유수부가 확립되지는 못하였다. 광주에 유수부가 확립되는 것은 정조 중반에 가서야 가능해졌다. 광주가 유수부로 승격되는 것은 1793년(정조 17) 수원에 화성 건설이 착수되고 난 이후인 1795년(정조 19) 8월이었다.[463] 정조가 유수부 체제를 정비한 것은 5군영제의 개혁과도 관련이 있다. 정조는 수어청과 총융청을 통합하여 경기병마영으로 전환시키고자 하였고 그 일환으로 수어청의 경청을 폐지하여 광주부를 유수부로 승격하였다. 이에 따라 수어청은 광주유수부의

---

463) 『정조실록』 권43, 정조 19년 8월 丁酉

군영이 되었다. 광부유수부의 설치는 남한산성을 보장으로 삼아 위급할 때 대비하려는 의미이기도 하였지만 광주를 독진으로 삼아 행정과 군정을 통합하고 재정 절감 및 지휘 계통 일원화를 도모하였다. 정조는 1793년 장용영 외영을 수원에 설치하면서 수원을 화성華城이라 개칭하고 화성 유수부로 승격시켰다. 수원은 남부 지역에서 한성으로 들어오는 길목에 위치한 교통의 요지였지만 이전까지 충분한 방어체계를 갖추지 못한 상태였으나 화성 축조와 장용영 외영의 설치 통해 수원은 도성 남쪽의 주요 거점으로 자리매김할 수 있었다. 이로써 개성, 광주, 강화도, 수원의 도성 주변의 4유수부 체제가 확립되었다. 이처럼 조선왕조의 유수부는 '옛 수도의 관리'라는 조선초기의 성격에서 더 나아가 함께 수도 한성의 호위라는 목적이 결합되어 나타난 행정적, 군사적 시스템이라고 할 수 있다. 특히 조선전기의 경우 옛 수도의 관리라는 측면이 강조되었으나 18세기 수도 방위체제가 정비되면서 수도 한성의 호위라는 목적이 강조되었다.

옛 수도의 관리라는 기존의 목적에 더하여 수도 한성의 호위라는 목적이 추가되면서 도성 주변에 주요 고을에 유수부가 설치된 것은 한성이 가진 군사적인 취약점에 따른 것이었다. 인조대 이후 수도권 방어전략에 따라 도성에 주요 군영을 창설하여 군사력을 강화하고 도성을 수축하여 방어력을 높이는 노력을 계속하였지만 도성을 중심으로 한 방어체제는 도성만으로 감당하기에는 지형적으로 다소 문제가 적지 않았다. 무엇보다 한성은 시가가 넓고 인구가 많아서 성곽을 유지하거나 방어군을 동원하는데 한계가 있었다. 아울러 도성의 둘레가 넓어 군령을 두루 전달하기 어려웠다. 또한 지형적으로 도성 주변의 여러 고개가 도성을 굽어보고 압박하였고 성 동쪽의 교외는 지형이 낮고 평탄하여 장애물이 없어 적이 쉽게 진입할 수 있는 문제점이 있었다.

아울러 한성은 교통의 요충지로서 도로를 통해 남북에서 모두 접근할 수 있었다. 앞서 보았듯이 의주대로 등 한성으로 들어오는 많은 도로 및 한강 수로 등을 따라 대규모 적군이 쉽게 도성으로 접근할 수 있었으므로 도성에서의 방어를 매우 어렵게 할 수 있었다. 따라서 도성으로 접근하는 도로나 수로를 통제하지 않을 경우 도성 방어도 실패할 가능성이 매우 높았다. 도성 방어체제가 일단 정비되자 그 직후인 영조 30년 이후 도성 외곽 지역 방어에 대한 관심이 제기된 것은 자연스러운 양상이었다.

군사적, 전략적 환경의 변화와 함께 수도권의 성장도 도성 주변 방어의 필요성을 높이고 있었다. 17세기 후반 한성의 도시 상업이 발달하면서 도성 일대의 한강인 경강京江과 한성 인접의 상업 중심지 등에 주민에 모여들기 시작하였다. 이로 인해 서울의 공간 확대와 함께 경기 지역의 도시들이 번성하기 시작하였다.[464] 즉 시장경제 공간 확대와 도성의 거주 생활권이 확대되면서 이 공간에 대한 방어의 필요성도 동시에 나타났다. 영조대 후반의 도성 주변 방어체제 정비 움직임은 이러한 국내적 상황과도 밀접한 관련을 가진다.

18세기 초반인 숙종 후반기 이후 도성 방어론이 전개되면서 도성 주변 지역에 대한 수비 체제 정비가 나타나기 시작하였다. 앞에서 보았던 탕춘대성의 축조와 북한산성의 수축 등이 이루어졌다. 그러나 그 논의는 도성의 취약점을 보완하여 방어력을 강화하기 위한 것에 중점이 두어졌다. 예를 들어 1743년(영조 19) 도성의 동서쪽 지형이 낮아 이에 대비하기 위해 북한산성을 수축할 것을 주장하는 의견이 제기되고, 북한산성과 도성을 연결하고 안현鞍峴을 통해 서울로 들어오는 길목을 방어하기 위해 탕춘대성을 축조할 것을 주장하는 의견 등이 나타난

464) 양보경, 1994 「서울의 공간확대와 시민의 삶」, 『서울학연구』 1, 63~64쪽

것이 그것이다. 이러한 도성 주변의 방어 체제 정비 의견과 함께 강화도, 북한산성, 남한산성을 도성 수비를 위한 주요 거점으로 삼아 관리하는 방안이 논의되기 시작하였다. 즉 강화도는 대신을 별도로 파견하고, 남한산성은 3,000명의 병력으로 북로北路를 담당하고, 북한산성은 1,500명의 병력으로 도성의 후방 및 서로西路를 방비하자는 것이었다.[465] 즉 이전의 도성 중심 방어체제 정비론에서 한 단계 나아가 도성 주위의 주요 방어 거점을 정비하고 이를 통해 도성과 수도권 전체의 방어를 고려하는 입장이 나타난 것이다. 영조 20년대 도성수비체제가 정비되자 곧바로 도성 외곽 수도권 지역 방어체제 정비를 주장하는 의견이 나타났다.

유수부 체제의 정비와 함께 유수부 일대의 방어체제 정비에도 박차를 가하게 된다. 앞서 보았듯이 개성부는 1711년(숙종 37) 관리영을 두고 유수는 관리사를, 경력經歷은 종사관을 겸임하도록 하여 독자적 방어체제를 갖추기 시작하였다. 특히 한성으로 들어오는 주요한 접근로에 위치한 지역에 대한 방어체제 정비는 매우 활발히 이루어는데, 개성 주변의 방어체제 정비가 대표적이다. 개성 북부 지역의 방어 대책과 함께 남쪽의 임진강 유역 일대의 방어체제 정비가 이루어져 1755년(영조 31) 8월 개성에서 파주로 이어지는 교통의 요지인 임진과 장산에 돈대 8처와 문루를 설치하였다. 이후에도 이 지역에 대한 방어체제 정비의 움직임은 계속 논의되었다. 1764년(영조 40) 영의정 홍봉한은 임진과 장단에 성을 쌓고 경기의 8고을을 둘로 나누어 고양, 교하, 적성의 군사는 파주에, 삭녕, 마전, 연천의 군사는 장단에 예속하도록 건의하였다. 아울러 장단은 영장을 겸하게 하고, 파주는 수원처럼 이력을 높여주면 군사의 제도가 더욱 갖추어지고 방

---

465) 『승정원일기』 제962책, 영조 19년 8월 28일

어가 더욱 공고히 될 것이라고 주장하였다.[466] 홍봉한의 주장은 곧바로 채택되지는 못하였지만 도성 주위의 주요 군현을 중심으로 군현의 군사를 모아 도성 외곽 방어체제의 강화를 주장하였다는 점에서 의미가 있다.

남쪽의 주요 거점인 광주 남한산성의 경우, 1750년(영조 26) 한성에 있던 수어청의 관아인 경청京廳을 없애고 남한산성으로 진을 옮겨 이곳 방어에 전념하도록 하였다. 아울러 광주부윤을 광주유수로 승격시켜 수어사를 겸하게 하였다. 그리고 광주의 행정을 담당할 경력을 별도로 임명하였다. 즉 수어사-광주부윤의 이원체제에서 광주유수가 수어사를 겸하는 일원체제로 변경한 것이다. 지휘체제의 변경과 함께 남한산성에 대한 방어체제 정비에도 착수하여 1739년(영조 15) 한봉성을 개축하고, 1744년(영조 20)에는 원성元城을 중수하였다. 1751년(영조 27)에 수어장대守禦將臺를 건립하고 이듬해에는 신남성에 돈대墩臺를 축조하였다.[467] 1759년(영조 35)에는 수어경청을 다시 복구하고 별도로 수어사를 두었으며, 광주유수를 광주부윤으로 환원시키고 경력을 없앴다. 즉 일원체제에서 이원체제로 환원하였다.

도성 외곽 방어 강화론은 이후에도 계속되었다. 앞서 언급한 송규빈도 영조 말년에 송도松都, 강화도 및 남한산성, 수원의 독성산성 등의 방어책을 주장하고 있다. 송규빈은 이 지역의 지형을 분석하고 구체적인 방어대책을 강구하였다. 특히 송규빈이 지목한 이 네 군데는 정조대 완비된 4유수부와 완전히 일치하고 있다는 점에서 매우 흥미롭다. 그에 의하면 송도는 서울 도성의 오른팔로서 청석동과 벽란도와 함께 서쪽의 요충지로서 북방의 침입을 차단할 수 있는 곳이며,

---

466) 『영조실록』 권104, 영조 40년 10월 辛卯
467) 『重訂 南漢志』 권1, 「城池」

강도는 천연 요새이므로 강화 수군을 복구하고 강화성 내의 정비와 문수산성 방어 조정을 통해 견고한 요새지를 구축할 것을 주장하였다. 남한산성은 지형적으로 천연의 보장지이지만 지원로가 부족하므로 왼쪽의 목암주점이나 오른쪽의 봉안역촌을 이용할 것을 주장하였다. 수원의 독성산성도 개축하여 이 일대 방어 거점으로 삼도록 하였다.[468] 즉 송규빈은 개성, 수원, 강화, 남한산성, 북한산성 등을 거점으로 도성 방어를 지원, 강화한다는 것이었다.

도성 외곽 지역 방어체제 정비를 통해 도성 수비체제를 강화한다는 당시 여러 주장은 정조대 들어 수원 화성의 축조와 장용영 설치 등의 방어체제 정비로서 일단락되었다. 즉 조선후기 계속 시행되어 정조대 도성으로부터 100리 내에 설치가 완료되었던 4유수부 체제에는 각각 별도의 군영軍營이 설치되었다. 예를 들어 개성의 관리영管理營, 강화의 진무영, 수원의 장용영 외영壯勇營外營, 그리고 광주의 수어청 등이 그것이다. 그리고 유수부의 책임자인 유수가 그 대장의 직책을 겸직하였다. 그리고 이들 유수영이 도성의 외곽 방어 거점으로 역할을 하게 되었다.

영조대 수도 방위체제가 정비되면서 정조는 최종적으로 화성을 유수부로 승격시키고 1795년에는 광주도 유수부로 올려 4유수부제를 확립하게 된다. 이렇게 확대된 유수부를 4도四都로 호칭하여 서울 다음가는 위상을 부여하였다. 즉 한성은 이들 네 유수를 부수도로 거느리는 위상으로 격상하게 되는 것이다. 정조는 서울 외곽의 유수부를 삼보三輔에 비유하여 제왕의 수도와 동격의 광역수도권으로 격상시키고자 하였다.[469] 18세기 확립된 도성 및 수도 방위체제의 정비

468) 장필기, 1998 앞의 논문, 157∼158쪽
469) 한영우, 1997 『정조의 화성행차, 그 8일』, 효형출판, 96∼97쪽

는 정치적으로도 적지않은 의미를 가지는 것이었다. 즉 강력한 군영의 군사력과 함께 정비된 수도권의 존재는 조선후기 강화되는 국왕권의 상징적인 Symbol로서도 의미를 가지게 되었다. 아울러 이는 18세기 이후 서울의 경제도시화의 급진전과 확장에 따라 서울의 상업 구역이 도성 밖으로 확장되어 가던 것과 관련이 있다. 도성 외곽의 새로운 상업 거점을 중심으로 유통체계가 확대되기 시작하였고 이는 4유수부라는 광역 수도권의 성립과 이에 필요한 도성 외곽 방어체제의 정비라는 것으로 나타났다.[470]

유수부는 그 기능에 따라 행정조직과 군사조직의 이원체제로 구성되었다. 유수부의 행정체계는 조선전기에는 유수가 경력, 도사, 교수 등 유수부의 행정실무를 주관하는 낭관을 통솔하였다. 경력은 종4품 관원으로 유수부 행정을 실질적으로 처리하는 선임자였고 도사는 종5품으로 아전들의 불법을 규찰하고 주민의 풍속을 단속하였다. 조선후기 유수부에는 이들 외에 종9품의 검율을 두었고 정조대 수원 및 광주 유슈부에는 경력과 도사를 대신하여 행정실무를 주관하는 종5품의 판관을 두어 이전과 차이가 있다.

유수부는 주요 임무인 도성 호위를 담당하기 위해 별도의 군사체계인 군영을 유지하였다.[471] 개성에는 관리영을 설치하고 유수가 관리사를, 강화에는 진무영을 설치하고 강화유수가 진무사를 맡았다. 수원에는 장용영 외영을 설치하고 수원유수가 장용외사를 맡았다. 광주에는 수어청을 설치하고 광주유수가 수어사를 겸임하게 하여 휘하 군대를 통솔하였다. 유수부별 군영은 그 조직에서 다소 차이가 있었는데, 예를 들어 광주의 경우에는 광주유수가 겸하는 수어사 휘하에

---

470) 장필기, 1998 앞의 논문, 194쪽
471) 이존희, 1984 「조선왕조의 유수부 경영」, 『한국사연구』 47, 44~45쪽

지휘관으로 중군 1명, 수성장 1명, 별장 2명, 천총 2명, 유영별장 1명, 성기별장 1명, 파총 3명, 초관 16명을 두었다. 군사로는 수첩군관 1,953명, 이속군관 250명, 친아병 15초, 훈어군 5초, 파하군 106명, 난후마병 1초, 복로군 150명, 별파군 385명, 국별파군 1870명, 표하군 1320명, 도총섭 1명, 승군 356명 등이 소속되어 있었다. 다른 유수영의 군사 체제도 규모에 따라 차이가 있었다.

수원 화성 축조와 방어체제 정비

북방으로부터의 대규모 군사적 위협이 급감하면서 이제 동아시아 지역의 주요 군사적 이슈는 황당선 등 해양으로부터의 위협에 대처하는 문제로 변화되었다. 이에 수군의 정비와 해방 체제 강화가 중요해졌다. 또한 17세기 후반 이후 조선의 상업이 급속히 발달하고 상품의 유통량이 커지면서 18세기에는 전국의 연해 지역을 모두 선박으로 연결하는 전국적인 해로海路 유통권이 성립되었다. 해로에 연한 연해 지역 방어의 필요성이 증가하면서 기존 육로 및 내륙 수운을 이용한 유통은 급속히 줄어들었다.[472] 18세기 중반 이후 서해 연해 지역에 가까운 수원과 강화도의 중요성은 계속 유지되었다. 수원 화성의 축조와 유수부 체제의 성립은 이러한 사회경제적 상황과 밀접한 관련을 가지고 있다.[473]

　　수원의 방어체제 정비는 1785년(정조 9) 국왕의 호위 부대로 출발하였던 장용위壯勇衛가 1788년(정조 12) 장용영壯勇營으로 개칭되면서 확대 개편되고 이후

---

472) 고동환, 1998 『앞의 책』, 142~145쪽
473) 이하 화성의 방어체제 변화에 대해서는 노영구, 「정조대 오위체제 복구 시도와 화성 방어체제 개편」, 『진단학보』 93 참조

수원에 외영外營을 설치한 것과 관련이 있다. 장용영 내영內營에는 마병으로서 선기대善騎隊 2초가 정조 11년에서 15년 사이에 신설되고 1793년(정조 17) 정월에는 1초가 추가되었다. 또한 수어청 둔아병 15초에서 각 초마다 25명씩 줄여 장용영의 향군鄕軍의 3초로 만들기도 하였다.[474] 이후에도 향군은 다양한 계기로 추가 설치되었다. 따라서 1793년(정조 17) 정월 이전에는 장용영의 전사前司와 우사右司에 각각 5초, 즉 10초의 향군을 보유하게 되어 장용영은 기병과 보병을 합하여 5천여 명의 대규모 군영으로 확대되었다.[475] 장용영의 확대는 기존 군영의 축소에 의한 것으로 특히 총융청과 수어청의 약화를 가져왔다. 따라서 기존의 5군영 체제를 실질적으로 약화시키게 되었다. 이러한 측면은 화성의 장용영 외영에서 두드러지게 나타났다.[476]

화성의 건설과 장용영 외영 설립의 직접적인 계기는 사도세자의 능인 현륭원顯隆園의 천장遷葬을 계기로 현륭원 일대를 보호하기 위한 것이었다. 그러나 이는 표면적인 이유였고 궁극적으로는 정치, 경제적으로 중요성이 높던 수원에 새로운 도시와 성곽을 건설하여 도성 외곽방어체제를 완결하고 경제를 발전시켜 대도회로 키우고자 하였던 정조의 의지가 반영된 것이었다.[477] 따라서 화성의 군제와 방어 체제에 있어서도 궁극적으로 정조가 확립하고자 하였던 새로운 요소가 많이 시도되었다.

장용영 외영이 최초로 설치된 것은 1793년(정조 17) 정월이었다. 이때 기존의 수원부를 화성華城으로 개칭하고 정2품의 유수를 두고 유수로 하여금 장용외

---

474) 『正祖實錄』 권26, 정조 12년 7월 己卯.
475) 壯勇營 內營의 확대에 대해서는 배우성, 1991 「앞의 논문」, 238-245쪽 참조.
476) 이태진, 1985 『앞의 책』, 281-282쪽.
477) 한영우, 1998 『정조의 화성행차, 그 8일』, 효형출판, 90-97쪽.

사壯勇外使를 겸하도록 하였다. 그렇지만 아직 화성에 성곽이 축조되지 않았으므로 기존 수원부 시기의 병력을 그대로 유지하면서 이들에 대한 훈련을 강화하는 조치만이 있었다.[478) 다만 화성 성역城役의 논의가 진행 중이었으므로 성곽 방어를 위한 별도의 성정군城丁軍 마련을 위해 우선 총융청에서 관할하고 있던 재가군관在家軍官 150인, 방영제번군관防營除番軍官 290인, 토포제번군관討捕除番軍官 459인을 수첩군관守堞軍官으로 개칭하고, 수원부의 군수별무사軍需別武士 2,002명 중 마사馬士 204명을 감하고 유방군留防軍 702명을 성정군城丁軍으로 삼아 성곽을 방어하도록 하였다.

이후 별다른 변화가 나타나지 않던 화성의 군제는 1793년(정조 17) 7월 화성의 마병馬兵 편제를 장별대壯別隊로 재편성한 것을 계기로 점차 정비되기 시작하였다. 그해 9월에는 화성의 마병을 친군위親軍衛로 개칭하여 좌열과 우열로 나누어 각각 100명씩으로 하고 각각 당시의 일반적인 마병 편제인 3정正 9령領의 제도에 따라 편성하였다. 그리고 훈련도감의 예에 따라 제주의 말을 지급하고 친군위 한 명 당 봉족 2인씩을 두었다.[479) 정비되기 시작한 화성의 군제는 그해 10월 비변사에서 올린 「장용외영군제절목壯勇外營軍制節目」에서 정리되어 나타났다. 이에 따르면 기존 26초의 보군步軍을 정예화시키기 위해 13초를 정군正軍으로 삼고 나머지 13초는 봉족으로 삼도록 하였다. 그리고 정군은 다시 세 사司로 편제하여 전사前司와 후사後司에 각각 5초, 중사中司는 3초로 편성하였다. 그리고 별효사別驍士를 별군관別軍官으로 개칭하고 200명을 100명으로 줄여 좌열과 우열

---

478) 이 시기 수원의 병력은 別驍士 2초, 馬兵 4초, 束伍 26초, 各色標下軍 547명, 輜重軍 200명 등으로 구성되어 있었다(『正祖實錄』 권37, 정조 17년 정월 乙未).

479) 『正祖實錄』 권38, 정조 17년 9월 甲寅.

로 편성하여 유수영에 직속시켜 뒤를 막는 난후欄後의 임무를 맡도록 하였다.[480]

1786년(정조 10)의 군제 개편으로 이상의 일단 정비되었던 화성의 방어체제는 1795년(정조 19) 정월 화성의 성곽 건설이 본격적으로 시작되면서 다시 변화하기 시작하였다. 이 시기 가장 중요한 군제상의 변화는 협수군協守軍 제도의 신설과 입방군入防軍, 성정군城丁軍의 확립을 들 수 있다. 협수군은 성곽 외곽에서 성곽과 기각지세掎角之勢를 이루어 성원하기 위한 예비 병력으로 필요시에는 타부垜夫로서 성곽 방어에 참여하도록 하였다. 1795년(정조 19) 5월 비변사에서는 「화성협수군제절목華城協守軍制節目」을 마련하여 용인龍仁, 진위振威, 안산安山의 수령을 각각 화성의 동, 남, 서성西城의 협수장協守將으로 삼고, 용인의 수어청 속오군 5초, 진위 3초 그리고 안산의 총융청 속오군 4초 등을 협수군으로 삼고 이속하는 조치를 취하였다.

화성 성역이 완료되는 1797년(정조 21) 정월 이후 화성의 군제는 다시금 확대 정비되었다. 1797년 9월 유수 서유린徐有隣은 시흥始興과 과천果川을 수원부에 소속시켜 그 수령을 북성협수장北城協守將과 통구유병장通衢遊兵將으로 삼을 것을 건의하여 윤허를 받았다. 그리고 그해 12월 화성華城에서 올린 「군제협수추절목급수성절목軍制協守追節目及守城節目」에 따라 화성의 군사제도 전반은 일단 정비되었다. 이 세 절목을 통해 정비된 화성의 군사제도는 다음과 같다.

먼저 용인 등 세 고을의 협수군 이외에 새로이 과천과 시흥도 화성에 입속되어 새로이 이속된 속오군 등을 합하면 화성은 총 42초의 병력을 가진 큰 군영이 되었다. 그리고 다섯 고을의 군사 중에서 7초를 뽑아내어 입방군에 소속시켜 화성 경내의 기존 13초와 합하여 20초의 입방군을 편성하였다. 입방군은 화성의

---

480) 『正祖實錄』 권38, 정조 17년 10월 辛巳.

행궁行宮을 교대로 지키는 주력으로서 정군正軍이라 불렸는데 1영 4사 체제로 편성되어 전, 좌, 우, 후의 각 사에 5초씩 배치하였다. 그리고 나머지 22초 중에서 협수군 20초 중 5초는 장용외사의 난후아병攔後牙兵으로 삼고 2초는 주대책응병駐隊策應兵에 소속시키고 3초는 성곽의 중앙에서 기동예비대 역할을 하는 통구유병通衢遊兵으로 삼도록 하고

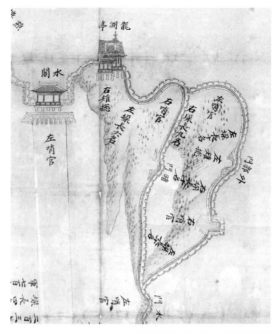

「화성부성조도」에 보이는 수원방어군 편성

나머지 10초는 화성의 네 방면에 나누어 소속시키도록 하였다. 그리고 주변 다섯 고을의 수령을 협수장과 유병장遊兵將(과천 현령)으로 삼았다. 아울러 화성에는 납미군納米軍으로 편성[團束]한 성정군 8,620명을 두도록 하였다. 화성의 총 913개 타垜마다 성정군 5명씩을 두어 4,565명을 배치하고 당시 성곽 방어시 일반적인 군사 편제 방식에 따라 5타마다 타장垜長 1인을 두도록 하였다.[481] 각 문, 수문水門 등에 40-150명의 군사를 추가로 보내고 22개소의 포루砲樓, 치성雉城 등에 각각

481)『兵學指南』권5, 城操程式「派守」;『兵學通』城操「派守」.

30명씩 총 660명을 배치하였다. 그리고 남는 군정 1,620명은 예비로 남겼다.[482]

　이와 같이 화성의 방어체제가 다시금 정비된 것은 우선 이 무렵 새로 건설된 화성의 성제城制에 적합하도록 수성군을 정비할 필요에서 나왔다. 또한 정조 초반 『병학통兵學通』 등에서 제시된 수성 체계의 정비와도 깊은 관련이 있는 것으로 보인다. 이전의 성곽 방어체제는 성벽을 따라 수성군을 배치하여 방어하도록 하고 다만 해자와 본 성벽 사이의 공간에 우마장牛馬牆이라는 낮은 담장을 두어 그곳에서 대장군포大將軍砲 등을 사격할 수 있도록 하여 성의 방어력을 보완하도록 하였다.[483] 『병학지남』에서 제시된 것과 달리 화성에는 우마장은 설치하지 않는 대신 기본적으로 치성, 포루砲樓 등 돌출된 방어 시설을 중심으로 하여 그곳에서 불랑기佛狼機 등의 화포를 사용하여 측면에서 교차 사격하여 성곽을 방어하도록 구축되었다.[484] 따라서 치성과 같이 본성에서 돌출된 성곽 시설에 배치하는 방어 군사를 확보하는 것이 우선적으로 필요하였다.

　이와 함께 1796년(정조 20) 7월에는 화성의 성곽 방어 훈련인 성조城操를 이듬해인 정조 21년부터 남한산성의 규례에 따라 행하도록 결정되었다.[485] 그 이전까지 수성을 위한 군사 편제에 대해서는 『병학지남』에 우마장에 군사를 배치하는 것 이외에는 성곽에는 단순히 여장, 즉 타垜의 수에 따라 타장垜長, 치총稚總, 성장城將을 각각 두도록 한다는 간단한 내용만 제시되어 있었다.[486] 그러나 18세기에 들어서면서 화약 무기의 성능이 향상되면서 이에 대처하기 위해 성곽 시설

---

482) 『正祖實錄』 권47, 정조 21년 12월 乙丑.
483) 조선후기 牛馬牆에서의 방어 절차에 대해서는 『兵學指南』 권5, 城操程式 「牛馬牆准備」 참조.
484) 화성의 이러한 구조적인 특징에 대해서는 노영구, 1999 「조선후기 城制 변화와 華城의 城郭史的 의미」, 『震檀學報』 88, 316-318쪽.
485) 『正祖實錄』 권45, 정조 20년 7월 癸亥.
486) 每五垜 定垜長一人 二十五垜 立垜長一人 五十垜 立雉總一人 以小官當之 每城一面 立城將一人 以城內見任官當之(『兵學指南』 권5, 城操程式 「派守」).

에도 적지않은 변화가 필요해졌다.[487] 이는 성곽 방어 체계에 있어서도 다소간의 변화가 불가피해짐을 의미한다.

정조는 즉위 초 당시의 전법을 정리하기 위해 다양한 노력을 기울였다. 특히 도성 주위의 왕릉을 행차하는 능행陵幸을 활용하여 다양한 진법을 시험하기도 하였다. 특히 새로운 수성 절차를 마련하기 위해 1779년(정조 3) 8월에는 세종의 능인 영릉英陵 능행 후에 남한산성에 들러 직접 성조를 참관하기도 하였다.[488] 이때의 남한산성의 성조를 통해 새로운 수성법과 수성군 편성 방법을 검토하였다. 이때 완성된 남한산성의 성조 내용은 『병학통兵學通』의 「남한성조도南漢城操圖」에 자세히 나타나 있다. 「남한성조도」에 의하면 광주, 양주, 죽산의 군사는 각각 5사 25초, 총 75초로 편성되어 있고 경청의 군사는 각 영이 4사 16초로 편성되어 있음을 볼 수 있다.[489] 남한산성의 본성은 전영, 중영, 좌영과 우영 등 4개 영, 82초의 병력이 배치되고 한봉성 등 밖으로 나온 외성外城은 후영의 25개 초 군사들이 배치되었다. 그리고 경청에 속한 좌영에 난후마병 1초와 화포를 다루는 별파진 4초가 배치되어 있다. 성의 중앙에는 경청의 친아병 소속의 중사의 5초가 배치되어 있으며 각 문쪽과 후영 쪽에는 예비 기동대인 이른바 통구유병인 훈어군訓御軍(훈련도감과 어영청 군사) 1초씩과 1~2초씩의 마병이 각 방면에 있었다.[490] 그리고 남한산성 주변에 있는 두 돈대인 동돈대와 서돈대에는 친아병 소

---

487) 18세기 화약 무기 발달에 따른 성곽 제도의 변화 양상에 대해서는 노영구, 1999 「조선후기 성제 변화와 화성의 성곽사적 의미」, 『진단학보』 88, 298~306쪽 참조. 이에 대해 정연식은 18세기 동아시아 지역의 화포 발달이 미약한 상황이었으므로 성곽 제도의 급격한 변화 양상은 일어나지 않았다는 반론을 제기하였다(정연식, 2001 「화성의 방어 시설과 총포」, 『農檀學報』 91, 147~157쪽). 향후 이 부분에 대해서는 활발한 검토가 요망된다.

488) 『承政院日記』 제1446책, 정조 3년 8월 9일.

489) 차문섭, 1995 『앞의 책』, 178쪽

490) 마병이 예비대로 편성된 것은 쌍수산성의 사례에서도 확인되고 있는데 쌍수산성의 경우 2馬隊-5哨 규모로 이루어져 있었다(문광균, 2016 「조선후기 雙樹山城의 군사편제와 병력운영」, 『사학연구』 121 256~257쪽).

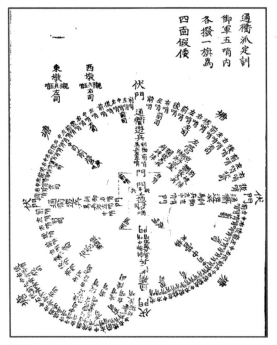

남한성조도

속의 좌사와 우사의 5초씩 병력이 배치되어 있다. 아울러 성의 주변에 복병과 정찰병인 당보군이 배치되어 있는 것을 볼 수 있다.

1797년(정조 21) 말 화성華城 건설을 계기로 『병학통』의 수성守城 체계에 입각한 군제 개편으로 일단 정비된 화성의 군제는 1798년(정조 22) 10월 다시 크게 개편되었다. 이 시기 군제 개편의 주된 내용은 기존의 편제 방식인 대隊-기旗-초哨-사司 등 소위 절강병법浙江兵法에 따른 군사 편제 방식을 버리고 조선의 오위법五衛法에 따른 군사 편성으로 바꾸어 것으로서 이른바 '오위五衛 - 속오위屬五衛' 체제의 완성에 있었다. 1797년의 개편으로 수성을 맡은 8천여 명의 성정군이 편성되고 입방군, 협수군 체제가 정비되었지만 성정군은 납미군納米軍으로 편성되었으므로 실제 전투력을 가진 병력은 아니었다. 따라서 전투력을 가진 다수의 군사를 확보하기 위해서는 조선전기 병농일치에 바탕을 둔 오위 체제가 대안이 될 수 있었다.

1798년(정조 22) 10월 19일 정조는 장용영 외사인 화성유수 서유린에게 내린 다음의 전령傳令에서 오위 체제에 대한 그의 생각을 잘 보여주고 있다.

> 우리 나라에 이르러 삼대三代의 훌륭한 모범을 참작하여 비로소 오위의 총撼(五衛都撼府)을 두어 우리 나라의 모든 창을 들고 활을 멘 무리들이 모두 여기에 소속되지 않은 사람이 없었으므로 이미 치고 찌르는 것에 익숙하고 또 농사를 좋아하게 되었다 (중략) 먼저 외영外營에서부터 사司, 초哨의 명칭을 없애고 위衛, 부部의 제도를 두어 다섯 고을의 무리를 관장하며 네 문의 위衛를 세우고 화성의 수미收米를 감하여 3, 5의 차를 두며 속읍屬邑의 첨액簽額을 제외하니 1천의 수를 얻었다[91]

여기서 확인할 수 있듯이 정조는 조선 초기의 오위 체제는 병농일치의 군제로서 다수의 군병을 확보할 수 있는 매우 효과적인 방안임을 밝히고 있다. 이를 바탕으로 정조는 용인 등 다섯 고을의 군액을 모두 외영에 소속시켜 그곳의 보군 12초와 외영의 13초를 합하여 한 부대를 편성하고 나머지 여정餘丁은 수성군의 편제에 포함시키도록 하였다. 오위 체제에 따라 일반 주민을 전투병으로 확보할 수 있게 됨으로써 대신 속오군 510명과 납포군納布軍 490명을 감액하는 조치를 취할 수 있게 되었음을 알 수 있다.

이때 확정된 화성의 군제는 크게 이원적으로 편성되었음을 확인할 수 있다. 먼저 주위 다섯 고을의 속오군 중에서 정예롭고 건장한 자 12초를 뽑아 기존의

---

491) 及至我朝 參酌三代之懿範 創置五衛之撼 轄擧海左方數千里 荷戈負羽之徒 莫不隸焉 旣嫻擊刺 又樂耕耘 … 先從外營 而袪司哨之名 存衛部之制 管五邑之衆 立四門之衛 華城之收米減 而爲三五之差 屬邑之簽額除 而得一千之數(『華城城役儀軌』 권1, 傳令 戊午 10월 19일).

13초와 합쳐 1영 5사 25초의 제도를 완비하도록 하였다. 이들 25초의 병력은 이전의 정병, 즉 입방군으로서 국왕이 화성에 행행할 때 행궁의 호위 등을 담당하도록 하였다. 그 편성에서 그 이전의 사, 초의 편제 대신 오위 체제의 편성 방식에 따라 1영을 다섯 개의 위로 나누었는데 통칭하여 장락대長樂隊 오위라 하였다. 장락대 5위는 조선초와 같이 매 위마다 위장衛將 1명, 부장部將 5명, 통장統長 3명, 대정隊正 9명을 배치하도록 하여 이들을 지휘하였다.

　다음으로 화성을 방어할 때의 군제는 이와 다소 차이가 있는데 수성을 담당하는 주력인 성정군은 전, 좌, 중, 우, 후위로 나누어 각 위에 팔달위八達衛, 창룡위蒼龍衛, 신풍위新豊衛, 화서위華西衛, 장안위長安衛의 별칭을 붙였다. 그리고 전체는 장락위長樂衛로 통칭하였다. 중위인 신풍위新豊衛는 중앙에서 예비대인 통구유병通衢遊兵의 역할을 하도록 하고 나머지 각 위는 화성의 네 대문을 기준으로 하여 각 방면의 방어를 전담하도록 하였다. 그리고 매 위에 위장 1명, 부장 5명, 통장統長 20명, 타장垛長 45명씩 두도록 하였다. 위장은 화성에 소속된 고을인 용인 등 다섯 고을의 수령이 맡았다. 수성의 주력인 성정군에는 다섯 타垛를 책임지는 타장이 있음이 주목된다. 수성시에는 유수인 장용외사는 전체 군사를 총괄하여 지휘하여야 하므로 성에 올라 실질적으로 지휘하는 것은 화성 판관判官인 관성장管城將이 담당하도록 하였다.[492] 오위 체제에 따라 군사를 편성함에 따라 척계광의 전법[戚法]으로 군사를 운용하기 어려웠으므로 오위 체계에 적절한 전법을 담은 홀기笏記를 새로이 만들어 척계광 전법과 함께 익히도록 하였다.

　정조는 화성의 군제를 이중적인 형태의 오위 체제로 편성하여 장락대長樂隊 5위를 통해 조선초기 중앙군의 진법으로서의 오위를 재현하려 하였고, 속오위인

---

492) 『正祖實錄』 권49, 정조 22년 10월 己酉.

장락위長樂衛를 통해 병농일치 편제로서의 5위五衛를 재현시킨 것으로 볼 수 있다. 그리고 조선 초기의 중앙집권적인 군제인 오위 체제를 통해 일원화된 군제와 지휘체계를 확립하여 군권을 장악할 수 있었다.[493] 정조가 이때 조선 초기 오위 체제를 과감하게 도입할 수 있었던 것은 정조 초반『이진총방肄陣總方』편찬을 통해 오위 체제의 가장 기본 단위인 통統 단위의 훈련 체계를 확립함과 아울러 이후 계속하여 이루어진 역대의 다양한 군제에 대한 연구를 통해서 가능하였다. 1795년(정조 19) 편찬된『군려대성軍旅大成』은 그 대표적인 성과이다.

『군려대성』은 현재 전하지 않아 그 구체적인 내용을 알 수는 없지만, 정조가 지은 그 책의「서문」에 따르면 중국과 일본, 그리고 고려시대까지의 역대 병제를 망라하여 먼저 소개하고 강태공姜太公, 제갈량, 이정李靖, 척계광의 진법까지 수록하고 있으며, 이어서 조선의 고금의 군사제도에 대한 사실을 수록하고 있음을 알 수 있다. 그 구체적인 내용은 국초군제國初軍制, 오위군제五衛軍制, 오위군총五衛軍摠, 경영군제京營軍制, 경영군총京營軍摠, 제도군제諸道軍制, 제도조련諸道操鍊 등 조선 역대의 군사제도와 군액, 군향, 훈련에 대한 내용이 있었다. 여기에 정토고征討考와 연예고沿裔考를 싣고 있다.[494]

일련의 군사제도 연구 작업을 통해 정조는 조선 초기 오위체제와 그 진법 및 군액 등에 대해 분명히 파악할 수 있었고 그 장점에 대해서도 깊은 이해를 할 수 있었을 것이다.[495] 이러한 선행 연구를 바탕으로 정조는 오위 체제에 바탕을

---

493) 이태진, 1985『앞의 책』295쪽.

494)『弘齋全書』권9, 序引「軍旅大成序」

495) 정조 19년 같이 편찬된『三軍摠攷』는 전국의 군액을 기록한 책으로 당시의 군액 현황을 자세히 조사하여 상황에 따라 군대를 편성하는 것과 함께 궁극적으로는 당시의 상황에 적합한 새로운 군제를 만들고자 하였던 정조의 의도가 함께 엿보인다.

둔 지방 군사 제도를 장용영 외영을 통해 시험하고자 한 것이었다. 이는 동시에 일원화된 군권과 함께 병농일치에 바탕을 둔 국민 개병적 군사 제도의 확립을 기하고자 하였던 정조의 의도를 짐작할 수 있다.[496]

삼도수군통어영의 이설과 강화도 방어체제의 개편[497]

강화도 일대 방어체제 개편은 교동에 있던 삼도수군통어영의 강화도 이설과 관련이 있다. 통어영을 강화도로 옮기자는 논의는 숙종대부터 간헐적으로 계속되었는데, 1740년(영조 16) 강화유수 유척기는 통어영을 강화도로 이속하자고 주장한 적이 있다. 1763년(영조 39) 어영대장 김한구는 통어영이 있는 교동과 영종도의 거리가 너무 멀어 유사시 명령을 전달하기 어려움이 있음을 지적하고, 교동과 영종도에 좌우방어사를 두고 인근의 진보를 방어영에 각각 소속시켜 강화를 호위하게 하며, 강화유수를 삼도통어사로 삼아 관할하는 것이 편리할 것이라고 건의하였다. 영의정 홍봉한도 이에 동의하였으나 조치가 이루어지지 않았다.[498] 통어영의 강화도 이속은 영조 말년부터 다시 본격적으로 제기되었다.

　1775년(영조 51) 당시 강화유수 이휘지는 요충에 위치한 강화도의 중요성에 비해 수군이 허술하여 방어에 문제가 있음을 지적하고 통어영을 강화도로 이속하는 것은 도성의 수비와 밀접한 관련이 있음을 밝혔다. 통어영의 강화도 이속

---

496) 오위 체제에 바탕을 둔 國民皆兵的 군제의 모색은 정조대 본격적으로 대두되는 民과 君이 직접 연결되는 이른바 '民國' 이념과도 관계를 가지는 것으로 볼 수 있다(이태진, 1998 「대한제국의 皇帝政과 「民國」 정치이념」, 『韓國文化』 22, 251~258쪽).

497) 정두영, 2013 「정조대 도성방어론과 강화유수부」, 『서울학연구』 51

498) 『영조실록』 권102, 영조 39년 11월 壬午

은 이루어지지 못하였으나 영조는 강화도의 해방 체제를 강화하는 것이 도성 수비의 핵심적인 요소임을 인정하였다. 실제 영조대 강화도 주변의 수군 체제 강화를 주장하는 논자도 적지 않았다. 예를 들어 영조 말 송규빈은 강화도에 수군 설치의 필요성을 강조하면서 육지에서는 성지城池를 사용하고 바다에서는 전선을 이용하여 나아가 싸우고 물러나 굳게 지키는 것이 좋다고 주장하였다.[499] 이는 앞서 보았듯이 해로에 연한 연해 지역 방어의 필요성이 증가하면서 서해안으로부터 도성으로 들어오는 입구인 강화도 일대 방어의 필요성을 인정한 것이다.

정조는 즉위 직후 군영제 정비 과정에서 경기수사가 지휘하는 통어영을 강화도에 있던 진무영과 합하고자 하였다. 정조는 먼저 심염조를 번고심찰어사로 강화도에 파견하여 이 곳의 사정을 파악하도록 하였다. 정조는 통어영의 이속과 진무영과의 합영 문제를 수어청과 총융청을 합치는 문제와 같이 처리하고자 하는 생각을 가지고 있었다. 강화도의 군제 개편은 정조의 입장에서는 경기 일대 방어체제 개편의 큰 방향에서 추진하는 것이었다. 즉 중요성이 증가하는 서해안 지역의 방어와 도성 외곽 방어를 강화하기 위해 강화도 방어를 강화한 것이었다. 이 일환으로 1779년(정조 3) 3월 강화부로 통어영은 이속되었다.

강화부에 이속된 통어영과 관련하여 여러 후속 조치가 강구되었다. 먼저 가장 시급하게 이루어져야 하는 것은 통어영 이속의 주요 근거로 제시된 전선戰船의 이동이었다. 기존의 전선과 병선 중 1/3을 교동에서 강화부로 옮겨 배치하고 정박지를 확보해야 하였다. 이와 함께 운용 경비의 이속 문제도 있었다. 다음은 직제의 통합에 따른 겸직 문제로서 진무사가 통어사를 겸하므로 진무중군도 통어중군을 겸해야 하는 등의 조정이 필요했다. 다음은 통어영에서 빠져나갔던

---

499) 『풍천유향』「江都」

영종도를 다시 통어영에 예속시키는 문제로서 영종도는 교동과 함께 강화도 통어영 체제의 핵심 요충지였다.

한편 통어양의 이속과 관련하여 통어영을 다시 교동에 두어야 한다는 주장이 나오기도 하였다. 예를 들어 이전 이후 2년이 지난 1781년(정조 5) 말 경기감사 이형규는 교동의 잔략적 중요성 및 통어영 이전 이후 교동의 쇠잔해지는 문제를 지적하면서 통어영을 이전대로 복구할 것을 주장하기도 하였다. 통어영의 교동 이전 문제는 1788년(정조 12) 강화유수 송재경이 교동 이전을 주장하는 상소를 올려 본격 논의되기 시작하였다. 이에 이듬해 5월 통어영을 교동으로 복귀시키는 조치가 내려졌다. 통어영의 교동 복귀 조치는 여러 원인이 있지만 당시 수도권 방어의 중심으로 수원 일대 방어체제 정비와 관련이 있다. 1789년 정조는 부친인 사도세자의 능인 영우원을 수원의 현륭원으로 옮기고 화성 건설을 추진하였다. 이제 정조는 도성 일대 방어의 중점으로 강화도 이외에 화성에 집중하게 되었다.

09
조선후기 도성 수비의 구체적인 모습

『수성책자』에 나타난 도성 수비의 내용

1746년(영조 22) 7월 도성 수축이 일단락되자 그해 12월 영조는 『수성절목』을 속히 작성하고 성 밖의 창고를 모두 도성 안으로 옮기고, 창고를 옮기기 전에 받아들이는 곡물은 성 안의 창고로 받아들이도록 하였다.[500] 이 내용은 이듬해인 1747년(영조 23) 2월 『수도절목守都節目』이라는 명칭으로 작성되었는데, 그 개괄적인 내용은 모든 도성의 백성들을 훈련도감, 어영청, 금위영에 소속시켜 방어 군사로 삼도록 한 것이었다. 그 구체적인 절목의 내용은 다음과 같았다.[501]

    1. 5부의 민호를 각기 가까운 데에 따라 3영營에 나누어 소속시킨다.

    1. 3영이 나누어 받은 성첩城堞은 모두 다섯 정停으로 나누어 전前, 좌左, 중中, 우右, 후後의 차례를 정한 다음, 돌에 글자를 새겨 표시를 한다.【예를 들어 훈전

---

500) 『영조실록』 권64, 영조 22년 12월 丁卯
501) 『영조실록』 권65, 영조 23년 2월 乙丑

(訓前)·훈좌(訓左)·훈중(訓中)·훈우(訓右)·훈후(訓後)로 표시하고, 금위영과 어
영청의 경우에도 이와 같이 한다.】

1. 각 군문이 지킬 성첩을 다섯으로 나누고 만약 1영으로써 지킬 것 같으면 5
   부部로 나누어 5정을 만들고, 1부로 지킬 것 같으면 5사司를 나누어 5정을
   삼으며, 1사로 지킬 것 같으면 1초를 나누어 5정을 삼는다.

1. 5부의 각 계契는 모두 조그마한 기를 만들되, 훈련도감의 경우에는 황색, 금
   위영은 청색, 어영청은 백색으로 하여 아무 부, 아무 계라는 것을 쓴다. 또 훈
   전·훈좌 등의 글자를 써서 표시를 삼되, 해당 군영에서 만들어서 해당 부에
   지급하되, 평상시에는 본 영에 간직하여 둔다.

1. 혹시라도 위급한 일이 있을 것 같으면 매 호마다 집을 지키는 노약자를 제
   외하고는 모두 성을 지키도록 하되, 동서 양반의 현직 및 전직, 유생儒生, 출
   신, 잡과雜科, 한산인閑散人들까지도 모두 성첩에 올라가서 힘을 합쳐 성을
   지키도록 한다.

이 절목의 내용은 기본적으로 숙종 후반기부터 영조대 전반기에 걸쳐 나타
난 수도 방위에 대한 다양한 논의 과정에서 제시된 것을 구체화하여 정리한 것
으로 도성 주민으로 수도 방어의 자원으로 삼아 방어하도록 한 것이라고 할 수
있다. 이는 기본적으로 이후 『수성절목』의 반포시 대부분의 내용이 그대로 반
영되었다.

1747년(영조 23) 『수도절목』의 완성 이후 내용을 더 보완하여 영조 27년
(1751)에 『수성책자守城册子』를 간행 반포함으로써 이전부터 논의되었던 도성 수
비 계획은 구체화하였다. 이 『수성책자』는 「어제수성륜음御製守城綸音」과 「도성

삼군문분계지도都城三軍門分界之圖」·「도성삼군문분계총록都城三軍門分界總錄」, 그리고 「수성절목」을 합본하여 편집한 것으로 그 내용을 보면 대략 다음과 같다.

① 어제수성윤음

국가 유사시에는 도성을 수비하는 것이 국가적으로 중요한 일로서, 도성의 백성들은 누구를 막론하고 자기가 소속하여야 할 군문과 수비하여야 할 도성의 구역을 평상시에 잘 알아 두도록 책자를 간행하는 것이라고 밝히고, 도성의 백성들은 그것을 잘 알아 둘 것이며, 유사시에 해당 부관部官이 도성의 백성들을 인솔하되 성을 오를 때에는 궁시나 조총이 있는 자는 그것을 가지고 등성할 것이며, 그것이 없는 자는 모두 돌을 가지고 등성하라고 밝히고 있다. 또 영조는 어떠한 일이 있더라도 도성의 백성들을 버리지 않고 내가 먼저 등성하여 도성의 주민을 위로할 것이니, 모든 사람들은 도성 수비에 대하여 가타부타 하지 말고 내 뜻을 잘 알아서 도성 수비에 전력을 기울이라고 하였다.

② 도성삼군문분계지도

도성의 자연환경과 궁궐·종묘 등 중요한 건물 및 성곽·문루門樓·도로·개천開川·행정구역 등의 명칭과 위치를 표시하고 도성의 3군문의 방어 담당할 도성의 구역을 표시하고 있는 지도이다. 즉 훈련도감·금위영·어영청의 3군문이 책임지고 수비하여야 할 도성의 위치를 명시하고 있다. 어영청은 5개 제대[停]로 나누어 좌로부터 영전營前, 영좌營左, 영중營中, 영우營右, 영후營後의 순으로 표시하여 배치하며 숙정문에서 광희문 사이를 방어하게 하였다. 금위영의 5개 제대[停]는 금전禁前, 금좌禁左, 금중禁中, 금우禁右, 금후禁後로 표시하고 배치하며 광희문에서 돈의문 사리를 담당하게 하였다. 훈련도감도 동일하게 훈전訓前, 훈좌訓左, 훈중訓中, 훈우訓右, 훈후訓後의 순으로 정停을 배치하고 돈의문에서 숙정문 사이의 방어를 담당하게 하였음을 보여주고 있다.

③ 도성삼군문분계총록

유사시 3군문이 담당하고 있는 도성에 배치되어 도성을 수비할 주민들이 거주하고 있는 부部와 방坊과 계契의 명칭이 기록되어 있다. 「수성절목」에 의하면 각 군문은 구역 내를 전, 후, 좌, 우, 후의 5개 영으로 나누고 각 영은 5부, 1부는 5사로 나누었다. 1영으로 도성을 방어할 때에는 5부가 5정으로, 1사가 방어할 때에는 5초가 5정을 각각 이루는 체계로서 도성 내의 모든 방민은 모두 계로 묶여져 각 군문의 5개 영에 나누어 소속하도록 하였다.

훈련도감이 분담했던 숙정문肅靖門에서 돈의문敦義門까지의 도성 구역에는 모두 109계가 배치되어 호수는 14,587호였고, 금위영이 분담했던 돈의문에서 광희문까지의 도성 구역에는 모두 136계가 배치되어 호수는 14,768호였다. 어영청이 분담했던 광희문에서 숙정문까지의 도성 구역에는 모두 81계가 배치되어 호수는 14,587호로서 유사시에는 자기 담당구역을 책임지고 수비하게 하였다. 즉 각 군문에는 거의 균등한 호수가 배치되었으며, 총 호수가 43,942호로 호당 2명 이상이 배당되어 방어를 담당하는 인원은 총 10만 명에 달하고 있음을 알 수 있다.

④ 수성절목

왕의 뜻을 받들어 일심협력하여 도성을 수비할 것을 약속하고 도성 수비에 대한 실행사항 9개 조목이 기록되어 있다. 기본적으로 앞서 언급한 영조 23년의 『수도절목』 내용을 포함하되 내용을 추가하여 총 9개 조목으로 되어 있다. 그 구체적인 내용은 다음과 같다.

㉠ 도성을 수비하려는 대계는 성상聖上의 결단에 의하여 이루어진 것이며 또 백성들이 『수성절목』의 내용을 잘 이해한 다음에야 국가가 위급함을 당하였을 때 백성들로부터 힘을 얻을 수 있으므로 한성漢城의 5부민에게 수성절목을 반포하는 것이니 우리 신민臣民들은 일심협력하여 성상의 뜻을 잘 받들어야 한다.

㉡ 5부의 민호民戶를 현재의 호수戶數대로 가까운 3군문에 분배하되 대략 배당한다.

㉢ 이번에 3군영軍營에 분배하는 민호는 경오식년庚午式年(영조 26년)의 호수에 의하여 분배하되 한성의 각 부에서는 매 식년마다 호적을 작성하고 3군문에 분속된 방과 계의 호구에 대한 총수를 성책成冊하여 해당 군문과 병조에 보고한다.

㉣ 3군문에 분속된 성타는 모두 전정前停·좌정左停·중정中停·우정右停·후정後停의 다섯 정停으로 나누고 순서대로 훈전訓前, 훈좌訓左, 금중禁中, 금우禁右 등으로 글자를 새긴 돌을 세워 도성의 수비 구역을 표시한다.

㉤ 매 군軍이 지켜야 할 성타는 이미 5구간으로 나누었으니 만약 1영 전체가 해당 도성을 수비한다면 5부의 군병이 5정에 나뉘어서 수비하며, 만약 1부

가 해당 군영에 해당하는 도성을 지킨다면 5사의 군병이 5정에 나뉘어서 수비하고, 만약 1사가 해당 군영의 도성을 수비한다면 5초의 군병이 5정에 나뉘어서 수비하되 군문의 부·사의 제도가 비록 다르다 하더라도 편리한 대로 적당히 분배한다.

ⓑ 각 군문에 나누어 준 여러 성의 한계를 평상시에 분명히 알아두게 하고, 유사시에 각기 지켜야 할 곳의 한계를 표시한 작은 그림[小圖]를 만들어 한성부의 5부와 방에 나누어 준 곳도 상세히 기록하여 반포한다.

ⓢ 한성 5부의 각 계契는 모두 작은 기旗를 만들되 훈련도감에 속하는 계는 황색기, 어영청에 속하는 계는 백색기, 금위영에 속하는 계는 청색기를 만들고, 기에는 모부某部·모계某契·훈전訓前·훈좌訓左 등의 글자를 써서 표시한다. 기는 해당 군문에서 만들어 해당 부部 즉 한성 5부에 나누어 주되 평상시에는 본 영營에서 보관하고 유사시에 나누어 준다.

ⓞ 위급한 일이 있을 때는 해당 군영에서 소속 부로 명령을 전달하고, 해당 부에서는 휘하의 호정戶丁을 대동하고 등성하여 성을 지키되 해당 부의 관원이 군령을 잘 거행하지 않을 때는 군법으로써 다스린다.

ⓩ 위급한 일이 있을 때는 매 호마다 노약한 집지키는 사람을 제외하고는 동반과 서반·유생儒生·출신·한산인을 막론하고 일제히 성에 올라 모든 힘을 다하여 성을 지킨다.

이상은 『수성절목』에 보이는 수성의 실행사항으로, 유사시에는 한성부의 백성들은 모두 3군문이 분담하는 도성 구역에 배치되어 도성을 수비하도록 하였다. 구체적인 한성부 백성들의 도성 배치 구역에 대해서는 앞의 「도성삼군문분계총록都城三軍門分界總錄」에 자세히 나타나 있다.

훈련도감은 북부를 중심으로 서부와 중부의 일부를 담당하고 있었다. 특히 훈련도감은 각 궁궐과 정부 기관이 위치한 정치적으로 중요한 지역을 담당하고 있었음을 알 수 있다. 금위영은 한성부의 남부를 중심으로 하여 중부와 서부의 일부를 담당하도록 하였다. 어영청은 동부를 중심으로 중부, 서부의 일부를 담당하고 있었다. 흥미로운 점은 군문에 소속된 도성 주민의 현황을 행정 및 군문이 공유한다는 것은 도성민의 동원을 원활하게 하기 위한 것이다. 특히 군문의 방어 구역을 작은 지도로 제작하여 반포한 것은 도성민이 방어의 주체로서 분명히 설정된 상징적인 것이라 할 것이다.

영조대 중반 정비된 이상의 도성 방어체계는 관민이 총동원된 체제로 숙종대 도성 삼군문 방어체제를 확대한 것이라고 할 수 있을 것이다. 아울러 양란 이후 남과 북으로부터 나타날 수 있는 대내외적인 위협에 대비하기 위해 다양하게 제기하였던 조선후기 군사전략의 일단락으로 평가할 수 있을 것이다.

도성 수비의 구체적 절차[502]

영조대 도성 수비의 절차에 대해서는 현재 정확히 알 수 없다. 다만 영조대 이전에 편찬된 것으로 추측되는 일반적인 수성 절차를 정리한『수성기요守城機要』에

---

502) 이 절의 내용은 원영환, 1975「조선후기 도성수축과 수비에 대한 고찰」,『향토서울』33, 177~181쪽의 내용을 바탕으로 수정함.

서 대략 확인할 수 있을 따름이다.[503] 『수성기요』의 수성 절차는 기본적인 것은 『병학지남』의 「성조정식城操程式」의 절차와 상당히 유사한데, 이를 통해 정조대 『병학통』이 편찬되기 이전에 수성 훈련을 목적으로 편찬된 것임을 짐작할 수 있다. 『수성기요』에 의하면 성 중의 군민이 참여한 가운데 1년에 1회 10일 간의 수성 훈련을 실시하도록 하였다. 구체적인 수성 훈련 상황은 다음과 같다.

먼저 중군中軍의 설치 단계로, 중군은 성곽 높은 곳에다 3장 정도의 큰 나무를 세우고 12폭의 큰 백기白旗를 달아서 중군의 위치를 표시하였다. 그 아래에 누포樓舖를 세우거나 혹은 방옥房屋을 만들어서 기름, 촉燭, 대종大鐘, 대포, 완구碗口 등 지휘하는데 필요한 물건을 갖추어 두고 훈련에 대한 지휘를 하도록 하였다.

다음은 수성 훈련의 첫 단계로서, 방어 군사의 편성과 배치는 다음과 같다. 환자를 제외한 모든 군민은 모두 각 성타城垛마다 몇 사람씩 배치하되 5개의 성타에 타장垛長 1명을 두고, 25성타마다 성장城長을 두며 50타마다 치총雉總을 두고, 성의 한 방면마다 성장城將 1명을 배치하였다. 치총은 낮은 관원으로 임명하며 성장은 성 안의 현지 관원으로 담당하게 하였다. 성문에 가까운 큰 길이나 중요한 길목의 어귀에는 주둔지에서 가까운 곳의 유명한 장정을 뽑아 지키도록 하되 이러한 곳에는 반드시 두목頭目을 두어 통솔하게 하였다. 또 군민 중에서 매우 용맹한 자를 미리 뽑아서 성 아래의 우마장을 수비하도록 하였다. 그리고 매복병인 복로병伏路兵들은 성 1면에 10명씩 배치하는데 모두 중군영中軍營에서 신호용으로 삼안총三眼銃과 기화起火 등의 무기를 가지고 성을 나와 요해처에 나누어 매복하게 하는데 병사 1명마다 1리씩 떨어지도록 하였다.

---

503) 『수성기요』의 편찬 시기에 대해서는 필자별로 논란이 적지 않다. 원영환과 오종록은 영조대로 추정하고 있으나 강성문은 영조대에는 아직 도성 수비책에 대한 구체적인 방안이 갖추어지지 않았다는 점 등을 들어 정조대로 추정하고 있다. 필자는 『수성기요』는 우마장 등을 통한 방어 절차가 있는 점을 통해 영조대 전반기 이전으로 파악하고 있다.

셋째 적군이 나타났을 때 단계로서, 복로병이 적이 20리 밖에 나타났다고 보고하면 중군에서는 종을 쳐서 적이 나타났음을 알리는데, 그 방향에 따라 종을 달리 치게 하였다. 즉 적이 북쪽에 나타나면 한 번, 동쪽에는 두 번, 남쪽에는 세 번, 그리고 서쪽에는 4번을 쳤다. 그리고 소리를 세 번 지르고 북을 세 번 치면 수성관守城官과 군민이 모두 급히 무기를 들고 성

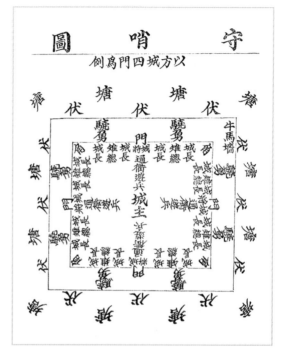

『병학지남』의 「수초도」

에 올라가고, 대포를 세 번 쏘고 징을 울리고 대취타를 하면 성문을 닫는다.

네 번째 단계는 전투로서 적이 갑자기 나타나서 100보 내에 이르면 중군의 명령을 기다릴 것 없이 불랑기 등의 화포와 조총을 쏘아 적을 공격하고, 적이 50보 내에 이르면 활을 일제히 사격한다. 이때 중군은 적이 나타난 방향에 따라 북을 치는데, 예를 들어 북쪽에 적이 오면 한 번, 동쪽에는 두 번, 남쪽에는 세 번, 그리고 서쪽에는 네 번을 친다. 적이 우마장 밖에 이르면 돌을 던져 적을 공격한

다. 다음 단계는 우마장 일대의 전투 단계로서 적이 성으로 접근하면 우마장에 배치된 군사들은 조총과 대장군포大將軍砲 등을 사격하여 적군을 공격하되, 적군이 우마장 앞에 이르면 우마장의 구멍을 통해 창으로 찔러 공격하고, 이어 우마장 위로 올라가 적군과 근접전을 행한다. 적군과 전투를 하는 방면으로는 해당 방면의 예비병력인 이른바 유병遊兵들이 달려가 응원하도록 하였다.

적군이 물러나면 중군은 대포를 세 번 쏘고 징을 울리고 대취타를 하며 나鑼를 울리면 5타 마다 병사 한 명을 남겨 적을 관찰하며 대비하도록 하고 나머지 군사들은 모두 성에서 내려와 휴식을 취하도록 하였다.

주간 훈련 이외에도 야간 훈련이 있어 한밤중인 2경 무렵에 성 밖의 복로군의 경보에 따라 주간의 조련하는 절차와 같이 훈련하도록 하였다. 조련이 끝난 다음에는 밤을 지내고 각기 명령에 따라 성에서 내려왔다.

이상과 같이 도성의 수성 훈련은 성안의 모든 군민이 동원되어 각종 신호 기구와 무기 등을 배치하고 복로병을 내보내어 4면을 돌아가면서 차례로 실전을 방불케 하는 훈련을 하도록 되어 있었다. 흥미로운 점은 이 시기 도성 방위에서 불랑기 등의 화포와 조총에 크게 의존하고 있음을 볼 수 있다. 아울러 궁시는 화포류보다는 덜 중요시되었지만 보조적인 무기로서 적지 않은 비중을 차지하였음을 알 수 있다.[504]

---

504) 오종록, 1988 「조선후기 수도방위체제에 대한 일고찰」, 『사총』 33, 43쪽

도성 3군문의 궁궐 및 국왕 호위체제

앞서 언급하였듯이 조선후기 들어 도성 내외의 치안도 점차 3군문에서 담당하게 된다. 특히 영조대 들어 3군문의 도성 치안 임무는 더욱 중요해졌다. 1733년(영조 9) 별순라를 추가하여 3군문이 궁장의 순찰을 담당하도록 하였다. 예를 들어 훈련도감은 집춘영~대보단 서쪽 담을, 금위영은 종묘 대문 서쪽~대보단 서쪽 담까지를, 어영청은 종묘대문 동쪽~집춘영을 담당하도록 하여 장교 1명이 군사 5명을 거느리고 초경부터 다음날 아침까지 담당하여 순찰하게 하였다.

　　다음으로 평상시 국왕 시위를 3군문이 담당하게 된다. 훈련도감 등 3군문이 궁성 숙위를 전담하게 된 것은 영조 5년(1729) 초부터로 평시 국왕을 호위하며 궁궐을 파수 입직하도록 하였다. 영조 이전에도 궁성 호위를 담당하기도 하였으나 삼군문 체계와 같은 체계적인 궁성 숙위는 아니었다.[505] 구체적으로 창덕궁, 창경궁, 종묘를 둘러싼 궁궐 담장의 외곽에는 3군영의 군사가 방위를 담당하였다. 궁궐의 외곽 지역은 3군영 소속의 북영北營, 서영西營, 남영南營, 동영東營, 집춘영集春營, 광지영廣智營이 둘러싸고 있었고, 세 군영의 군사들은 이곳을 거점으로 하여 관할 지역을 방위하였다. 궁궐 외곽을 방위하는 방법은 주간에는 삼군영 거점을 중심으로 파수를 보았고, 야간에는 오늘날 초소에 해당하는 포를 설치하고 이곳에 군사가 들어가 경비를 섰다. 이들은 각 분영의 위치에 따라 궁궐의 외곽을 여섯 지역으로 나누었다. 3군문의 구체적인 궁성 경비 양상은 다음과 같다.

　　금호문 옆에는 훈련도감에 속해 있는 훈련도감초관입직소訓鍊都監哨官入直所와 훈련도감군파수직소訓鍊都監軍把守直所가 있다. 이 곳에 속해 있는 금호문 입

---

505) 이왕무, 2007「조선 후기 국왕의 행행시 궁궐의 宿衛와 留都軍 연구」,『군사』62, 207~208쪽

직군은 돈화문과 명례문에 이르는 지역을 방위하였다. 이들의 인원은 파총 1명, 초관 1명, 보군 100명이다. 금위영의 분영인 서영은 명례문의 바깥쪽에 위치해 있다. 이곳에 속해 있는 서영군은 명례문과 공북문에 이르는 지역를 방위하였다. 이들의 인원은 초관 1명, 지방군 40명이다. 훈련도감의 분영인 광지영은 후원의 북쪽 응봉 아래에 위치해 있다. 이곳에 속해 있는 광지영군은 공북문에서 집춘문에 이르는 지역를 방위하였다. 이들의 인원은 초관 1명, 보군 50명이다. 어영청의 분영인 집춘영은 집춘문 옆에 위치해 있다. 이곳에 속해 있는 집춘영군은 집춘문에서 통화문에 이르는 지역을 방위했다. 이들의 인원은 초관 1명, 지방군 50명이다. 홍화문 옆에는 훈련도감에 속해 있는 훈련도감군번소가 있다. 이곳에 속해 있는 홍화문 입직군은 통화문에서 내사복 수문에 이르는 지역을 방위했다. 이들의 인원은 초관 1명, 보군 100명이다. 어영청의 분영인 동영은 선인문 아래에 위치해 있다. 이곳에 속하는 동영군은 내사복 수문에서 돈화문에 이르는 지역을 방위했다. 이들의 인원은 기사장 1명, 파총 1명, 초관 1명, 기사 25명, 지방군 61명이다.

　야간에 이루어지는 궁궐 외곽 방위는 주간과는 다소 다른 방식으로 이루어진다. 일단, 3군영에서 담당하는 구역에 변화가 있었다. 주간에는 여섯 지역으로 나누어 3군영의 분영分營에서 방위를 담당하였지만, 야간에는 담당 지역을 세 지역으로 나누었다. 훈련도감은 공북문拱北門에서 집춘문集春門에 이르는 지역, 어영청은 집춘문에서 종묘 대문 동쪽에 이르는 지역, 금위영은 종묘 대문 서쪽에서 공북문에 이르는 지역을 담당하였다. 그리고 삼군문의 담당 지역에 지금의 초소에 해당하는 포鋪를 설치하여 야간 경계를 강화하였다. 훈련도감 구역에는 여섯 개의 포를, 금위영 구역에는 여덟 개의 포를, 어영청 구역에 여섯 개의 포가

있었다. 각 포에는 군영의 군병 2명씩 들어가 궁궐 주변의 경계에 임하였다.[506]

입번 이외에도 무신난과 같은 대내외적인 변란이 발생할 경우에는 3군문의 호위처도 미리 정해져 있었다.[507] 국왕의 처소에 따른 3군문의 이른바 호위신지扈衛信地는 다음과 같다. 예를 들어 국왕이 창덕궁에 있을 경우 훈련도감은 금호문~사복시 수문에는 보병이, 돈녕부 앞길은 마병이 주둔하고 대장은 돈화문에 있도록 하였다. 금위영은 금호문과 광지영 사이, 어영청은 동영의 모퉁이에서 광지영까지 주둔하도록 하였다. 국왕이 경희궁에 있을 때에는 훈련도감은 개양문 동쪽~무덕문은 보병이, 육조의 동구에는 마병이 주둔하고 대장은 흥화문에 있도록 하였다. 금위영은 개양문에서 숭의문까지, 어영청은 숭의문에서 무덕문에 주둔하여 호위하도록 하였다.[508] 국왕이 거처하는 궁궐에 따른 군영별 호위신지를 정리하면 다음의 표와 같다.

군영	궁궐 구분	호위신지
훈련도감	창덕궁	금호문 남쪽~사복시 수문(보군) 돈녕부 앞길(마병)
	경희궁	개양문 동쪽~무덕문(보군) 6조 동구(마병)
금위영	창덕궁	금호문~광지영
	경희궁	개양문~숭의문
어영청	창덕궁	동영 모퉁이~광지영
	경희궁	숭의문~무덕문

궁궐 내 후원이나 여러 지역은 오위도총부에서 전반적인 경비를 담당하였

---

506) 『만기요람』 군정편, 훈련도감·금위영·어영청「各處入直」
507) 조준호, 1998「앞의 논문」, 112쪽
508) 『만기요람』 군정편, 훈련도감·금위영·어영청「扈衛信地」

는데 위장과 부장, 병조의 기병騎兵 등이 네 군데의 거점 즉 4사소四所와 후원, 궐내각사에 배치되었다. 구체적으로 보면 창덕궁의 금호문 옆의 남소南所, 명례문 남쪽의 서소西所, 창경궁의 선인문 북쪽에 동소와 북소가 설치되었다. 각 소에는 위장소衛將所와 부장소部將所가 있었고 위장과 부장 각 1인씩 입직하였다. 위장소에는 위장 휘하의 서원書員 9명, 사령 및 하인 15명씩이 배치되었다. 부장소에는 부장 휘하에 서원 2명 및 사령과 하인 7명이 배치되었다. 그리고 기병 5명이 각각 배치되었다. 후원 지역인 규장각奎章閣과 대보단大報壇에도 기병 3, 4명이 배치되었고 내병조, 승정원, 상의원에도 1~3명이 배치되었다.[509]

사소의 위장 등은 궁궐 내에서 일정한 시간에 순찰하는 순경巡更을 행하였는데, 사소의 위장과 부장 1명이 각각 야간 순찰하는 기병 6명을 거느리고 사령과 아방직兒房直 각 1명이 순찰을 행하였다. 이들은 밤마다 초경 3점 초부터 부장과 위장이 서로 반대편에서 잇달아 출발하여 서로 돌아가며 끊김이 없도록 순찰하였다. 예를 들어 창덕궁 동소東所의 부장이 초경에 출발할 때 반대편에 있는 서소西所의 위장이 동시에 출발하고, 2경에는 남소南所와 북소北所, 3경에는 동소와 서소, 4경과 5경에 남소와 북소가 차례대로 출발하여 순찰하였다. 동쪽 경계는 통화문까지, 서쪽은 영숙문 밖까지, 남쪽은 단봉문, 북쪽은 집성문 밖까지 이르도록 하였다. 이 순경 담당자는 시간별로 명단을 작성하여 국왕에게 보고하였다.[510]

도성 3군문은 국왕이 능행시 호위를 담당하거나 능행의 순라에도 동원되었다. 국왕의 행행에 참여하지 않는 군영의 군사들은 도성에 남아 이른바 유

---

509) 『만기요람』 군정편 「위장소」
510) 『대전통편』, 이에 대해서는 이왕무, 2007 「조선 후기 국왕의 행행시 궁궐의 宿衛와 留都軍 연구」, 『군사』 62, 202~203쪽에 자세하다.

도군留都軍으로서 역할을 하였다. 유도군은 5군영의 군병이 윤번제로 하였으며 국왕이 도성 밖에 행행하였을 때 궁궐의 수비는 물론 도성 내외의 주요 문을 지키는 수문守門, 여항과 행랑의 후로後路 등에서 잡인을 엄금하는 역할을 하였다. 유도군을 지휘하는 유도대장은 1~2인이 임명되고 군영 대장이 담당하였다.[511]

---

511) 이왕무, 2007 「앞의 논문」, 218~219쪽

10
19세기 전반기 도성 및 경기 일대 방어체제

장용영의 혁파

1800년 6월 말 정조가 승하하면서 정조의 개혁적 조치는 크게 반전되었는데, 그 중에서 가장 대표적인 것이 정조대 창설된 주요 군영인 장용영의 혁파였다. 앞서 보았듯이 장용영은 정조가 친위 군사력을 확보하기 위해 1793년 장용위를 확대 개편하여 장용영 내외영을 창설한 것에서 기인한다. 정조는 이후 장용영을 확대 개편하여 5천여 명에 달하는 정예 군사력을 확보하였을 뿐만 아니라 조선전기의 군사체제인 오위 체제를 화성에서 시도하였다. 그러나 화성에서 시도된 오위 체제는 정조의 사후 장용영이 혁파되면서 계속 추진되기 어려웠다. 따라서 장용영의 외영이었던 화성도 수원 지역의 군사 관리만을 위해 소규모의 총리영揦理營만을 두도록 하였다. 따라서 속오군을 중심으로 하여 편제되었던 당시 지방군 전체의 개편은 이루어지기 어려운 상황이었다.

1795년 장용영을 확대 개편하는 과정에서 주변의 여러 군영은 적지 않은 변화가 있었다. 장용영은 기존 군영의 병력을 흡수하면서 성장하였는데, 수어청

15초哨의 둔아병屯牙兵에서 매 초마다 25명을 줄여 장용영의 좌·우·후초로 만들었다. 이는 장용영이 새로운 군영으로 창설된 것이 아니라 기존 5군영 군병의 일부를 이속시키는 것이므로 자연히 5군영의 군사력을 약화시키는 결과도 가져왔다. 더욱이 장용영으로 이속된 군병은 5군영의 정예군으로 기존 군문체제가 약화되면서 장용영의 군사력이 강화되었다. 이에 수어청은 경청이 혁파되고 광주부 안의 남한산성만을 지키는 군영의 성격으로 그 지위가 하락하였다. 또한 호위청은 1793년 장용영에 합속되었으며 어영청과 훈련도감 등도 규모가 약간씩 축소되었다.

혁파 직전 장용영은 내영에 총 19초, 외영에 2만 명에 달하는 막대한 수준이었다. 그러나 장용영이 혁파되면서 각 군영에 1,600명 정도 되돌려졌다.[512] 구체적으로 살펴보면 선기대善騎隊 2초는 훈련도감의 마병馬兵으로 다시 소속시켰고, 경군京軍 3초는 훈련도감에 이속시켜 원군原軍이 결원이 있기를 기다려 차례차례 대신 메꾸도록 하였다. 금위영의 아병牙兵 70명은 해당 영에 소속시키고, 좌사左司의 향군鄕軍 5초는 다시 수원부에 소속시켰으며 별좌사別左司인 향군 3초와 별우사別右司의 향군 3초, 즉 6초 중 광주廣州의 2초는 다시 수어영守禦營에 소속시켰다. 용인龍仁·안산安山·시흥始興·과천果川에 있는 4초는 모두 마땅히 수어영에 도로 소속시켜야 하지만 네 고을의 군병들이 모두 수원 외영外營에 소속되어 있으므로, 군제를 개정할 동안에만 임시로 수원부에 소속시켰다. 우사右司인 향군 5초와 지평砥平·양근楊根·파주坡州·가평加平의 3초는 다시금 수어영에 소속시켰다. 그리고 양주楊州·고양高陽 2초는 다시 해당 고을에 소속시켰다. 호위

---

512) 『순조실록』 권4, 순조 2년 2월 戊申 장용영 혁파에 대해서는, 한상우, 2018 「1802년 장용영의 혁파와 영향」, 『역사와 현실』 107에 자세하다.

청 군은 도로 본청에 소속시키고, 아병牙兵 57명은 다시 훈련도감에 소속시키고, 원액原額 40명 이외에는 차례차례 결원이 있어도 보충하지 말도록 하였다. 별장 취수別將吹手 40명, 삼사 취수三司吹手 60명, 선기장善騎將의 표하군標下軍, 18명, 사후군伺侯軍 23명 등은 훈련도감 표하군 및 초군哨軍에 이속시켜 서자치, 패두가 결원이 있으면 승진시켜 채우도록 하였다. 공장아병工匠牙兵 23명은 각 사와 각 영에 나누어 소속시키고 치중輜重 복마군卜馬軍 40명은 각 영에 나누어 소속시키고, 배봉아병拜峯牙兵 2초와 표하군 24명, 향취수鄕吹手 47명은 자신이 원하는 바에 따라 수어청에 다시 소속시키고, 나머지는 목자牧子로 삼았다. 장별대壯別隊 1초는 다시 사복시司僕寺에 소속시켰다가 여러 인원들이 승진된 뒤에 별무사別武士 30인, 원역員役 29명은 목장牧場을 설치한 뒤에 해당 목장으로부터 편리한 방도에 따라 각각 처리하도록 하였다. 고성아병古城牙兵 2초, 표하군 58명, 노량아병鷺梁牙兵 1초, 표하군 23명, 향취수鄕吹手 52명은 모두 그대로 경기의 승호군陞戶軍에 배치하여 매 식년式年마다 20명씩 훈련도감에 도로 소속시키되 각 군병을 구처할 동안 승호군은 우선 뽑아 올리지 않도록 하였다.

이상의 조치에 따라 장용영의 관원과 군사, 재정 중에서 신설된 부분은 폐지되고, 다른 군영이나 기관에서 이속되었던 것은 원 소속처로 돌려졌다. 국왕의 친위와 화성 방어를 담당하던 장용영이 혁파됨에 따라 이전의 군영 체제로 환원되었다. 장용영의 일부 군사와 재정 등은 8개월 후인 1802년 9월에 환속되기도 하였다.

19세기 초 금위영과 어영청 개편

장용영 혁파 이후 이전의 도성을 중심으로 하는 삼군문체제가 다시금 재현되었다. 그러나 훈련도감, 어영청, 금위영은 장용영 설치 이전의 위상을 완전히 회복하지는 못하였다. 장용영 혁파 이후 훈련도감의 군액은 그대로 복구되었으나 어영청과 금위영은 군액과 재정을 모두 복구하지 못하여 군사력이 축소되는 양상을 보였다.[513] 번상하는 향군이 주력인 금위영과 어영청은 정조 후반기 화성 건설에 소요되는 재정을 확보하기 위해 번상을 정지시키는 정번停番 대신 군포를 내게하는 정번수포가 순조 이후에도 계속되어 실질 군사력은 축소되었다. 또한 순조대 금위영과 어영청의 상번군인 향군의 일부는 1808년 번상 대신 군포를 납부하고 경군으로 대체하게 하였다. 즉 금위영과 어영청 상번군의 정번은 오직 국가 재정 확보 수단으로 변질되었다. 이는 자연스럽게 도성의 군사력 약화를 초래하였다.

금위영과 어영청의 약화는 자연스럽게 도성 방어의 중심 군영으로 훈련도감의 위상이 높아지는 것을 의미하였다. 어영청과 금위영은 평시 번상하여 주둔하는 1사 5초의 기본적인 편제도 유지하기 어려운 상황에 빠질 정도였다. 이로 인한 도성 방어의 취약점을 해결하기 위해 어영대장 이요헌은 정번의 문제를 해결하기 위해 정번수포를 이용하여 도성 내의 상주 병력 1초의 군사를 유지하는 방안을 제시하였다. 정번수포는 1초의 경군을 유지하는 것은 물론 표하군 50명을 추가로 확보하는데 충분한 재원이었으므로 국왕 순조는 동의하였다. 이에 이

---

513) 이태진, 1985 『앞의 책』, 313~315쪽

전까지 상번군으로 운영되는 금위영과 어영청은 경군 1초씩 상시적으로 한성의 군영에 주둔시키도록 하였다. 금위영과 어영청의 경군 규모는 1개 초 135명으로 5개 초 중 중초中哨를 이루도록 하였다. 경군 1초의 상비군으로 편성되기 시작한 금위영과 어영청은 내실있는 중앙 군사력 확보에는 도움이 된 것은 사실이지만 정번되는 4초의 정군은 실질적 군사력에서 배제되는 결과가 되었다. 즉 조선의 전통적인 지방군 및 중앙군 체제가 이제 도성에 주둔하는 상비 군병을 중심으로 재편되는 것을 의미한다. 물론 19세기 초반의 일시적인 대외정세 안정에 따른 군사력 조정 과정으로 볼 수 있지만 이 조치로 인해 금위영과 어영청의 군사적 위상은 급격히 약화되었다.

친위군 강화와 총위영 설치

국왕 순조는 즉위 직후 장용영을 혁파하였지만 정조와 마찬가지로 군권 장악에 관심을 가지고 있었다. 순조는 조선전기의 5위체제 복구와 도총부 기능의 강화를 통해 군권을 장악하고자 하였다. 순조는 5군영의 군사들을 도총부 휘하에 두고 일원적인 지휘체제에 두고자 하였다. 아울러 순조는 장용영 혁파 이후 호위군영으로 호위청과 용호영으로 금군의 역할을 담당하도록 하였다. 호위청은 정조 초반 왕실 호위를 위한 군영으로 숙위소가 창설되면서 약화되었고 장용영이 설치되면서 장용영에 편입되었다. 그러나 순조 즉위 이후 다시 독립된 군영으로 복구되었다. 용호영은 장용영 설치 직후 기존 700명에서 600명으로 약간 감소되었다가 장용영이 혁파되면서 돌려받은 군액으로 원래의 700명으로 복구하였다.

용호영과 호위청은 국왕을 시위하는 핵심 군병이었음에도 불구하고 이들에 대한 통제에는 약간의 한계가 있었다. 이에 순조는 독자적인 추가 군사력 확보를 위해 훈련도감 소속이지만 무예청武藝廳을 구성하는 군사력이었던 무예별감으로 왕권 강화의 친위군으로 삼고자 하였다. 무예별감의 구성 등에 대해서는 『만기요람萬機要覽』「군정편」의 훈련도감 「군총軍摠」 조에 다음과 같이 잘 나타나있다.

무예별감武藝別監 198명 별기군別技軍 중에서 가려 뽑아 3망三望을 갖추어 兵曹로 보내어 계를 올려 낙점을 받는다 ○ 마군馬軍·보군步軍 및 그 족속 중에서 위력膂力이 있고 신체가 좋으며 손재주가 좋은 자를 별도로 가려 뽑아 항상 기예를 익히는 자를 별기군別技軍이라 한다 ○ 인조仁祖 경오년(인조 8)에 설치하였는데 처음 정원이 30인이었는데 인조 정축년(인조 15)에 10인을 증원하였다. 숙종肅宗 을묘년(숙종 원년)에 20인을 증원하였고 영종英宗 무진년(영조 24)에 40인을 증원하였다. 정종正宗 기해년(정조 3)에 50인을 증원하였고 을사년(정조 9) 도로 10인을 줄였다가 금상[當宁] 임술년(순조 2)에 50인을 증원하였다. ○ 좌번左番과 우번右番에 각각 통장統長 1원이 있어 이를 통솔한다. 처음 정조 신축년(정조 5)에 『이전肄陣』을 만들고 무예별감武藝別監 102인을 좌번, 우번으로 나누고, 번番에는 각각 1총總과 5령領을 두고 1령領은 9인을 통솔하며, 1총總은 5령領을 통솔하게 하였다. 조련을 행할 때마다 행수별감行首別監을 임시로 통장統長에 차정差定하여 총總·령領을 통솔하게 하였다. 을사년(정조 9)에 이르러 비로소 2원員을 전임으로 두었다. 장용영壯勇營을 설치한 후에는 겸

지구관兼知敎官이 거행하게 하였다. 금상 임술년(순조 2)에 장용영壯勇營을 혁파하고 전명사알傳命司謁로 하여금 이를 겸하도록 하였다[514]

　　이 자료에서 살펴보듯이 1779년(정조 3)에 기존의 100명이었던 무예별감의 수를 50명 증원하여 150명으로 증원되었다. 그러나 1781년(정조 5) 정조의 집권 초기 국왕권 강화를 위해 국왕 호위부대로 설치한 숙위소宿衛所를 담당하고 있던 대장 홍국영洪國榮이 다른 마음을 품어 실권함에 따라 숙위소의 기능이 실질적으로 정지되었다. 따라서 이를 대신할 새로운 호위 부대의 신설이 요구되었다. 그러나 새로운 호위 군영 창설을 위해서는 다소의 시간이 필요하였으므로, 기존의 국왕 호위 병력의 하나인 무예별감을 증원하여 임시로 국왕 호위를 강화하도록 한 것이다. 이는 1785년(정조 9) 장용위가 설치된 후 무예별감의 정원을 10인 축소한 사실을 통해서도 확인할 수 있다. 아울러 정조는 1781년(정조 5)에 『이진총방』을 간행하여 조선 전기 오위 진법을 복구하려는 궁극적인 의도와 함께 국왕의 측근 호위 군사인 무예별감의 조련을 강화하기 위한 목적을 함께 가지고 있었다. 무예별감은 102인을 좌번, 우번으로 나누고, 각 번番에는 각각 1총總과 5령領을 두고 1령은 9인을 통솔하며, 1총은 5령을 통솔하게 하고, 조련을 행할 때마다 행수별감行首別監을 임시로 통장統長에 차정하여 총과 령을 통솔하게 하였다.

　　순조가 무예별감에 관심을 둔 것은 1807년(순조 7)부터였다. 순조는 명목

---

514) 武藝別監 一百九十八 別技軍中抄擇 備三望 移送兵曹 入啓受點 ○ 馬步軍及其族屬中有膂力好身手能技藝者 別爲抄擇 常習藝者 曰別技軍 ○ 仁祖庚午 置 初額三十 丁丑 增十人 肅宗乙卯 增二十 英宗戊辰 增四十 正宗己亥 增五十 乙巳 還減十人 當宁壬戌 增五十八 ○ 左右番 各有統長一員 以率領之 始正宗辛丑 爲隸陣 以武藝別監一百二 分左右番 番各有一總五領 每領 十人 而一領領九人 一總總五領 每行操 以行首別監 權差統長 以統總領 至乙巳 始專置二員 壯勇設營後 以兼知敎官 擧行 當宁壬戌 罷壯勇營 以傳命司謁兼之

상 남아 있던 오위도총부를 실질적인 군사 지휘부로 재건하고자 하였다. 이에 1810년 무예별기군을 추가 창설하여 오위도총부의 기능을 복구하는데 활용하고자 하였다. 그러나 순조의 무예별감 강화 노력은 적지 않은 반대를 불러 일으켰으므로 순조의 군제 개혁과 친위병 양성은 소기의 성과를 거두지는 못하였다.

순조대 친위 군병 확보 노력은 헌종대에도 계속되었다 그 대표적인 것이 1846년 총위영의 설치였다.[515] 총위영總衛營은 헌종이 왕권을 강화하기 위해 세도 가문들에 의해서 잠식된 훈련도감 등 경군문京軍門을 대체하기 위해서 설치되었다. 총위영은 1846년 이미 속오군束伍軍으로 편성되고 방군수포화放軍收布化되어 유명무실해진 경기 북부의 방어 군영인 총융청을 개편한 것이었다. 총위영이 설치된 것은 왕권 강화의 목적도 있었지만 동시에 당시 유동적인 국제정세에 대응하기 위해 도성 일대 방어 강화를 추진한 결과였다.

1840년 초 아편전쟁이 한창일 무렵부터 조선 연해에는 위압적인 이양선들이 출몰하기 시작하였다. 1840년 12월 30일, 제주목사 구재룡具載龍은 장계를 올려 영국 이양선 2척이 제주 연해에 정박하여 소를 약탈해 갔다고 보고하였다.[516] 당시 보고된 정황을 보면 기왕의 이양선 사건과는 많이 달랐는데, 영국인들은 조선 관원과의 접촉 없이 해당 섬의 소를 도축하거나 약탈해 갔고, 문정하려는 관원들을 향해 포를 쏘기도 했다. 1차 아편전쟁이 마친지 얼마 지나지 않은 1845년, 제주도에는 다시 영국 이양선이 모습을 드러냈다. 사마랑(Samarang)호라는 이 이양선은 제주도와 거문도를 오가며 조선에 약 7주간 체류하며 조선 연안에

---

515) 이하 총위영에 대한 내용은 이왕무, 2012 「세도정치기 국방체제의 변화」, 『한국군사사』 8, 경인문화사, 358~366쪽 참조

516) 이 사건에 대해서는 한상복, 1988 『海洋學에서 본 韓國學』, 해조사, 335~336쪽 참고.

대한 측량을 실시하였다.[517] 1846년 6월에는 프랑스의 이양선 3척이 충청도 홍주 인근 연해에 출몰하여 여러 날을 머물렀으나 조선 관원들은 문정問情도 시도하지 못한 채 이양선은 떠나버리고 말았다.[518] 이듬해에는 2척의 프랑스 함선이 조선의 흑산도 일대에 나타나기도 하였다. 따라서 조선 조정에서는 총위영 설치 등 도성 일대 군사체제 강화를 통해 이에 대응하고자 하였다.

총위영은 정조가 설치한 장용영의 선례를 따라서, 총위영 장관將官인 총위사摠衛使는 정 2품직으로 무반의 최고위직으로 임명되었으며, 이미 서반 세도가들에 의해 장악된 훈련대장, 어영대장, 금위대장 등의 경군문의 장신들보다 높은 직위였다. 처음 목적은 용호영龍虎營 등을 지원하여 궁궐의 숙위와 어가를 호위하는 것이었으나, 점차 확대되어 훈련도감 등 기존의 주요 군영을 대신하여 궁성의 수비를 맡기기도 하였다. 장용영과 마찬가지로, 설치 초반기에는 기존 군영들의 군액을 흡수하여 확대 되었으므로, 기존 군영들의 위세는 약화되었으며, 총위사의 높은 품계와 더불어서 총위영의 위세는 다른 군영들을 압도하게 되었다.

총위영의 조직은 총위영의 장신將臣인 총위사는 판서 등 문신이 임명되었던 장용영의 사례에 따라 문신이 임명되었다. 총위사의 밑에서 실질적인 군무를 주관하는 총위중군摠衛中軍은 종 2품직으로, 포도대장捕盜大將, 훈련중군訓鍊中軍 등을 역임한 자가 임명되어 병마절도사兵馬節度使 등이 임명되던 경군문의 중군보다 실질적인 직급이 높았다. 단위 부대를 지휘하는 지휘관으로는 기병인 마군馬軍을 지휘하는 정 3품의 별장別將 1인과 정 3품의 천총千總 1인, 궁궐에 숙위하는 군졸들을 지휘하던 정 3품 당상 무관으로 임명되는 번장番將 2인이 있었

517) 한상복, 위의 책, p.334.
518) 『현종실록』 권13, 현종 12년 6월 23일 丙子

다. 사司를 지휘하던 4품 무관인 파총把摠 2인과 사 아래 초哨를 지휘하던 9품 무관인 초관哨官 10인이 있었다. 즉 2개 사 10개초 규모의 군영이었음을 알 수 있다. 이외에도 6품으로 임명되던, 장신들을 보좌하던 종사관從事官 1인이 있었다.

총위영의 군병으로는, 훈련도감 소속의 마병 2초를 옮겨와 마병 238인을 별장 예하에 편성하였으며, 훈련도감의 좌부左部와 우부右部에서 살수로 구성된 중사中司에서 6초를 빼내와 보졸 738인을 천총 예하에 편제하였다. 이외에도 칠색표하군七色標下軍 589인이 소속되어 있었으며, 여기에 훈국 표하군 62인을 빼내와 더했다. 따라서 총위영은 해당 군졸만 1,627인이 편성되던 대규모 군영이었으며, 이외에 서리書吏 등 잡다한 관원과 군졸들을 통솔하던 장수들까지 합하면 2,000인이 넘었다. 그 규모는 훈련도감 이외에는 총위영의 규모를 능가하는 군영이 없어 경군京軍에서 두 번째로 큰 군영이었다.

총위영은 도성 안 좌, 우사의 내영과 함께 도성 외부의 외영을 두었다. 총위영 외영은 남양의 전사, 파주의 중사, 장단의 후사를 두었으며 3개 진에는 2부 3사의 장초壯抄, 둔장초, 아병, 둔아병 등 26개 초로 편제되었다. 각 초는 125명이며 총 36초의 속오군을 보유하였다. 이는 총융청의 외영을 그대로 인수한 것에 따른 것이다.

훈련도감에 버금가는 막강한 군세를 갖춘 총위영은 병력 구성을 보면 국왕을 지근거리에서 호위하는 군병을 중심으로 하는 내영과 총융청의 외영 병력으로 구성되었고, 이를 통해 경기 내의 군병을 통합적으로 휘하에 두고 도성과 경기 일대를 호위하도록 한 것이다. 총위영을 바탕으로 헌종은 왕권 강화와, 당시 난립해 있던 군영들의 통합을 노렸던 것 같다. 실제로 훈련도감의 예산 중 상당 부분을 총위영에 배정하였으며, 유명무실화된 어영청과 금위영의 일부 보인保

人들을 옮겨와 총위영의 추가적인 확장을 노렸으며, 무예별감武藝別監 등 일부 훈국 소속의 특수 병종들도 총위영에 옮겨 편제하기도 하였다.

총위영 내영의 구체적인 편제를 정리하면 다음과 같다.

총위사(정 2품, 판서 등이 겸임한다.) 1인
총위중군(종 2품) 1인
번장(정 3품) 2인
종사관(종 6품) 1인
　- 칠색표하군七色標下軍 589인
　- 경표하군京標下軍 62인

선기대善騎隊: 별장別將이 지휘.(별장(別將) 1인, 초관(哨官) 2인, 마병(馬兵) 119인,
　　　별기대(別騎隊) 119인, 총합 241인)
　- 마병초馬兵哨: 마병 초관馬兵 哨官이 지휘, 마병 119인, 합 120인
　- 별기대別騎隊: 별기 초관別騎 哨官이 지휘, 별기대 119인, 합 120인

총위영 천총 예하.
(천총(千總) 1인, 파총(把摠) 2인, 초관(哨官) 6인, 경병(京兵) 738인, 총합 747인)
좌사左司: 좌사 파총이 지휘.(파총 1인, 초관 3인, 경병 369인, 총합 373인)
　- 좌초左哨: 좌초 초관이 지휘, 경병京兵 123인(살수로 구성), 합 124인.
　- 중초中哨: 중초 초관이 지휘, 경병京兵 123인(살수로 구성), 합 124인.
　- 우초右哨: 우초 초관이 지휘, 경병京兵 123인(살수로 구성), 합 124인.

우사右司: 우사 파총이 지휘.(파총 1인, 초관 3인, 경병 369인, 총합 373인)
   – 좌초左哨: 좌초 초관이 지휘, 경병京兵 123인(살수로 구성), 합 124인.
   – 중초中哨: 중초 초관이 지휘, 경병京兵 123인(살수로 구성), 합 124인.
   – 우초右哨: 우초 초관이 지휘, 경병 123인(살수로 구성), 합 124인.

    여기서 흥미로운 점은 총위영 내영의 군병이 훈련도감에 속했던 마병의 일부와 보병 중 살수 6개초로 구성되었다는 사실이다. 훈련도감의 경우 20개 초의 포수와 6개초의 살수, 그리고 6개초의 마병으로 구성되었는데, 그 중 살수 전부와 마병의 일부를 편입하였음을 알 수 있다. 총위영은 정조대 장용영을 의식하면서 창설되었으므로 도성 내 총위영 내영은 이현에 있었던 장용영 내영 터에 설치되었다. 이는 이 지역이 창덕궁과 창경궁의 지근거리에 있으며 국왕이 평소에 외부로 나가는 통로이기 때문이기도 하다. 내영의 규모는 내대청 24칸, 외대청 15칸월랑 121.5칸, 누상고 111칸 등 모두 613칸의 건물이 있었다. 그리고 도성 외의 신영은 창의문 밖 탕춘대에 있었는데 275칸 규모였다.

    헌종의 의지로 창설된 총위영은 창설된 지 2년이 지나지 않은 1849년, 헌종이 사망하고 철종이 즉위하자 모든 것이 무위가 되었다. 즉 훈련도감 소속으로 총위영에 옮겨진 군병들과 장신들은 다시 훈련도감으로 돌아 갔으며, 일부 신설된 부분은 다시 혁파되었다. 총위영은 다시 총융청摠戎廳으로 개칭되었으며, 총위사는 총융사摠戎使로, 중군의 지위도 격하되었다. 기존 군영의 인력과 물력을 바탕으로 창설된 총위영은 강력한 지지자인 헌종이 서거하자 자연히 혁파될 수 밖에 없었다. 하지만 헌종이 총위영을 신설한 것은 나중의 고종이 무위소武衛所를 설치한 것의 근거가 되었으며, 나중의 군제 개혁의 발판이 되었다고 할 수 있다. 아울러 도성의 친위 군사력과 경기의 군사력을 통합한 군영으로서 정조대 장용영의 성격을 이은 군영으로 의미가 있다.

총융청 중심의 경기 방어체계

정조 후반기 수원 화성이 경기 남부 일대 방어의 중심이 되면서 수어청과 남한산성의 군사적 중요성은 상대적으로 약화되었다. 1795년 광주부를 유수영으로 승격시켜 남한산성으로 읍치를 옮기고 수어사를 겸하게 하여 경청을 영구히 폐지하였다. 경청이 폐지되면서 수어청은 산성으로 출진하여 일원 체제로 변하게 된다. 이전까지 경청에는 좌우 별장이 있어 경기 이외의 군병에 대한 순력 등을 하였으나 별장이 없어지면서 좌부 별장은 여주목사가, 우부 별장은 이천부사가 겸하여 전담 별장제가 폐지되었다. 광주유수가 수어사를 겸하면서 수어청은 사실상 유명무실해졌고 대신 방어영을 두어 남한산성 방어의 실질적인 책임을 지도록 하였다. 즉 이전까지 경기 남부와 북부를 수어청과 총융청이 나누어 담당하던 것에서 총융청과 장용영이 중심이 되는 새로운 경기 방어체제로 전환된 것이다.

정조대 총융청 관리 하에서 북한산성은 성곽의 수축과 정비 등은 계속되었다. 조정에서도 찰리사나 북한산성어사 등을 파견하여 수시로 그 실태를 점검하기도 하였다. 예를 들어 1785년(정조 9)에 군기나 군량, 성첩 등을 조사하기 위해 신기申耆를 북한산성 안찰어사按察御史로 보내어 그 실태를 조사하였다. 당시 신기의 보고에 따르면 북한산성의 관리는 상당히 부실하였는데, 군량은 4개 창고와 군영에 유치된 3개 창고 등에 비축한 쌀을 유용한 것이 오래도록 고질적인 병폐가 된 상태였다. 군기의 경우에는 화포, 교자궁, 조총, 환도 등은 현상을 유지하고 있으나 일부는 파손되어 보수가 절실한 상황이었다. 성첩의 경우에도 대성문에서 용암봉에 이르는 구간이 적지 않게 훼손되어 보수가 요구되었다.[519] 정조대 후반기에는 북한산성 보수 방안이 본격 제기되었다. 정조 17년(1792) 총융사 이방일이 북한산성의 개수를 요청하여 그해 전체 3,317첩 중 237개소의 성첩이 수축되고 성랑 127곳 중 13개소에 대한 개수가 이루어졌다.

　장용영이 1801년 혁파되면서 19세기 전반 경기 방어체계는 총융청이 유일한 군영으로 남게 되었다. 물론 남양, 파주, 장단 등 3개 외영이 있었지만 실질적 상비 군사도 총융청 내영의 500명 정도에 지나지 않았다. 이후 총융청은 1846년(헌종 12) 총위영이 창설되면서 북한산성 소속의 별아병 등 1,212명과 치영緇營 소속의 승병 등이 총위영으로 일시 편입된 적이 있었지만 2년이 지나지 않아 철종이 즉위하면서 총위영이 혁파되면서 북한산성은 다시 총융청으로 환원되었다. 북한산성은 이후에도 여전히 도성의 보장의 위상을 가져 행궁과 사찰, 창고 등의 개보수가 이루어졌다.

　한편 경기 북부의 군사 거점인 개성도 다소 간의 변화가 나타났다. 앞서 보았듯이 1803년 청석진 설치로 완비된 개성 일대 방어 체계는 기본적으로 청나라의 전면적인 침입에 대한 대응 체제라고 할 수 있다. 그러나 대청 관계가 안정기에 접어들고 청나라의 현실적인 침입 가능성이 거의 사라지면서 서북 지역의 군사적 중요성이 이전보다 상당히 낮아지면서 개성 일대의 조밀한 방어 체계는 그 효용성이 상당히 의문시되었다. 동시에 과도한 방어 체계의 유지는 개성부의 재정적 어려움을 가중시켰다. 1821년(순조 21) 청석진을 혁파하는 조치가 내려진

519) 『정조실록』 권20, 정조 9년 6월 갑오.

것은 이러한 변화된 상황의 반영이라고 할 수 있을 것이다.[520]

내륙의 방어체제의 중요성이 점차 줄어들면서 청석진이 혁파되는 등 개성의 방어체제 변화가 나타났지만 상대적으로 황해도 일대 해방海防의 중요성은 증가하던 상황이었다. 특히 19세기에 들어서면서 서해안 일대 곳곳에는 기존의 황당선에 더하여 서양 세력의 출현이 나타나기 시작하였다. 심지어 1816년 7월에는 8개의 돛대를 갖춘 영국의 대형 군함이 전라도 진도珍島에 부속된 섬인 도합도叨哈島에 정박하고 그 배의 선원들이 섬에 상륙하자 마을 주민들이 모두 집을 비우고 숨어버리는 일이 일어날 정도였다.[521] 이러한 상황에서 19세기 전반 이후 조선의 방어 전략은 점차 해안 방어에 중점이 두어졌고 특히 다른 지역에 비해 긴 해안선을 가진 황해도 해안 방어의 중요성은 더욱 커졌다.

실제 19세기 중반 해방의 중요성이 높아지면서 강 입구에 연한 곳에 진보가 신설되고 내륙 진보의 혁파가 본격적으로 논의되었다.[522] 이러한 상황에서 내륙 방어에 중점을 둔 개성 일대 방어 체제도 이후 변화가 불가피해진 것으로 보인다. 18세기 중반 편찬된 『여지도서輿地圖書』와 달리 19세기 중반 편찬된 『대동지지大東地志』의 개성부 관련 자료에 기존의 내륙 관방에 대한 내용과 함께 고려시기 예성강을 연한 지역에 축조되었던 영안성永安城, 승천고성昇天古城에 대한 내용을 추가된 것은 이러한 사정의 일단을 보여주는 것으로 주목된다.[523] 후술하겠지만 1823년(순조 23) 개성에 병합되었던 풍덕이 복구되어 병인양요 이후 다시 강화의 진무영 소속으로 변하는 것은 이를 반영한다.

---

520) 『순조실록』 권24, 순조 21년 11월 丙子.

521) 『備禦考』 권7, 「映咭喇說」(『여유당전서보유』3, 585면). 이 배는 충청도 해안인 馬梁鎭 葛串일대에도 나타나 지방 관원이 조정에 상황을 보고하기도 하였다(『순조실록』 권19, 순조 16년 7월 丙寅). 19세기 서양 선박의 출몰 양상과 위기의식의 고조에 대해서는 이병주, 1977 「개화기의 신·舊軍制」, 『한국군제사 ; 근제조선후기편』 251~255쪽 참조.

522) 김명호, 2005 『초기 한미관계사의 재조명』, 역사비평사, 81~86쪽.

523) 『大東地志』 권2, 개성부 「城池」(아세아문화사 영인본 40면).

11
19세기 중반 서양 세력의 대두와
경기 일대 방어체제

병인양요 이전 조선의 해안 방어론

동아시아 해안에 대한 서양 세력의 위협이 본격화되고 이에 대한 방어론이 본격적으로 나타나기 시작한 것은 1840년을 전후한 시기이다. 이는 19세기 들어 서양의 선박 제조기술에 나타난 혁신적인 변화에 기인한 것이었다. 19세기 초 나폴레옹 전쟁 당시 돛단배와 군함은 최고의 완성도 수준에 도달하였으나 이후 선박 자재의 한계에도 도전하게 되었다. 특히 1830년 이후 이후 해상 전투 혁명은 여러가지 기술적인 발전의 결과로서 가장 중요한 것으로는 무기의 완성도(특히 대포)향상, 증기기관 출현, 철과 강철로 된 대형함선 건조 능력 등이었다.[524] 1820년대까지 엔진과 외륜을 연결하여 추진하는 방식의 증기선은 원양 항해 능력이 거의 없었다. 그러므로 연안 항로와 하천용으로 주로 이용되었는데 이는 당시 선박의 증기기관의 낮은 신뢰성과 높은 석탄 소비량 등에 기인한 것이었다.

---

524) 마틴 반 클레벨트(이동욱 역), 2006 『과학기술과 전쟁』, 황금알, 246~248쪽

원양에 나갈 수 있는 스크류 장착 증기기관 군함은 1840년대 개발되었고 1850년경에는 군함의 증기 동력화와 스크류 장착이 정착 단계에 들어갔다. 원형 보일러와 2단 팽창기관이 정착되는 1860년대가 되면 증기 군함의 범선 군함에 대한 우위는 확실한 것이 되어가면서 1860년대가 되면 이미 범장 시설이 전혀 없는 증기력만으로 움직이는 군함이 등장하고 1870~1880년대로 가면서 그 비율은 점점 높아졌다.[525]

1840년 제1차 중영전쟁中英戰爭(아편전쟁)과 이후 조선 연해 지역에 대한 빈번한 이양선異樣船 출몰은 이상의 서양 군함 건조 기술의 혁신적인 발전과 밀접한 관련을 가지고 있다. 제1차 중영전쟁 당시 영국은 선저船底가 평평하고 얕은 철갑 증기선과 최신 병기로 무장한 수천명의 소규모 기동부대를 파견하였다. 이에 비해 낡은 대포로 무장한 전투 정크선 및 약한 해안 포대로 구성된 청나라 군사력은 적절히 대응하지 못하였다.[526] 제1차 중영전쟁을 계기로 서양 세력의 해상으로부터의 심각한 위협에 대응하기 위해 중국에서는 많은 해방론海防論이 대두하였다. 그중에서 가장 대표적인 인물이『해국도지』를 저술한 위원魏源이었다. 위원은 1840년대 초 중영전쟁을 직접 체험하고 나서 서양 세력의 침공을 저지하기 위한 여러 방략을『해국도지海國圖志』에 정리하였다. 1842년 위원魏源은『해국도지』초판본 50권을 편찬하고, 1847년에 60권으로, 그리고 1852년에는 100권으로 증보하였다. 이 책은 곧 조선에 전해져 조선의 서양에 대한 인식과 해안 방어론 수립에 적지 않은 영향을 미치게 된다.[527]

『해국도지』에서 위원은 서양 세력을 막는 대책을 크게 의수議守, 의공議攻,

525) 青木榮一(최재수 역), 2000『시 파워의 세계사』(2), 한국해사문제연구소, 52~59쪽
526) 존 K 페어뱅크 등(전해종·민두기 역), 1969『동양문화사』(하), 을유문화사, 162~165쪽
527) 이광린, 1969「海國圖志의 한국전래와 그 영향」,『韓國開化史硏究』, 일조각, 3~7쪽

의관議款의 3가지로 나누어 설명하고 있는데, 서양의 위협 대처하기 위해 원정 공격 보다 수비를 우선하는 것을 의수라고 하였다.[528] 이러한 의수에는 3가지 방법, 즉 수외양守外洋, 수해구守海口, 수내하守內河가 있는데 이중 가장 좋은 방법은 수내하라고 위원은 주장하였다. 수내하는 적의 배를 최대한 내하內河, 즉 내륙의 강으로 유인하여 적함이 잘 운신할 수 없을 때 그 진로를 막고 일시에 대포를 쏘면서 급습하고 한편으로 조류를 이용하여 잠수인[水勇]으로 하여금 불 붙은 작은 배[火舟]를 밀쳐서 공격할 것을 주장하였다. 본격적으로 해안에서 적의 군함을 저지하는 해방이라기 보다는 강을 이용하여 방어하는 강방江防이라고 할 수 있다. 이 책에서는 서양의 각종 화포나 화약 제조법 등에 대해서도 소개하고 있다.[529] 특히 위원은 정공진丁拱辰이 소개한 서양식의 신식 해안 및 강안江岸 포대砲臺 및 서양식 원형圓形 포대 등의 건설안을 소개하고 있다.[530]

1844년 최초 『해국도지』가 간행되고 1847년에 60권의 증보판이 이후 얼마 지나지 않아 조선에 전래된 것으로 보아[531] 위원의 강방 개념도 1850년대를 지나며 조선에 알려졌을 것이다. 위원의 직접적인 영향을 받은 조선의 최초 해방론 자로는 윤종의尹宗儀(1805~1886)을 들 수 있다. 그는 1848년 완성한 7권의 『벽위신편闢衛新編』 중 당시 해안 방어를 위해 필요한 내용을 상당한 비중으로 다루고 있다. 먼저 제4권의 「연해형승沿海形勝」(하)의 조선 해방에서는 조선의 해안 전역에 위치한 모든 포구와 도서 및 영진의 위치 등을 표시하고 있다. 그리고 제6권 「비어초략備禦鈔略」에서는 구체적인 해방을 위한 해안 지역의 군사조직 및 무기,

---

528) 『海國圖志』籌海篇「議守」上.

529) 원재연, 2001 「海國圖志 收容 前後의 禦洋論과 西洋認識」, 『한국사상사학』 17, 402~403쪽

530) 『海國圖志』권90, 「西洋低後曲折砲臺圖說」; 「西洋圓形砲臺圖說」. 魏源이 제안한 각종 포대 건설안에 대해서는 王兆春, 1998 『中國科學技術史-軍事技術卷-』, 科學出版社(北京), 314~315쪽에 자세하다.

531) 이광린, 1969 「앞의 논문」, 『한국개화사연구』 일조각, 3~7쪽

병선 등에 대해 중국의 주요 해방론자인 위원과 함께 이광파李光坡, 엄여익嚴如熤 등의 저술을 인용하여 설명하고 있다. 그러나 이 인용 내용은 서양 세력의 대규모 침입보다는 아직 중국 주변 해역의 해적과 같은 국지적 위협을 막기 위한 것이 대부분으로 그 한계는 분명하였다.[532] 이러한 해안 방어 인식의 한계는 제1차 중영전쟁이 주로 아편 교역문제에서 일어난 것으로 전쟁 이후 청의 영토가 줄어들지 않아 조선에 미친 위기의식이 그다지 크지 않았던 데서도 기인하고 있다.

1856년 발발한 제2차 중영전쟁에서 1858년에 양광총독兩廣總督이 영국군에 사로 잡히고 광동성廣東省의 성이 4개월 동안 점령당하는 등 그 양상은 이전과 완전히 달랐다. 결국 1860년에는 북경이 함락되고 청나라 황제가 열하 지역으로 피난하기에 이르렀다.[533] 이를 통해 조선의 지식인들은 서양 세력의 군사적 능력과 청나라의 무력함을 분명히 인식하게 되었다. 조선에서는 이에 대응하기 위해 해안 방어 문제가 기존의 소규모 침입에 대한 해안 방어책과는 다른 차원에서 새로이 논의되어야 할 필요성이 제기되었다. 1860년을 전후하여 나타나는 해안 방어에 대한 심각성의 차이는 조선도 마찬가지였다.

강방에 입각한 해안 방어론 채용을 주장한 조선의 가장 대표적인 논자로는 강위姜瑋(1820~1884)를 들 수 있다. 그는 1866년 병인양요 직전에 저술한 논설인 「청권설민보증수강방소請勸設民堡增修江防疎」에서 조선의 재래의 해방책과 달리 바다로부터 침입해오는 적군을 내하 깊숙이 끌여들여 격파하는 '강방'을 주장하였다. 이를 위해 강화와 교동도로부터 양화진에 이르는 한강 양안의 높은 언덕에 민보民堡인 돈대를 설치하여 각종 무기를 갖추도록 하였다. 민보와 관련된 내

---

532) 최보윤, 2006 「『籌衛新編』을 통해서 본 尹宗儀의 서양 인식」 서강대학교 석사학위논문, 23~24쪽

533) 민두기, 1986 「19世紀後半 朝鮮王朝의 對外危機意識; 第一次, 第二次中英戰爭과 異樣船出沒에의 對應」 『동방학지』52, 261~268쪽

용은 정약용의 『민보의』의 것을 부분적으로 인용한 것이지만 전체적인 해방 체제는 앞서 언급한 『해국도지』의 「주해편」 '의수'에서 제시한 수내하의 내용과 완전히 일치하는 것이다.[534]

19세기 조선의 해안방어 등에 많은 역할을 한 신헌申櫶을 통해 조선의 인식 변화를 확인할 수 있다. 신헌은 삼도수군통제사로 재임할 당시인 철종 13년 (1862) 그가 작성한 두 편의 상소인 「의론병사소擬論兵事疏」와 「논병사장論兵事狀」에서 가상적으로 일본을 주로 설정하였던 정약용의 의견에 더하여 서양 선박의 조선 해안 침략의 가능을 심각하게 고려하기 시작하였다. 그리고 민보를 주로 내륙의 산지 지역에 설치할 것을 주장하였던 정약용과 달리 신헌은 해도海島나 해안을 따라 전국에 걸쳐 민보를 설치할 것을 주장하였다. 이는 서양 세력의 바다로부터의 침입을 연안에서 원천적으로 봉쇄하고자 하는 의도에서 나온 것이었다. 1867년 『민보집설』의 간행은 신헌 민보론의 최종적인 귀결점이었다.[535] 신헌의 군사관계 상소 등에서 민보가 계속 언급되고 있지만 신헌의 군사사상 전체에서 볼 때 민보론은 당시 그의 국방 체계 개혁에서 한 부분이며 아울러 병인양요를 거치면서 민보론의 성격과 역할이 달라지기 시작함을 확인할 필요가 있다. 또한 신헌은 군사관계 상소를 통해 조선의 군사제도 전반에 대한 개혁을 언급하였다는 점에서 민보론 중심의 군사사상 검토는 재고의 필요성이 있다.

전통적인 군사 전략에 따라 해안을 따라 민보를 설치할 것을 고려하였던 신헌의 국방론에 변화가 나타난 것은 고종 3년(1866) 7월 하순 제너럴 셔먼호의 대

---

534) 「請勸設民堡增修江防疏」의 내용과 『해국도지』의 영향 등에 대해서는 이헌주, 2004 「병인양요 직전 姜瑋의 禦洋策」, 『한국사연구』 124, 117~129쪽에 자세하다.

535) 신헌의 민보론과 『민보집설』의 구체적인 내용에 대해서는 박찬식, 1988 「신헌의 국방론」, 『역사학보』 117, 62~71쪽에 자세하다.

동강 침투 사건과 8월 중순 프랑스 군함의 한강 침투 사건이었다. 이를 계기로 조선은 서양의 윤선輪船이 강을 거슬러 도성 등 조선의 주요 도시를 직접 공격할 수 있다는 것을 확인하였다. 따라서 강을 연한 방어 체계, 이른바 강방 체제 구축의 필요성이 제기되었다. 1850년대를 지나면서 조선에 알려진 위원의 강방江防 개념에 따라 제너럴 셔먼호의 대동강 침입이나 프랑스 군함의 한강 침투를 계기로 조선에서는 강방江防 개념에 입각한 해안 방어체계의 확립이 시도되었다. 이 무렵 박규수가 대동강 입구 양안인 평안도 용강현 동진東津과 황해도 황주목 철도鐵島에 진을 설치할 것을 주장한 것이 대표적인 사례이다.

박규수는 동진에 진을 설치하는 방략을 아래와 같이 구체적으로 제시하였다. 먼저 토성을 건설하도록 하였는데, 토성은 비용 절감 효과도 있지만 대포의 탄환이 토성을 뚫을 수 없다는 점을 고려한 것이었다. 다음으로 병선을 건조하고 여기에 화기를 배치하여 적이 강으로 들어오는 것을 견제하도록 하였고, 또한 우수한 기량을 가진 별포수別砲手 50명을 모집하도록 하였다. 마지막으로 동진진東津鎭 건설을 위해 중화의 성산진 등 주변의 4개 진을 혁파하여 동진진으로 통합하도록 하였다.[536] 즉 조선의 방어 체계가 점차 이전의 육지 방어 중심에서 강방을 중심으로 한 해안 방어로 중점이 옮겨지고 있음을 보여주고 있다.

신헌도 병인양요 직전 프랑스 함대의 한강 침입을 계기로 강방을 중심으로 한 위원의 해방론을 적극적으로 받아들이기 시작하였다. 이러한 그의 입장은 「논병사소」에 잘 나타나 있다. 이 글은 그가 동료인 강위를 강화도에 보내어 해안의 형편을 살피고 이를 바탕으로 방어 대책을 강구한 것이다.[537] 이 상소에

---

536) 김명호, 2005 『초기 한미관계의 재조명』 역사비평사, 82~83쪽
537) 「論兵事疏」는 강위가 강화도 조사 이후 작성한 「請勸設民堡增修江防疏」를 바탕으로 하여 작성된 것으로 이 두 상소에 대해서는 이헌주, 2006 「병인양요 직전 姜瑋의 禦洋策」 『한국사연구』124에 자세하다.

서 신헌은 교동, 강화도에서 양화진에 이르는 한강의 양안의 높은 언덕[高阜]에 모래로 만든 돈대인 사돈沙墩을 건설하고 화기를 배치할 것을 주장하였다. 아울러 척후斥候를 설치하여 적의 동향을 파악하고 전달하는 체계를 갖추는 것을 고려하였다. 아울러 의용지사義勇之士를 모집하여 군사훈련을 시킬 것을 언급하였다. 이 상소를 통해 신헌은 위원의 『해국도지』에 나타난 바다로부터 침입해 오는 적의 함선을 내하 깊숙이 끌어들여 격파하는 강방 개념을 도입하기 시작하였음을 짐작할 수 있다. 다만 후술하겠지만 높은 언덕에 모래 돈대를 설치한다는 구상은 기존의 육상 방어 체계를 준용하고 있음을 통해 강방의 효과는 그 한계가 분명하다.

병인양요 직전 조선은 해방의 필요성을 인식하고 1865년 2월 통제사를 총융사의 예에 따라 중앙 군영의 대장과 동일하게 대우하도록 외등단外登壇으로 그 지위를 격상시켜 해방의 중요성을 강조한 바가 있다.[538] 그러나 본격적인 해방의 착수는 병인양요 이후였다.

병인양요 이후 강화 일대 방어체계 강화

1866년 초 흥선대원군은 천주교 금압령禁壓令을 내려 프랑스인 신부와 조선인 천주교 신자 수 천 명을 처형하였다. 이 박해로 프랑스 선교사는 12명 중 9명이 잡혀 처형되었으며 3명만이 화를 면할 수 있었다. 이중, 리델(Ridel)이 중국으로 탈출해 주중 프랑스 함대사령관 로즈(Roze, P.G, 魯勢)에게 박해 소식을 알리면서

---

538) 『승정원일기』 고종 2년 1월 2일

보복 원정을 촉구했다. 이에 로즈가 프랑스 함대를 이끌고 조선을 공격하여 조선과 프랑스 간의 군사적 충돌이 야기되었다.

로즈의 제1차 원정은 강화해협을 중심으로 서울까지의 수로를 탐사하기 위한 예비적 탐사 원정이었다. 로즈는 군함 3척을 이끌고 9월 18일부터 10월 1일까지 서울 양화진楊花津 · 서강西江까지 올라와서 세밀한 지세 정찰과 수로 탐사 끝에 지도 3장을 만들어 돌아갔다. 이어 로즈는 10월 5일에 한강 봉쇄를 선언하고, 10월 11일에 제2차 조선 원정길에 올랐다. 군함 7척으로 구성된 프랑스군은 총병력 1,000명이었다.

강화도에 상륙한 로즈는 10월 16일에 강화부를 점령하고, 이어 10월 26일 문수산성文殊山城 전투에서 조선군을 압도하였다. 한달 여 동안 프랑스 군은 강화도를 장악하고 조선에 대해 선교사 처형에 대해 강경한 응징 보복의지를 보였다. 사태가 위급하게 되자, 정부는 순무영巡撫營을 설치, 대장에 이경하李景夏, 중군에 이용희李容熙, 천총千總에 양헌수梁憲洙를 임명해 출정하게 하였다. 정족산성 전투에서 승리한 조선군의 압박에 프랑스군은 더 이상 견디지 못하고 철수하였다.

정족산성 전투 이후 프랑스 군은 얼마 지나지 않아 강화도에서 철수하였으나 강화도가 일시 함락된 경험은 매우 충격적인 것이었다. 프랑스군이 철수하자 조선은 심도영조도감沁都營造都監을 설치하여 강화도의 공해, 군기, 전선 등의 복구에 착수하는 한편, 10월 16일 강도유수를 통영과 같이 외등단을 시행하여 지위를 격상하였다.[539] 이후 강화도의 군사력은 크게 강화되었는데, 먼저 강화유수를 진무사로 시행하도록 하면서 강화유수와 삼도수군통어사를 겸하도록 하였

---

539) 이하 강화도의 군사력 강화에 대해서는 박광성, 1976 「양요후의 강화도 방비책에 대하여」『기전문화연구』7 ; 연갑수, 1997 「병인양요 이후 수도권 방비의 강화」『서울학연구』8 등 참조.

다. 그 품계도 종2품에서 정2품으로 승진시키고 삼도수군통어영이 있던 교동僑
桐도 진무영에 속하도록 하였다. 즉 강화 유수가 진무사를 겸했던 문관체제에서
유수의 직명을 없애고 무신인 진무사가 유수의 역할을 겸하게 한 것이다. 10월
30일 진무사에게 삼도수군통어사를 겸임하도록 하였다.

　　진무사 아래의 직책인 진무중군鎭撫中軍은 기존 정3품에서 종2품으로 승격
시키고, 종전 종4품 직책이었던 경력을 판관(고종11년 수성장으로 변경함)으로 바꾸
는 등, 당시의 핵심 군영에 버금가는 체계를 갖추었다. 이는 강화의 전략적 위
치를 고려한 군사상의 독자성을 보장해주는 특별한 조처라 할 수 있다. 이상의
개편으로 이전 강화유수(종2품) – 경력 – 분교관·검률 체제의 문신 유수가 진
무사(종2품)–중군(정3품) 체제의 진무사를 겸하던 것에서 진무사(정2품)–중군(종2
품) 체제의 무신 유수가 강화유수(정2품)를 겸하는 방식으로 변화하였다. 아울러
경기감사의 강화유수 겸직도 폐지함으로써 진무사의 독자성은 강화되었다. 아
울러 궁벽한 곳에 있는 선두진船頭鎭을 혁파하여 정족산으로 옮겨 설치하였다.

　　진무영 체제가 갖추어 지면서 진무영의 병력도 크게 증가하였다. 1868년(고
종 5) 7월에 이미 별무사 401인, 별효사 201인, 효충사 103인, 장의사 223인, 승군
21명 등 945명이 설치되었다. 이듬해인 1869년(고종 6)에는 화포를 다루는 별파
진 100명과 별효사 200명을 충원하였다. 또한 고종 5년에는 본영 및 전·후·
좌· 우영에 약 2,383명의 군사를 증원하였고, 1671년(고종 8)에 좌방영인 영종
진에 505명을 새로 증원하였는데, 대부분 포군 중심이었다.

　　강화도 군사력 증강과 함께 병인양요 직후부터 강화 주변의 군사력 조정도
이루어졌다. 먼저 진무영의 전좌우후영에 대한 정비가 이루어졌다. 18세기 중반
『속대전』 편찬 이래 진무영의 전영장은 부평부사, 좌영장은 통진부사, 우영장은

풍덕부사, 후영장은 연암부사가 겸하는 것이 일반적이었다. 그러나 1823년(순조 23) 풍덕이 개성에 병합되어 우영장은 인천부사가 겸하고 있었다. 그러나 병인양요를 계기로 강화의 배후가 되는 풍덕을 복구하여 다시 진무우영으로 삼았다, 네 영에 포군을 설치하기 시작하였는데, 1871년 초 삼군부의 보고에 의하면 부평에 포군 300명, 통진에 의포사義砲士 256명, 풍덕에 별포사 203인, 연안에 화포군 50명, 배천에 포군 50명이 이미 배치되었다. 소총병인 포군이 증강된 것은 병인양요 당시 문수산성, 정족산성 전투에서 매복한 조선 포수의 일제사격이 큰 성과를 거둔 것과 관련이 있다. 이는 전쟁 이후 강화도 등 전국 각 지역에 포군 증강의 한 배경이 되었다. 특히 1868년(고종 5) 4월 오페르트 일당의 남연군묘 도굴사건 이후 각 지방에 포군이 본격적으로 증설되었다.[540]

병인양요 이후 강화 주변 방어체계에서 특징적인 양상은 해방영海防營의 등장이었다. 1866년 11월 16일에 확정된 「진무영별단鎭撫營別單」에서 진무영은 그 이전 경기수영이 관할하던 변장邊將에 대한 인사권을 넘겨받고 부평부, 연안부, 통진부, 풍덕부를 전·후·좌·우영으로 편성하였다. 이 4개 영은 차츰 해방영으로서 격식과 규모를 갖추어 갔다. 아울러 방어영인 교동과 영종도를 각기 진무영의 좌·우 해방영으로 삼아 진무사가 군사통제권을 장악하도록 하여 진무사의 권한이 더욱 확대되었다. 교동은 원래 도호부로서 교동부사는 경기수사 및 삼도수군통어사를 겸하였으나 병인양요를 계기로 강화도가 함락됨에 따라 그 방어의 중요성이 시급해져 진무사가 경기수사 및 통어사를 겸하고 교동부사는 진무영의 좌해방장을 겸하게 되었다. 좌해방영인 교동의 군사력이 증강되었는데, 병인양요 직후인 1867년(고종 4) 초 교동부의 기존 군사인 별무사 외에 화포

---

540) 연갑수, 1997 「대원군 집권기 국방정책—지방포군의 증설을 중심으로」, 『한국문화』 20, 257쪽

군인 별파진 100명을 신설하였고 2년 뒤인 1869년경에는 별효사別驍士로 불린 포군 200명을 추가로 설치하였다. 아울러 1868년 윤4월 교동의 강화를 위해 진무영으로 통제권이 넘어간 주문진注文鎭, 장봉진長峰鎭을 교동으로 이속해주었다. 그러나 이듬해 11월에 다시 장봉진을 다시 진무영으로 환속하였다.

교동은 이전보다 비중이 떨어졌지만 영종永宗은 그 군사적 가치가 오히려 더욱 높아졌다. 영종은 원래 경기수군 방어영이 설치되어 영종첨사가 방어사를 겸하였으나 병인양요 직후 진무영의 좌방어영으로 변경되고 방어사는 진장鎭將으로 격하되었다. 1868년 남연군묘 도굴 시도 사건 당시 오페르트 일당이 덕산에서 철수하여 영종진에 침입하였다가 영종진 군사들에 의해 2명이 사살된 사건이 있었다. 이 사건을 계기로 영종진의 군사적 중요성이 부각되었고 이듬해에는 별무사 200명을 증원하고 지휘관으로 도영장都令將 1원과 정正 3원을 두었다. 이어서 별총사別銃士 200명, 의익사義翊士 105명이 추가 설치되었다.

1871년(고종 8) 4, 5월 신미양요를 겪은 이후 진무영 군사력은 다시 크게 강화되었다. 이듬해인 1872년(고종 9)에는 별효사 16초, 난후사 등이 신설되었다. 1873년(고종 10) 친위사 2초가 증설되었고 400여 명의 별파진이 각 초에 배치되었다. 1873년 9월 27일에는 창수 300명을 새로 선발하여 친위사親衛士라 칭하고 별효사에 따라 급료 등을 시행하도록 하였다. 여기에 장봉, 대부도, 통진, 덕진 등 진무영으로 이속된 진영의 군사들이 새로이 추가되었다. 위와 같은 군비 증강의 결과, 병인양요 이전 강화도 병력이 속오군 약 500명에 불과하였던 상황에서 신미양요 이후 진무영의 총 병력은 대략 3,000~4,000명에 이르게 되었다.[541] 진무영을 강화하기 이전 시기보다 비약적으로 군비 강화가 이루어진 것이다.

---

541) 배항섭, 2002 『19세기 조선의 군사제도 연구』, 국학자료원, 61쪽

신미양요 이후 강화도 군사력 강화와 함께 강화 주변 지역의 군사력 정비도 이루어졌다. 두 차례의 양요를 통해 프랑스와 미국 함대가 통과한 강화 수도인 염하鹽河 일대에 대한 방어책에 주력하게 되었다. 이때 주목된 지역은 먼저 남양의 대부도大阜島였다. 대부도는 인천만의 남쪽에 있으면서 강화도, 영종과 마주하는 지역으로 병인양요와 신미양요 당시 두 함대가 모두 인천만의 작약도와 월미도 사이에 정박하였는데 이를 통해 대부도는 서양 함대의 배후에 위치한 전략적 지역임을 알 수 있다. 이전까지 대부도는 목장이 설치되어 감목관이 파견되었으나 신미양요 직후인 1871년(고종 8) 5월 감목관을 폐지하고 대부진大阜鎭을 설치하고 진무영의 전해방진前海防鎭으로 삼고자 하였다. 대부도 주변의 영흥도, 이작도, 선재도, 풍도, 불도, 선감도 등 주변 섬의 전결과 호구를 대부진에 이속시키도록 하였다. 그러나 진 설치에 따른 막대한 비용 문제 등으로 인해 7월 20일 남양부사가 이양선이 출몰할 수 있는 계절에 대부도에 진을 옮기고 남양부 포병 100명을 상주하도록 하였다. 1872년(고종 9) 5월 14일에는 대부도 소속인 영흥목장을 혁파하고 남양부의 화량진花梁鎭을 이곳으로 옮겨 강화도 방어를 강화하도록 하였다.

강화도 주변 지역으로 신미양요 이후 특히 방비가 강화된 곳은 인천부였다. 인천은 앞서 보았듯이 전쟁 당시 프랑스와 미국 함대가 정박한 곳이 인천 앞의 작약도와 월미도 연안이었다. 따라서 인천의 군사적 중요성은 확인되었다. 신미양요 직후인 1871년(고종 8) 5월 23일 인천부사를 내변지內邊地로 만들어 영종도와 기각지세를 이루도록 하였다. 8월에는 무사武士를 두고 다른 지역의 포군과 마찬가지로 화포과火砲科를 실시하여 군병을 확보하고자 하였다. 이러한 노력으

로 1873년 4월 초에는 인천부에 정예 포수 100명을 확보할 수 있었다.[542]

병인, 신미양요 이후 포군을 집중적으로 양성하고자 한 국방정책에 따라 화포과가 전국적으로 설행되었다. 포군 양성을 위한 군사의 확보는 막대한 재정이 요구되었고 이에 필요한 새로운 재원을 만들어내야 했다. 그중 대표적인 것이 심도포량미沁都砲糧米와 포삼세包蔘稅이다. 포삼세는 관세청의 주요 수입원으로 진무영에 지급되는 전錢 중 대부분을 차지한 세원이다. 심도포량미는 함경도와 평안도를 제외한 6도의 총 70만 결에 매 결당 1두를 추가하여 이를 진무영 군사들의 급료로 지급한 것이다. 이는 호조 등 다른 기관으로부터 일체의 간섭을 받지 않고 진무영에서 독자적으로 운영하기 쉬운 세금이었다. 아울러 선혜청에서 매년 받아들이는 세금 가운데 일부를 떼어주어 진무영의 군사를 유지하는 비용에 충당하게 하였다. 한편 당시 유통경제가 발전하면서 새롭게 떠오른 세원은 잡세雜稅였다. 그중 하나가 한강으로 들어오는 상선에 대해 진무영이 수세를 직접 주관하게 한 것으로, 이를 통해 진무영의 운영 및 재원조달에 만전을 기하도록 하였다.

진무영의 강화는 가시화된 서구의 침입에 대비하여 일종의 상비군을 마련하고 경기 연해 각 진영의 병력에 대한 명령 계통을 체계적으로 조직한 결과였다. 그 성과에 대해서는 당시에도 적지 않은 비판이 있었지만 진무영은 1874년 이전의 군사제도로 복귀될 때까지 경기 해안 방어의 중추적 역할을 하였으며, 그 군사력의 충실함은 경군京軍을 능가할 정도로 평가되기도 하였다.

---

542) 배항섭, 2002 『앞의 책』, 109쪽

중앙 군영의 군사력 강화

1863년 고종이 즉위한 당시 중앙군은 16,000여 명에 달했으나 노약자가 많고 군기가 해이해져 매우 허약한 상태였다. 어린 고종을 섭정하던 흥선대원군은 종래의 임시변통으로 이루어지던 군사정책을 지양하고, 외세 방어와 국토방위를 위한 군사정책으로 전환하였다. 1865년(고종 2) 국가정책 전반을 관장했던 비변사를 폐지하고, 삼군부三軍府를 다시 설치하여 군무를 총괄케 하고 숙위를 담당하게 하였다. 이때 삼군부의 기능과 권한은 군사 분야에 국한되었으나, 유사시 작전통제권인 군령권軍令權은 광범위했다. 또한 군영의 재정을 마련하기 위하여 도문세都門稅를 징수하고 군포軍布의 호포화戶布化를 단행하였으며, 군인들의 기강을 바로잡고 노약자를 도태시키는 등 중앙군 강화에도 노력했다.

1866년(고종 3) 8월 중순 프랑스 함대가 정찰을 목적으로 한강을 거슬러 올라와 서강西江까지 진출한데 이어 9월 초순에는 강화도를 침공하여 한달 간 점령한 병인양요가 일어났다. 강화를 점령한 프랑스군에 대해 조선은 무력 대응을 위한 준비에 착수하였는데, 강화 지역 방어를 위해 총사령부로 기보연해순무영畿輔沿海巡撫營을 설치하고 훈련도감의 마병과 보병, 표하군, 각 고을의 수비병 등을 이끌고 강화도 출동하도록 하였다. 도성 방어를 위해 훈련도감 마병·보병과 훈련도감 및 총융청의 아병, 표하병을 거느리고 한강 연안 방어를 강화하는 한편, 수원의 정초군 500명과 광주의 별파진 200명, 양주 속오군 100명 등을 도성 방어에 동원하였다. 그리고 각지의 의병과 승병, 포수들이 동원되었다.[543] 다수의 중앙 군영 군사들이 동원되었지만 강화도를 점령한 프랑스군에 효과적으

---

543) 이헌주, 2012「서양세력의 도전과 대원군집권기의 군비강화 정책」,『한국군사사』9, 경인문화사, 65쪽

로 대응한 군사력은 문수산성과 정족산성 전투에서 활약한 포수들이었다. 이들은 전국 각지에서 조총을 사용하는 사냥꾼들인 산행포수山行砲手였다.[544] 조선은 프랑스와의 전쟁을 통해 소속 군병의 전투 능력에 회의가 제기된 중앙 군영의 개편에 곧바로 착수하였다.

1866년 병인양요를 계기로 여러 문제점이 나타난 중앙 각 군영의 개편을 포함한 군사력 강화 방안은 프랑스군의 퇴각 직후부터 나타나기 시작하였다. 여러 개편 방안은 병인양요 직후인 1867년 정월에 올린 신헌의 「진군무소陳軍務疏」에 종합적으로 정리되었다. 「진군무소」에서 신헌은 경병단조京兵團操, 장선향포獎選鄕砲, 권설민보勸設民堡, 북연제병北沿制兵, 독수내정篤修內政, 심료이변審料夷變 등 6개 항의 군사 개혁안을 제시하였다. 그중에서 수도권 군사력 강화에 대해서는 경병단조京兵團操, 장선향포獎選鄕砲 두 조항에 잘 나타나 있다. 먼저 경병단조京兵團操, 즉 서울의 군병을 편성하여 훈련시킬 것을 주장하였다. 구체적으로 훈련도감의 보군 정병 26초 중 각종 명목의 용병冗兵 등을 잡색군 6초로 따로 편성하고, 전투병은 보군 20초로 재편성하여 포수 훈련을 강화할 것을 제안하였다. 아울러 포수 강화를 위해 새로이 총을 추가로 만들고 화약과 철환은 더 제조할 것을 언급하였다. 두 번째 장선향포獎選鄕砲, 즉 지방의 포수를 선발하도록 장려할 것을 주장하였다. 이는 병인양요 당시 뛰어난 활약을 보인 포수를 도성의 주요 군사력으로 편성하고자 한 것이다. 특히 함경도와 평안도 지역의 포수 중에서 우수한 자 100명씩 뽑아 별초別哨를 만들고 도성으로 번갈아 올라와 근무하도록 하고 전투시에는 이들을 선봉군으로 활용하는 방안을 제안한 것이다.

중앙 군영의 정비의 일환으로 먼저 도성의 핵심 군영인 훈련도감 군병의 정

---

544) 연갑수, 2001 『대원군집권기 부국강병정책 연구』, 서울대학교출판부, 149쪽

예화에 착수하였다. 1867년(고종 4) 1월의 「군제변통별단」을 통해 훈련도감의 체제를 크게 개편하였는데 구체적인 내용은 다음과 같다.

1. 각 초哨에 있는 협련정군挾輦正軍 300명과 그 밖의 군사 80명을 초 밖으로 떼어낸 다음 그들을 나누어 좌우 반열로 만들고 각각 초관哨官 1원을 두어 거느리게 하였다. 습조習操할 때는 나누어서 2초로 만들고 별중사別中司의 좌·우초左右哨로 호칭하면서 연습하게 하였다. 시위할 때는 좌·우열협련군左右列挾輦軍으로 호칭하였다.

1. 협련군 좌열은 파총이 거느리고 우열은 초관이 거느리는 것은 비록 이것이 옛날의 제도이기는 하지만, 병제兵制에 어긋나기 때문에 각각 초관을 두어 거느리게 할 것이다. 그런데 그렇게 하면 도령 장관都領將官이 없어서는 안 되므로, 파총을 도령으로 삼고 이어서 협련 파총挾輦把總으로 호칭하도록 하고 습조할 때는 별중사 파총別中司把總으로 호칭하도록 할 것이다. 표하군標下軍도 마련하여 습조시킬 것입니다.

1. 각초와 각색各色 별파진別破陣 90명과 화전군火箭軍 10명을 초 밖으로 덜어내어 한 색色으로 만들도록 하고 교련관차지敎鍊官次知를 차출하여 거느리게 한다.

1. 각초에 있는 원역員役 38명과 각소의 배포수陪砲手 71명은 모두 칠색표하군七色標下軍에 이속시키고 각종의 장수匠手 74명과 차부車夫 4명을 모두 당보색塘報色에 이속시킨다.

1. 각초에 있는 잡색군을 이미 나누어 소속시킨 이상 다른 군사로써 그 자리를 보충하지 않을 수 없으니 중사中司의 6초와 두 중사의 취수吹手 800명을 모

두 우선 혁파하고 추이를 보면서 나누어 소속시킨다.

1. 서자적書子的 10명을 칠색과 별중사 표하군에 나누어 차송하고 협련군의 패두牌頭 8명 안에서 3명을 별중사의 좌·우초 및 별파진색別破陣色에 차송하고 2명을 서자적이 부족한 인원수에 옮겨 설치하며 그 나머지 3명은 다시 나누어 차송할 곳이 없으니 우선 줄였다가 패두의 빈 자리가 나기를 기다려 차례로 처리할 것이다.

1. 정군 380명을 옮겨다 별중사의 좌·우초에서 이설한 빈 자리에 옮겨다 보충하고, 21명을 별중사의 취수로 옮겨다 두며 90명을 옮겨서 별파진에서 원색元色으로 옮겨다 둔 빈 자리에 보충하며, 109명을 옮겨다 원역員役에 보충하고, 각소의 배포수와 각색의 변수邊首 등을 칠색군의 빈 자리에 나누어 소속시키며, 78명을 옮겨다 각색의 장수와 차부 등에 채우고 당보색塘報色의 대임으로 옮겨서 소속시키며, 40명을 옮겨다 보군步軍 20초에서 서자적과 패두를 떼내어 대오를 만든 빈 자리에 보충하고, 9명을 옮겨다 당보색의 부족한 인원수를 보충한다.

1. 복마군卜馬軍 30명을 별중사의 좌우초에 옮겨 설치하고, 4명을 별파진색別破陣色으로 옮겨다 두며, 18명을 칠색 복마군에서 부족한 숫자에 옮겨다 두고, 6명을 5사五司의 취수, 복마군에서 부족한 숫자에 옮겨다 둘 것입니다.

1. 중사中司의 6초는 본래 살수殺手인데, 이번에 이미 변통하여 좌·우부左右部 휘하의 좌·우사左右司에서 각 중초를 합하여 4초를 살수로 편성하여 연습시킨다.

이상의 조치로 훈련도감은 협련군을 비롯한 약 800여명의 잡색군을 정병으로 대체하여 정예병 위주로 부대를 개편하게 되었다.

훈련도감의 개편 직전 이미 어영청과 금위영의 개편이 시작되었는데, 1866년 10월부터 그 이전까지 금위영과 어영청의 향군 번상을 정지하는 대신 돈을 내던 것을 폐지하고 그 돈을 군영에 내려주어 포수 몇 초를 더 확보하도록 하였다. 그해 연말에는 어영청 등에 4만냥을 내려 보내어 군비를 강화하도록 하였다. 이에 1867년 어영청과 금위영에 각각 포군 4개초를 추가하여 기존의 1개초 규모에서 확대되어 전·후·좌·우·중 5개초 규모의 포군을 갖출 수 있었다. 이는 18세기 말까지 유지되던 5초 체제가 복구되어 도성 방어의 주요 군병으로서 어영청과 금위영이 위상을 되찾게 된 것을 의미한다. 병인양요 직전까지 어영청과 금위영에서 번상을 정지하는 대신 거둔 돈으로 도성에 상주하던 중초 단 1개 초만을 유지하던 것과 완전히 달라진 것이다.

총융청의 군사력 강화도 나타났다. 1867년 총융청은 조총수인 포군을 중심으로 군사를 정예화를 추진하여 조총을 잘 쏘는 포수 중 우수한 자 125명을 선발하여 난후아병 1개 초를 편성하도록 하였다. 1871년에는 마군 20명을 추가 선발하여 총융청의 군비 강화를 도모하였다. 흥미로운 점은 총융청의 포군은 번상병이 아닌 상비군의 성격을 갖는 급료병으로서 이상의 여러 조치를 통해 훈련도감과 어영청, 금위영, 총융청 등은 추가 포수 9개 초와 마군 20명 등 약 1,145명이 증원 편성되어 중앙 군사력이 크게 강화되었다.

한성 주둔 군영 강화와 함께 국왕 호위군인 용호영龍虎營의 정비도 이루어졌다. 예를 들어 1867년(고종 4) 11월 초 용호영의 복마군卜馬軍과 대년군待年軍 가운데에서 60명을 건장한 자로 가려 뽑아서 아병牙兵이라는 명색을 만들어 군사제도를 갖추도록 하였다. 또한 1870년에는 별아병 60명을 추가 선발하였다. 이외에도 근사복마군勤仕卜馬軍, 뇌자牢子, 당보수塘報手 등 각종 명목의 군사들이 1871년까지 추가되었다. 이에 1870년까지 아병 120명, 대기수 30명 등 총 240명의 정도의 군사가 증원되었다. 증원된 용호영 군사는 아병을 제외하고는 대체로 신호 등을 담당하는 보조적 군사인 표하군標下軍 계열이지만 효율적 전투를 위해 필요한 존재였다.[545] 이상에서 보듯이 중앙 군영 개편을 통해 급료를 받고 도성에 상주하던 이른바 장번 급료병이 다수 충원되었고 병종도 포수를 중심으로 개편되었다. 이는 프랑스, 미국과의 전쟁를 통해 전쟁 양상이 소총 등 화기를 이용한 화력 우위가 중요해진 상황의 반영이었다.

1873년(고종 10) 고종이 친정을 시행하면서 조선의 군사정책을 포함한 국가 제반 정책이 달라지게 되었다. 새로운 정치세력의 등장과 대원군과의 반발 등 정치적으로 불안한 가운데 1873년 12월 10일 발생한 경복궁 화재사건이 정국을 긴장시켰다. 정치적 불안과 화재사건을 겪으면서 고종은 군사정책의 방향을 궁궐 숙위 중심으로 바꾸었다. 고종 친정 초기의 숙위군은 용호영 군인 600명과 무예청 군인 200명 등 800여 명이었다. 고종은 궁궐 수비군이 부족하다며 증원을 주장했지만, 대신들은 재정난 등을 이유로 난색을 표했다. 그러나 고종이 강력하게 주장하여 각 영의 군인 500명을 뽑아서 1874년 4월 파수군把守軍을 설치했다. 2개월 후인 1874년(고종 11) 6월 고종은 "파수군의 칭호를 무위소武衛所로 하고 훈련대장이 구검句檢하도록 하라."는 전교를 내렸다. 이로써 파수군은 막을 내리고 무위소가 본격 출범하게 되었다.[546]

무위소 출범 당시 영의정 이유원李裕元과 우의정 박규수朴珪壽 등은 갑작스

---

545) 연갑수, 1996 「앞의 논문」 70쪽

546) 이하 고종 친정기 무위소 설치와 제도에 대해서는 배항섭, 1999 「고종친정초기 군사정책과 武衛所」, 『국사관논총』 83 ; 이헌주, 2012 「고종의 친정체제 구축과 군영제 개편」, 『한국군사사』 9, 경인문화사 등 참조.

러운 무위소의 설치에 대해 비판적이었으나 친위 군사력을 확보하고자 하는 고종의 뜻은 확고했다. 대신들의 반대에도 불구하고 7월 4일 고종은 조선 초기 도통사都統使 제도를 모방하여 무위도통사로 하고, 금위대장 조영하趙寧夏를 특별히 겸직하도록 하여 무위소 설치를 합법화하고 호위대장의 위상을 부여하였다. 아울러 무위소를 독립된 군영으로 격상시켰다. 무위소는 친위 군사력을 확보하고자 하는 고종의 강력한 의지로 빠르게 병력이 증강되었다.

무위소의 조직과 규모는 여러 차례 변동이 있었다. 1874년(고종 11)의 조직 체계와 규모를 보면, 도통사 1명, 제조提調 1명, 종사관從事官 1명, 별장別將 1명, 선기별장善騎別將 1명, 선기장善騎將 2명, 별선군관別選軍官 3명, 초관哨官 10명, 무용위武勇衛 32명, 감관監官 4명, 별부료別付料 2명, 별군관別軍官 4명, 지구관知彀官 19명, 교련관敎鍊官 5명, 별무사別武士 5명, 군사 등 984명으로 총 1,075명이었다.

무위소는 원래 창설 초기 국왕 호위와 궁궐 숙위를 담당하였으나, 수도 방위 업무를 관할하고 치안과 재정 분야에까지 영향력을 행사하였다. 고종의 주장으로 창설된 무위소는 궁궐 파수라는 당초의 목적과는 달리 그 규모와 권한이 강화되었다. 1874년 7월에는 도성의 주요 세 군영인 훈련도감·금위영·어영청에 소속된 마군馬軍과 표하군標下軍·복마군卜馬軍 등 병력 총 828명을 뽑아 무위소로 이속시켰다. 구체적으로 보면 7월 8일 훈련도감의 마군 2초(238명), 7월 11일에 훈련도감 표하군 193명과 복마군 33명, 금위영의 표하군 164명과 복마군 19명, 어영청의 표하군 162명과 복마군 19명 등 표하군 519명과 복마군 71명이 이속되었다. 또한 재원을 마련하기 위해 무위소 제조가 재정을 담당한 선혜청의 실무 당상을 겸임하도록 했다. 고종의 무위소 증강 노력에 대해 이유원과 박규수 등은 별도 군영을 설치할 필요는 없다고 비판하며 반대하였지만 무위소의 증강은 이후에도 계속되었다. 8월 28일에는 훈련도감의 별파진 26명을, 9월 26일에는 훈련도감의 표하군 100명과 어영청과 금위영의 아군牙軍 각 5명과 순령수巡令手와 뇌자牢子 각 10명 등 130명 총 156명을 추가로 뽑아서 1차로 배속된 828명과 합하여 총 984명으로 늘어났다. 여기에 무위소의 지휘관과 참모, 그리고 각종 보좌 인원 91명을 합하여 1,075명이 되었고 이후 훈련도감 소속의 무예청까지 통합하여 1,270명으로 늘어났다. 이로써 기존의 국왕 호위군 용호영 병력 600명까지 합하면 궁궐 숙위군은 2천여 명에 달했다.

1874년 7월에 고종은 대원군이 심혈을 기울여 양성한 강화도 진무영鎭撫營을 해체하고 책임자인 진무사에 반드시 무인 출신을 임명해야 하는 외등단제外登壇制를 혁파하면서 그 운영 예산을 무위소로 이관하였다. 같은 해 12월에는 통제사統制使의 외등단제 또한 폐지함으로써 해안 군사체제의 일부를 조정하였다. 이러한 궁궐 숙위 중심의 군제는 국토방위에 중점을 두었던 대원군의 군사정책과는 달랐다. 이와 같이 편성된 무위소는 다른 군영과는 달리 장령將領의 자격을 경군京軍의 중요 직책을 두루 거친 자와 변경 지역 근무 경험이 있는 자로 한다는 특별 규정을 두었다. 군사들 또한 훈련도감 · 금위영 · 어영청 · 총융청의 군인 중 날래고 강한 자를 선발하여 충원하고 우대하였다.

1876년 개항 이후에도 무위소의 권한 강화와 권력 집중은 계속되었다. 1879년에는 인천의 화도진花島鎭과 부평 연희진延喜鎭을 무위소에 소속시켰고, 1881년 1월에는 해체된 삼군부의 별초군 200명이 배속되는 등 무위소의 군사력 강화는 계속되었다. 이에 따라 무위소 총병력은 무위영으로 확대 개편되기 직전인 1880년 무렵 4,399명에 달하였다. 이들 중 군사는 3,499명이었는데 급료병이 2,590명이고, 그중 정병도 2,371명에 달하는 등 당시 훈련도감의 급료병이 2천

어명 수준인 것을 고려한다면 대단한 규모였음을 알 수 있다.

또한 1879년 8월 말에는 북한산성의 경리청을 무위소에 부속시켰다. 이를 통해 북한산성 관리 업무까지 흡수하게 됨으로써 그 규모가 더욱 비대해졌다. 북한산성의 관성장 이하 장교와 원역을 비롯한 각종 무기 및 둔전을 모두 무위소로 이속하였다. 그해 11월 마련된 절목에 의하면 당시 무위소로 이속된 북한산성의 병력은 관성소의 관성장 예하 1천여 명과 승병 833명을 비롯하여 각종 창고의 고직 등이 포함되었다.[547] 이제 무위소 관리 하에서 북한산성은 행궁과 성첩 등의 보수가 추진되었다. 더욱이 무위도통사에게 훈련도감·금위영·어영청의 경삼영 제조와 도제조를 겸하게 하여 그 지위를 재상과 같은 위치에 올려놓았으며, 용호영과 총융청까지 통솔케 하였다. 무위도통사는 군기시軍器寺와 조지서造紙署·주전소鑄錢所의 제조를 겸하였고, 치안을 담당한 포도청까지 감독하고 통제하는 권한을 갖게 되면서 군사는 물론 치안과 재정 분야에까지 권한을 행사하였다. 이에 따라 무위소의 기능과 역할도 확대되었다. 포도대장 후보자를 비롯하여 함녕전 상량문 제술관을 추천하고, 군기軍器 제작용 물자 납품을 지연한 지방관이나 직무에 태만한 포도대장을 문책하는 등 인사에도 관여하였다. 천주교를 전교하는 프랑스 신부 최올돌崔兀乭(Deguette) 처리에도 개입하였으며, 청계천 준설 작업을 주관하고 돈을 만드는 주전鑄錢 사업에도 영향을 미쳤다.

강화도 조약으로 문호개방을 강요당한 이후 조선은 일본의 우수한 군사력을 절감하고 국방력 강화를 추진하게 된다. 이에 고종은 1881년 12월 중앙 군제를 무위영과 장어영의 양영제兩營制로 통합 개편하였다. 무위소에 속했던 훈련도감·용호영·호위청은 무위영으로, 금위영·어영청·총융청은 장어영壯禦營으

---

547) 『비변사등록』 제260책, 고종 16년 11월 28일

로 편성되었다. 이로써 무위영으로 재편되었으나, 같은 군영 안에서 무위소 군인과 훈련도감 군인들 사이에 여전히 차별이 있었다. 이것이 바로 임오군란의 한 원인이 되었다. 결국 무위소가 편입된 무위영은 임오군란으로 폐지되었다. 무위영이 폐지되고 대신 친군영親軍營을 설치하여 이를 중심으로 중앙 군영을 개편하였다. 이에 1884년 8월 29일 용호영, 금위영, 어영청, 총융청의 병력을 친군 4영으로 분속시키는 조치가 이루어지고 일부 군병은 북한산성으로 이관되었다. 한편 총융청에서 관장하던 파주, 남양주, 장단 등 3개 진의 속오군은 해방아문海防衙門으로 이속되었다.

1888년 4월 고종은 중앙 군제를 개편하여 친군 우영과 후영 및 해방영을 합하여 통위영統衛營으로, 좌영과 전영을 합하여 장위영壯衛營으로, 별영은 총어영摠禦營으로 통합 개편하도록 하였다. 통위영은 군사 2,250명으로 북한산성과 강창江倉 등 종래 해방영이 관할하던 지역을 담당하는 한편, 도성 방위는 이전에 훈련도감에서 담당하였던 돈의문, 창의문, 숙정문 지역을 맡았다. 1891년 2월 고종은 북한산성의 방비를 강화하기 위해 1884년 8월의 군제 개편으로 친군우영親軍右營에 합속되었던 총융청 군사들을 빼어내어 경리청을 설치하였다. 이에 도성 방위를 담당하는 군영은 통위영, 장위영, 총어영 등 세 군영과 궁궐 숙위 담당의 용호영, 그리고 북한산성을 담당하는 경리청으로 개편되었다. 이듬해인 1892년 9월에는 경리청에도 친군親軍의 칭호를 붙이도록 하여 그 위상을 높여주었다.[548] 아울러 북한산성의 방어체계 강화를 위해 1893년 5월 북한산성에 대한 중수와 보강이 이루어졌다.[549]

---

548) 배항섭, 2000 『19세기 조선의 군사제도 연구』, 국학자료원, 268~269쪽
549) 『고종실록』 권30, 고종 30년 5월 己亥

개항 이전 경기 내륙 군사력 정비[550]

1802년(순조 2) 장용영이 혁파되면서 수원의 장용영 외영은 총리영揔理營으로 축소되고 수원 유수가 총리사로서 이 지역의 군사를 담당하였다. 병인양요 당시에는 수원의 군사 중 정초군 500명은 금위영으로 편입되었다가 다시 한강 하류의 나루터인 염창항鹽倉項을 지키던 총융청으로 배속되기도 하였다. 병인양요 이후 경기 연해 군사력 강화와 함께 경기 내륙의 군사력 정비도 나타났다. 1869년(고종 6) 말 수원의 속읍에 있는 마군과 보군을 폐지하고 수원부에 거주하는 주민 중 200명을 모집하고 또한 남쪽의 독성禿城에서도 50명을 모집하여 정군正軍으로 편성하였다. 수원의 정군은 10명을 한 대隊로 편성하고 10대를 1열列(지휘관은 旗揔)로 삼아 20대 좌·우 2열로 편성하였다. 이는 조선후기의 일반적인 군사편성인 절강병법에서 3대를 1기旗(지휘관 기총)로 하는 것과는 다소 차이가 있다. 두 열의 군사는 각각 좌·우열 아병牙兵으로 부르고 각 열을 지휘하는 지휘관은 총리영의 집사執事 중에서 선발하였다. 독성의 정군 50명은 자체적으로 1열 5대로 만들고 총리영 집사 중 1명을 선발하여 지휘관으로 삼았다. 이들 군사들에게는 조총과 환도 각 1자루, 화약통, 화승 등과 함께 탄환인 연환鉛丸 50발을 지급하였다.

수원과 함께 개성 유수부의 군사력 정비도 이루어졌다. 병인양요 이전까지 북부의 도성 외곽 방어 거점이었던 개성은 병인양요를 계기로 강화도 후방의 방어거점이라는 성격이 더해졌다. 앞서 보았듯이 1823년(순조 23) 개성에 병합되었던 풍덕이 병인양요 직후 강화의 배후 강화를 위해 풍덕을 복구하여 진무영 우영으로 삼았다. 즉 강화의 군사적 중요성이 급증하면서 개성의 군사체제의 조정이

---

550) 이 절의 내용은 연갑수. 1997 「앞의 논문」 80~83쪽의 내용을 요약

불가피해진 것이다. 풍덕이 복구되고 강화 진무영으로 소속이 변화한 직후 개성 탑현塔峴의 청석진을 복구하여 대흥산성의 중군이 지키게 하고 청석진 입구에 있는 금천金川의 강남江南을 청석진에 이속시켰다. 청석진 복설과 함께 개성부의 군사력도 증강되었다. 1868년 10월 27일 개성에는 포수청砲手廳이 설치되어 포수 양성을 시작하여 1871년 2월에는 총군銃軍 240명이 신설되었음이 확인된다.

　개성의 군사력 정비와 함께 병인양요 직후 경기 내륙 지역의 포군 등 군사의 확보도 활발히 이루어졌다.[551] 1867년 3월 파주목에서 취약한 병력을 강화하기 위해 군관 50명을 선발하였고, 4월에는 남양, 장단, 파주에 별효사別驍士가, 11월 부평, 통진, 풍덕 등지에는 포군이 이미 설치되었다. 12월 말에는 수원에 별효사를 두는 등 경기 내륙 지역의 군사력 강화는 두드러진 것이었다. 포군의 증가는 신미양요 이후에도 계속되었는데, 예를 들어 1871년 4월 장단부에 별포무사 200명, 고양군에 포수 70명, 가평군에 포군 20명, 양천현에 포군 43명이 창설되었다. 6월에는 양근군에 포수 40명, 12월에는 삭녕군에 포군 20명, 안성군에 포수 10명 등이 설치되었다. 1872년 9월에 남양부에 별포군 100명과 음죽현에 포군 10명 등이 증강되는 등 그 양상은 매우 두드러진 것이었다. 이에 비해 이전까지 도성 동남쪽의 유수부로 조선후기 내내 그 중요성이 인식되는 광주 일대는 특별한 군사적 증가의 양상은 보이지 않는다. 이는 병인양요, 신미양요와 같이 해양으로부터의 서양 세력 위협이 본격화된 상황에서 수도권 방어를 위해 강화도와 경기 서해안 고을, 그리고 한강 일대가 중시되고 개성과 수원이 보조적 역할을 담당하게 된 상황에서 광주의 군사적 중요성은 크게 약화된 양상과 깊은 관련이 있다.

---

551) 배항섭, 2000 『앞의 책』, 91쪽

신미양요 이후 강화 일대 포대 건설

병인양요 이전까지 나타난 박규수 등의 해안 방어 논의는『해국도지』의 강방江 防을 온전히 채택한 것이었지만『해국도지』에 나타난 해안 포대 건설의 내용까 지 진전된 것은 아니었다. 이는 여러 이유가 있지만 당시 해안 포대에 필요한 조 선의 신형 화포 제작의 문제와 밀접한 관련을 가지는 것이었다. 병인양요 이후 신형 화포 제작의 움직임은 1868년 신헌의 주도로 훈련도감에서 제작한 마반 포거磨盤砲車 및 쌍포양륜거雙砲兩輪車, 쌍포雙砲 등 각종 화포를 통해 확인할 수 있다. 이 시기 신형 무기 제작은 훈련대장 신헌에 의해 주도되었는데 이에 대 해서는『훈국신조군기도설訓局新造軍器圖說』(이하 군기도설로 약함)과『훈국신조신기 도설訓局新造新器圖說』(이하 신기도설로 약함)에 잘 나타나 있다.[552]『군기도설』에는 1867년과 68년에 제작된 무기가,『신기도설』에는 1867년과 69년에 제작된 신 무기가 수록되어 있다.『군기도설』에는 수리포水雷砲, 마반포거磨盤礧車, 쌍포양륜 거雙砲兩輪車 등 3종이,『신기도설』에는 철모鐵模, 무적죽장군無敵竹將軍, 육합총六 合銃 등 11종의 새로운 무기가 제조되었음을 보여주고 있다.

　　마반포거는 추심樞心과 추심을 중심으로 회전할 수 있는 두 개의 활차를 포 거 내에 설치하여 포친 전체를 움직이지 않아도 대포의 좌우 편각 조절이 가능하 도록 고안된 포거였다. 마반이라는 용어는 맷돌처럼 좌우 회전이 잘되도록 고안 된 판 모양의 활차를 지칭하는 것이다. 대포는 좌우에 튀어나온 포이砲耳를 포거 에 걸어서 포신의 상하 조절을 하여 명중률을 높이도록 하였다. 그러나 좌우 편 각을 조절하기 위해서는 포거를 통째로 옮기지 않으면 안되어 불편함이 있었다.

---

552) 연갑수, 2002「대원군 집권기 무기개발과 외국기술 도입」,『학예지』9

점차 대포의 크기가 커짐에 따라 대형 화포의 좌우 편각 조절을 위해 마반포거가 제작된 것이다. 이와 비슷한 것으로는 18세기 중엽 신경준申景濬이 고안한 세 바퀴 화차火車로서 그 화차는 내부에 탄약도 싣고 화포를 사격할 수 있었다. 특히 그가 고안한 화차는 반달형의 접철을 고안하여

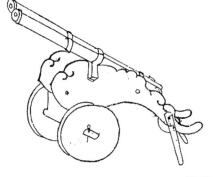

圖 全 車 輪 兩 砲 雙

쌍포양륜거

화포를 마음대로 돌릴 수 있는 점이 특징으로 마반포거와 상당히 유사하다고 할 것이다. 다만 마반포거는 보다 큰 화포도 좌우 편각을 조절하여 운용할 수 있다는 점에서 기술적으로 향상된 것으로 평가된다.

쌍포양륜거는 기존의 화포 2문을 결합하여 하나의 포차에서 사용할 수 있도록 장치한 것을 말한다. 이러한 장치를 이용하면 한정된 포대 시설에서 적군에게 더 집중적으로 포격을 가할 수 있는 장점이 있었다. 그러나 쌍포양륜거와 마반포차는 그다지 널리 보급되지는 못한 것으로 보인다. 현재 육군박물관에 쌍포가 남아있고 고궁박물관에 쌍포와 같은 제원의 한 문의 포가 남아 있는 것 등을 보면 그 제작은 분명히 확인할 수 있다. 쌍포양륜거와 마반포차와 같은 포차 관련 기술은 대포의 편각 및 고각을 용이하게 조절할 수 있도록 하였다. 따라서 한정된 포대 시설에서 적군의 선박에 좀 더 집중적으로 포격을 가할 수 있었

다.[553] 박규수도 1867년 제너럴 셔먼호에서 건져낸 서양 화포의 발사 시험을 하기도 하였다.[554]

신미양요 당시 미국 남북전쟁을 통해 개발된 신형 화기를 갖춘 미군에 크게 패한 조선은 기존의 무기 체계와는 완전히 다른 혁신적인 무기 개발이 요구되었다. 신미양요 직후 대원군은 여러 종의 중국의 양무洋務 서적을 진무영에 내려보냈는데,『영환지략』,『해국도지』 등 기존에 알려진 책 이외에『연포도설演礮圖說』8책과『측극록則克錄』4책을 내려보냈다.『연포도설』은 1843년 청나라의 정공진丁拱辰이 저술한 화포 제조에 관한 서적으로, 표적의 원근에 따른 대포 발사 각도를 조절하거나 포가礮架에 설치하여 좌우 표적을 맞추는 방법에 대한 설명이 담았다. 아울러 서양 화포 제조법을 입수하여 검토한 내용도 수록되어 있다. 특히『해국도지』의 서양 무기 관련 내용의 대부분은 정공진의『연포도설』에서 인용한 것이다.『측극록則克錄』은 서양 선교사인 아담 샬이 구술한 것을 초욱焦勖이 1643년 저술한 것으로 19세기 중반인 1851년 증보하여『증보측극록增補則克錄』으로 간행한 것이다. 신미양요 이후 시도한 신형 화포 개발은 현재 육군박물관에 보관되어 있는 '운현궁별주雲峴宮別鑄'라는 명문이 남이 있는 1874년(고종11) 5월에 제작된 소포小砲, 중포中砲 유물을 통해 짐작할 수 있다.[555]

이 소포와 중포[556]는 청동제 유통식 화포로서 포신의 주조술이 이전의 화포에 비해 매우 숙련되었고, 포신에 둘러친 죽절竹節도 많이 감소하여 포구 쪽으로 1조, 약실 쪽으로 2조를 둘렀을 뿐이며, 포미에는 병부柄部로 처리하였다. 더우

---

553) 무기제조 및 신식 무기 개발에 대해서는 연갑수, 2001 『대원군집권기 부국강병정책 연구』, 서울대학교출판부, 194~195쪽 ; 최진욱, 2008 「앞의 논문」 128~134쪽에 자세하다.

554) 김명호, 2005 『앞의 책』, 111쪽

555) 이강칠, 1977 「한국의 화포」, 『한국군제사 근제조선후기편』, 육군본부, 469~470쪽

556) 제원 : 구경 120mm, 전장 123Cm, 중량 295kg

기 이 포는 차륜식車輪式 포가 위
에 설치하게 되어 목표물에 대
하여 자유로이 조준 발사할 수
있었고, 포신의 높이를 조정할
수 있는 장치가 포가에 설치되
어 있다. 좌우로도 바퀴를 이용
하여 자유로이 변경할 수 있고
이동에도 편리하였다. 포탄도
불랑기에서 사용하던 작은 탄환
인 조란환이 아닌 큰 단일 포탄
을 사용하였다. 이 포는 서양 화
포 기술의 검토를 통해 얻어진
근대적 주조기술과 제작 기술을
바탕으로 만들어진 화포로서 우
리나라 화포발달사의 진일보한
면을 보여주는 무기라고 평가할
수 있을 것이다.

소포

중포

병인양요 직후부터 시도된 신형 화포 개발을 바탕으로 『해국도지』에서 제
시된 해안 포대砲臺 건설은 신미양요 이후 본격적으로 시도된 것으로 보인다. 고
종 11년(1874) 정월 고종은 강화도 및 경기 연안 일대 방어를 강화하기 위해 신
헌을 강화 진무영 책임자인 진무사에 임명하였다. 신헌은 병인양요 이후부터 경
기 연안 지역과 경강 일대 방어에 대한 대책을 강구하였는데, 주로 적선을 내하內

河로 끌어들여 저지한다는 강방江防을 고려하였다.[557] 그러나 신미양요 이후 그의 생각은 크게 바뀐 것으로 보이는데, 그는 진무사 부임 후 2개월만인 3월 20일에 올린 장계에서 진무영의 전반적인 실태를 파악하고 방어 대책을 제시하였다. 그 주요 내용은 포대의 신설, 병제兵制 개편, 민병民兵의 성정군城丁軍 편성, 교동과 통진通津의 병력 증강 등이었다.[558] 며칠 후인 3월 26일 신헌이 포대 건설을 위해 전錢 3만 냥을 요청하여 조정에서 포세包稅의 원획元劃 중에서 1만 냥을 먼저 지급하고 나머지도 곧 지급하도록 하였다.[559] 신헌의 장계 내용 중에서 가장 흥미로운 점으로는 새로운 방어시설로서 포대 건설을 적그적으로 주장하였다는 점이다. 3월 20일 신헌이 올린 장계의 구체적인 내용은 그의 문집에 수록된 「심영군무장沁營軍務狀」에 잘 나타나 있다.[560]

「심영군무장」에 의하면 용진龍津 이하의 광성진廣城鎭, 덕진진德津鎭, 초지진草芝鎭과 그 대안의 덕포진德浦鎭은 한성으로 가는 입구로서 이 지역을 지나면 한성까지 막을 수 있는 곳이 없음을 알 수 있다. 그러므로 반드시 이 지역에 방어 시설 및 방어 체계를 갖출 필요성이 있었다. 조선의 경우 수군은 서양 군함의 진입을 저지할 수 없을 뿐 아니라, 특히 신미양요를 통해 높은 언덕에 구축된 조선의 방어시설에서의 화포 사격으로는 군함을 맞출 수 없는 심각한 문제가 나타났다. 당시 조선의 화포는 약실에 포탄을 장전하고 사격한 이후 탄두 부분이 포신을 통과하는 방식의 오늘날의 화포와 달리 포신에 직접 화약과 포환을 장전하는 방식이었으므로 아래를 향해 쏠 경우 탄환이 흘러내리는 문제점이 있었기

---

557) 박찬식, 1988 「신헌의 국방론」, 『역사학보』 117
558) 『承政院日記』 고종 11년 3월 20일(壬戌)
559) 『承政院日記』 고종 11년 3월 26일(戊辰)
560) 이하 「沁營軍務狀」에 나타난 신헌의 포대 건설과 구체적인 포대의 제도 등에 대해서는 노영구, 2009 「신헌의 국방론과 해안 礮臺 건설」, 『문헌과해석』 48 참조.

때문이었다. 따라서 해안 아래 쪽에 포대砲臺(=礮臺)를 건설하는 것이 매우 중요한 방어 대책임을 알 수 있다. 그는 서양의 선박이 매우 빠르므로 그들을 수심이 얕은 곳까지 끌어들인 후 해안의 높은 포대[高臺]로부터 대포로 공격하면 격침시킬 수 있다고 주장하였다.

신헌이 제안하여 건설한 포대는 기본적으로 연해의 낮은 곳으로서 적선에 대해 직사直射할 수 있는 지역에 건설하도록 하되 적군의 상륙을 저지하기 위해 토성土城을 쌓고 그 앞에 호를 파고 물을 채우도록 하였다. 아울러 말뚝을 박아두어 적군이 돌진하는 것을 막도록 하였다. 그리고 토성, 모래둑[沙塢]에 화기를 배치하여 적군을 사격할 수 있도록 하는 구조로 되어 있음을 알 수 있다. 신헌은 용진진龍津鎭, 광성보廣城堡, 덕진진, 초지진, 정족산성진, 통진부의 덕포진 등 강화도 지역의 주요 진에 포대礮臺를 설치할 구체적 지점과 포대의 포혈[穴] 수효, 의병疑兵을 설치할 지역, 토돈土墩을 설치할 지역 등을 「심영군무장」에 붙인 「진무영우연각진신설포대군제변통별단鎭撫營右沿各鎭新設礮臺軍制變通別單」에 제시하고 있다. 이에 의하면 당시 신헌에 의해 건설이 요구되었던 포대의 포혈砲穴은 용진진 31혈, 광성보 53혈, 덕진진 30혈, 초지진 4혈, 통진부의 덕포진 74혈 등 합계 192혈이었다.

신헌의 포대 구상과 건설은 이후 순조롭게 진행된 것으로 보인다. 신헌의 건의가 있은 지 얼마되지 않아 강화도의 광성, 덕진, 초지 등 3진에 포대 설치가 시작되었던 것을 보면 알 수 있다. 또한 그가 이후 올린 장계에 새로이 신축한 포대가 모두 170~180혈에 달하지만 대포大礮는 50여 위位에 불과하므로 부족한 150위의 대포 제조를 건의한 그의 이후 보고를 통해 확인할 수 있다.[561] 신헌이

---

561) 『申櫶全集』(하) 「請役錢狀」(아세아문화사. 368쪽).

주장한 포대 이외에도 1874년 11월에는 통진의 덕포진 아래 4, 5리 떨어진 곳의 응행동鷹行洞에 포대를 추가로 건설하도록 통진부에 통지된 것을 보면 당시의 포대 건설 움직임은 매우 적극적이었다.[562]

개항 이후 경기 해안 방어체제 정비

병인양요 및 신미양요 이후 박규수와 신헌 등에 의해 제기되고 시행된 조선의 해안 방어 대책은 기본적으로 전통적 해방론을 바탕으로 『해국도지』의 영향을 받아 부분적으로 개선된 형태의 것이었다. 그러나 1875년 8월 일본 군함 운양호雲揚號의 초지진 포격과 영종진 점령은 신미양요 이후 조선이 건설하였던 해안 방어시설과 방어체계의 한계를 극명하게 드러내준 사건이었다. 초지진 포대의 해안포 공격은 운양호를 맞추지 못하였을 뿐만 아니라 운양호의 함포 공격에 초지진의 해안 포대는 완전히 파괴되었다. 더우기 영종진은 운양호 승무원으로 구성된 소규모 일본군의 공격에 함락되어 많은 피해를 입었다.[563] 즉 임진왜란을 계기로 일본, 서양 세력 등의 해양 세력의 위협에 노출되었던 조선의 대응논리였던 조선후기 해방론은 운양호 사건에 이른 1876년의 강압적인 개항을 맞아 새로운 단계로 접어들게 된다.

운양호 사건을 계기로 서양의 근대화된 무기로 무장한 일본의 우수한 군사력을 직접 접하게 되고 한반도를 둘러싼 국제정세의 변화로 인해 사해종횡四

---

562) 1870년대 강화 일대 포대 건설에 대해서는 박광성, 1976「洋擾後의 江華島 防備策에 對하여」, 『畿甸文化硏究』 7, 13~15쪽에 잘 정리되어 있다.
563) 박광성, 1977「雲揚艦 砲擊事件에 對하여」, 『기전문화연구』 8, 28~30쪽

海縱橫하는 서양의 강력한 군사력에 대응할 필요성이 있었다. 즉 조선의 해안 전역에 대한 해안 방어의 필요성이 제기되었다. 따라서 새로운 근대적인 해방론이 필요해졌다. 이에 강방을 중심으로 하는『해국도지』의 해방론은 그대로 채택되기 어렵게 되었고 새로운 해석의 필요성이 제기되었다.[564] 개항 이후 해안 포대 건설론, 근대적 군함 구입 시도 등 근대적 해안 방어체제의 모색은 이러한 상황의 반영이었다.

강화도 조약과 인천 개항을 전후하여 조선 조정에서는 인천 및 부평 지역에 대한 방어 체계 정비에 착수하게 된다. 고종 15년(1878) 8월 어영대장 신정희申正熙(1833~1895)가 공역감동당상工役監董堂上으로 임명되어 인천 및 부평 지역에 대한 포대 건설을 담당하게 되었다. 신정희는 신헌의 아들로서 신헌의 강화 연해 포대 건설의 전례를 따르게 되었다. 신정희는 이듬해인 1879년 7월 인천의 화도진花島鎭과 부평의 연희진連喜鎭을 설치하고 각각 2~3처의 포대를 건설하였다.[565]

한편『해국도지』등에 의한 해안 포대 건설과 범선 위주의 해군력을 기반으로 한 조선의 기존 해안 방어론만으로는 서구와 일본의 해양으로부터의 강력한 위협에 적절히 대응할 수 없었다. 1880년대를 고비로 조선의 관료와 지식인들도 근대적 해군 창설의 필요성과 그 방안을 강구하기 시작하였다. 아울러 일부 논자들을 중심으로 재정 여건 등 현실적으로 어려운 조선의 해안 방어를 청나라에 임시로 위임하자는 방안이 제기되기도 하였다. 임오군란을 계기로 조선에 출병하여 조선의 정국을 장악한 청나라는 조선과 체결한『조청상민수륙무역장정朝淸商民水陸貿易章程』7조에서 청나라 군함의 조선 연해 지역 순찰권과 정박

---

564) 장진성, 2002 『장소의 국제정치사상 −동아시아 질서변동기의 요코이 쇼난과 김윤식−』, 서울대학교출판부, 328~329쪽

565) 박광성, 1980 「仁川開港과 沿岸防備策에 대하여」, 『기전문화연구』11, 21~24쪽

권을 강제하였다. 이 조항은 동아시아 전통적 국제질서가 해체되어 가고 일본과 러시아의 위협이 구체화함에 따라 청나라는 조선을 자국 방위를 위한 전방 기지로 삼으려는 의도를 가진 것으로, 조선의 자국 연안에 대한 해안 방어 권한을 탈취한 것이었다.[566] 청나라의 조선에 대한 속방화屬邦化 정책과 북양해군을 통한 조선에 대한 간섭은 조선의 근대적 해양방어 체제 확립에 큰 장애가 되었다.

『조청상민수륙무역장정』에 의해 사실상 조선의 해방권이 박탈당하자 고종은 해방을 자주적으로 담당하기 위해 경기 연해지방 방어를 담당하는 기연해방영畿沿海防營이라는 새로운 군영을 창설하였다.[567] 1883년(고종 20) 12월 고종은 경기도 연해지방의 방어를 담당할 병사 육성과 포군砲軍 훈련 담당할 책임자로 민영목閔泳穆을 총관기연해방사무撛管畿沿海防事務로 임명하고, 곧이어 통리군국사무아문에서 「기연해방병포조련사목畿沿海防兵砲操鍊事目」을 마련하였다. 그리고 1884년(고종 21) 1월 그 사령부인 영부營府를 부평에 정하였다. 기연해방영의 실질적인 설치 목적은 외국 선박이 연안으로 접근하였을 때 조선은 연안 포대로서 그들의 근접을 저지하는 해방 포병대의 창설이었다. 1884년(고종 21) 4월 14일 민영목은 경기 연해의 방어를 위한 방책을 건의하였는데, 그 내용은 기연해방영이 육군 이외에 연해 수군도 통합하며, 교동의 체제를 개편하고, 해양의 요충인 남양 대부도大阜島에 망대를 설치하고 포대를 설치하며, 연해 각 고을의 포군 1,870명에 대한 훈련을 강화하며, 인천·남양·장봉 등지의 목장을 혁파하고 둔전으로 삼을 것 등을 주장하였다.[568] 이에 고종은 5월 말 남양, 장봉 인천의 둔전을 해

---

566) 배항섭, 2002 『앞의 책』, 251~252쪽
567) 기연해방영의 설치와 조직 등에 대해서는 장학근, 2000 「조선의 근대해군 창설 노력」, 『해양제국의 침략과 근대조선의 해양정책』, 한국해양전략연구소 ; 배항섭, 2002 『위의 책』 253~256쪽 참조.
568) 『승정원일기』 고종 21년 4월 14일

방영으로 이관하도록 하게 하고, 윤5월 초에는 해서海西(황해도)와 호서湖西(충청도)의 수군도 기연해방영에서 일체 관할하도록 하였다. 이러한 과정을 거쳐 기연해방영은 체제를 갖추게 되는데 이는 「기연해방사목」에 정리되었다

「기연해방사목」에 의하면 기연해방영은 경기 연안비역을 관할 구역으로 하면서 경기 병영 예하 진의 일부와 강화영을 통합하여 신설한 군영으로서 육군과 수군을 동시에 보유하였다. 특히 수군에 대한 작전통제권은 경기 연해는 물론 충청, 황해 지역을 포함하는 것이었다. 육군 2,000명 대신 연해 수군으로 해방을 담당하도록 하고, 책임자인 민영목의 건의에 따라 1884년 경기연안 지역의 수군을 기연해방영에 이속시키고, 해서 지역의 덕적, 덕포, 주문, 영흥의 수군과 총융청에 소속된 경기도 지역 11고을의 속오군을 소속시키며 강화유수가 해방 총관을 겸직하도록 한 체제였다. 기연해방영은 다른 중앙의 군영과 달리 1품 아문으로 설치되었고 국왕의 측근인 민영목을 수장으로 삼는 등 다른 아문보다 높은 지위를 가지고 해군을 총괄하는 아문이었음을 알 수 있다.

1884년 8월 27일 해방총관이 강화유수도 겸임함으로써 강화도의 일대의 방어를 책임지게 되고, 29일에는 앞서 보았듯이 용호영, 금위영, 어영청, 총융청을 친군4영에 분속시키는 별단을 마련하면서 총융청에서 주관하던 파주, 남양주, 장단 등 세 진의 속오군도 해방아문으로 이속하였다. 기연해방영의 창설은 단순한 해안 포병대의 확보에 그치지 않고 궁극적으로 해방 군사력의 근대화를 도모하여 궁극적으로 근대 해군으로 전환하기 위한 전 단계의 작업이라고 평가할 수 있다. 그러나 1888년(고종 25) 4월 군제 개혁으로 친군 우영과 후영 및 해방영을 합하여 통위영統衛營으로 통합 개편하면서 경기 연해의 해방을 담당하던 해방영은 여러 군영과 통합되어 도성 방위에 투입됨으로써 해방을 위한 군사력

은 일시 와해되었다.

1890년대 들어서면서 조선의 근대해군 건설은 상당히 진행되었다. 해군사관 양성을 위한 통어영 학당을 개교하고 영국에서 연해 경비용 군함을 발주하고자 하였다. 그러나 1894년 청일전쟁으로 인하여 한일공수동맹이 체결되고 조선의 재정 악화로 인해 일본에서 차관을 빌려오면서 조선의 해관海關 운영권이 일본에 넘어가게 되었다. 이에 조선의 모든 해군 부대에 일체의 자금 지원이 중지되고 1895년 7월 15일을 기해 구식 수군제도가 폐지됨으로써 개항 이후 추진되었던 각종 해군 건설 계획은 수포로 돌아갔다.

이후에도 해군 창설과 군함 확보를 위한 노력은 계속되었다. 가장 대표적인 것이 연해 지방 포대 건설의 시도였다. 1901년(고종 38) 3월 8일 고종은 칙령 7호 「연해 지방에 포대를 설치할 건」을 비준하여 반포하였다. 칙령 7호에 나타난 전국 해안의 포대 건설 대상 지역은 다음과 같다.

경기 : 인천 해안, 남양南陽 대부도大阜島, 강화 해안

충청남도 : 당진唐津 송도松島, 보령保寧의 전 수영水營, 태안泰安 안흥도安興島

전라북도 : 옥구沃溝, 고군산古羣山, 부안扶安, 변산邊山

전라남도 : 해남海南, 진도珍島, 완도莞島, 여수麗水 각 해안, 돌산突山, 거문도巨文島, 지도智島, 고하도孤下島

경상북도 : 연일延日 해안

경상남도 : 진해鎭海, 거제巨濟, 남해南海, 진남鎭南의 각 해안, 창원昌原의 마산포馬山浦, 동래東萊의 절영도絶影島, 울산蔚山 해안

황해도 : 풍천豐川, 옹진甕津, 해주海州 각 해안

평안북도 : 의주義州, 압록강안

강원도 : 통천通川 해안

함경남도 : 영흥永興, 정평定平, 홍원洪原 해안

함경북도 : 경흥慶興, 웅기雄基[569]

　여기서 확인할 수 있듯이 20세기 초 대한대국은 전국의 해안을 따라 해안 포대를 건설할 것을 시도하였음을 알 수 있다. 해안 포대 건설은 군함 확보의 어려움으로 인하여 나타난 해양 방위의 곤란을 타개하기 위한 것이었다. 경기 지역의 포대 건설 대상 지역으로 이전부터 포대가 건설되거나 논의되던 지역인 인천 해안, 남양 대부도, 강화 해안이 나타난 것을 보면 19세기 후반의 포대 건설 논의와 시행은 이후에도 적지않은 영향을 미치고 있음을 알 수 있다.

---

569) 『고종실록』 권41, 고종 38년 3월 8일

12
나머지말

이상에서 살펴보았듯이 16세기 말부터 19세기 말까지 도성과 경기 일대를 방어하기 위한 군영 등 군사제도와 성곽 등의 방어시설들이 꾸준히 정비되었다. 이 국방체제는 대한제국의 여러 군사체제로 계승되면서 도성 및 경기 방어의 핵심적 역할을 담당하였다. 1902년에는 숭례문과 돈의문의 단청을 새로 칠하고 낡고 부서진 성벽을 보수하는 등 도성의 위상을 유지하기 위해 노력하였다. 그러나 일제 침략이 본격화된 20세기 초 러일전쟁이 발발하면서 일본이 조선에 강요한 「한일의정서韓日議定書」에 의해 대한제국 주요 지역에 일본군의 주둔지가 강탈되었다. 이에 용산 일대 300만평에 달하는 지역이 일본군에게 수용되었고 이후 1907년 대한제국 군대 해산에 의해 조선후기 이래 형성된 도성 일대의 국방체제는 크게 왜곡되었다. 동대문 밖 훈련원 터에 경성운동장이 만들어지고 전차 선로를 만들고자 동대문과 남대문의 좌우 성벽을 훼철하기에 이르렀다.[570] 도성의 배후 방어거점인 북한산성도 여러 장대將臺 등의 주요 시설이 상당히 훼손되고 보수가 이루어지지 못하여 수도방어를 위한 군사 요충으로서의 역할이 사라지면서 일제시대에는 경성京城 주위의 한 경승지로서 변화하는 운명을 맞았다. 조선후기 이래 국방의 요충으로 역할을 하였던 서울과 경기의 여러 지역이

---

570) 신영문, 2016 「漢陽都城 築城術의 歷史考古學的 研究」, 국민대학교 박사학위논문, 59~60쪽

오늘날에도 국방의 주요 거점 역할을 다시금 하는 것을 보면 그 연원이 매우 깊음을 알 수 있다.

조선후기 도성과 경기 일대 방어체제를 중심으로 국방체제를 구성하고자 하였던 조선의 다양한 시도는 매우 독특한 양상이다. 국경 방어가 아닌 국가의 중심 지역인 도성과 그 주변 일대 방어를 중심으로 한 국방체제 및 군사전략이 마련된 것은 16세기 말 이후 나타난 명청 교체의 파고와 계속된 여진으로 인한 조선의 부득이한 조치였다. 임진왜란과 병자호란 등 대규모 전쟁으로 인한 엄청난 피해를 입었을 뿐만 아니라 남북 두 방면의 위협을 받게 된 조선의 입장에서는 군사력을 전국에 모두 배치하고 대비한다는 것은 현실적으로 불가능한 일이었다. 따라서 남북 두 방면의 위협에 대처하기 위해서 부득이하게 군사력을 국토의 중심에 배치하지 않을 수 없었을 것이다. 이것이 조선후기 도성 및 경기 일대 방어가 강화된 근본적인 이유이다. 즉 도성 및 경기 방어체제의 정비 및 강화 양상은 17세기 이후 조선이 처한 동아시아 국제관계에 대한 대응이라고 할 수 있다.

본 책에서 필자는 조선후기 도성과 경기 일대 국방체제에 대해 기존의 주요 연구를 바탕으로 개관하고 시대적 맥락을 통해 정리하고자 하였다. 2000년대 이전까지 주로 지방의 병종을 중심으로 연구가 이루어지던 상황에서 최근 도성을 시작으로 국방상 주요 지역에 대한 검토가 나타나고 있는 점은 상당히 고무적이라고 할 수 있다. 다만 중앙과 지방, 지방과 지방 간의 관계를 연결하고 시대 상황에 따른 군사체제 변화 등에 대해 충분한 검토가 이루어지지 못한 것이 현실이다. 조선후기 군사 체계에 대한 최근의 연구가 제도사에 머물렀던 기존 연구에서 한걸음 나아가 보다 미시적 접근을 시도하고 있다는 일견 긍정적인 측면이 있다. 경기 일대 국방체제에 대한 검토는 1990년대 지방자치제의 실시와 그 정착에 따른 최근의 지방사 연구의 일환이라는 점에서 의미가 적지 않다. 그러나 조선의 전체 국방 체제의 차원에서 당시 경기 각 지역 군사제도와 관방체계가 어떠한 의미를 가지고 있으며 어떻게 연결되어 있는 지에 대한 고찰은 다소 부족한 실정이다. 향후 조선후기 군사전략, 국방정책, 군사제도 등을 한 공간을 통해 보다 정밀하게 분석하여 경기 일대의 국방체제를 종합적으로 이해할 필요성이 절실하다

| 참고문헌 |

저서

강석화, 2000 『조선후기 함경도와 북방영토의식』, 경세원

경기학연구센터, 2016 『삼각산 北漢山城』, 경기도

고동환, 1997 『朝鮮後期 서울商業發達史硏究』, 지식산업사

기시모토 미오·미야지마 히로시(김현영·문순실 옮김), 2003 『조선과 중국, 근세 오백년을 가다』, 역사비평사

김명호, 2005 『초기 한미관계사의 재조명』, 역사비평사

김용흠, 2006 『조선후기 정치사 연구(Ⅰ)—인조대 정치론의 분화와 변통론』, 혜안

김우철, 2000 『朝鮮後期 地方軍制史』, 경인문화사

김종수, 2003 『조선후기 중앙군제연구—훈련도감의 설립과 사회변동—』, 혜안

김종수, 2018 『숙종시대의 군사체제와 훈련도감』, 한국학중앙연구원 출판부

김준석, 2003 『조선후기 정치사상사 연구』, 혜안

노영구, 2014 『영조 대의 한양 도성 수비 정비』, 한국학중앙연구원 출판부

마틴 반 클레벨트(이동욱 역), 『과학기술과 전쟁』, 황금알

배우성, 1998 『조선후기 국토관과 천하관의 변화』, 일지사

배항섭, 2002 『19세기 조선의 군사제도 연구』, 국학자료원

백기인, 1998 『中國軍事制度史』, 국방군사연구소

백기인, 2003 『조선후기 국방론 연구』, 혜안

연갑수, 2001 『대원군집권기 부국강병정책 연구』, 서울대학교출판부

이근호 외, 1998 『조선후기의 수도방위체제』, 서울학연구소

임계순, 2000 『청사—만주족이 통치한 중국』, 신서원

柳承宙, 1993 『朝鮮時代鑛業史硏究』, 고려대학교 출판부

유재승, 1986 『병자호란사』, 국방부 전사편찬위원회

육군군사연구소, 2012 『한국군사사』, 7·8·9, 경인문화사

육군사관학교 육군박물관, 1999 『江華郡 軍事遺蹟 地表調査 報告書(墩臺篇)』

윌리엄 T.로우(기세찬 역), 2014 『하버드 중국사 청 : 중국 최후의 제국』, 너머북스

이태진, 1985 『조선후기의 정치와 군영제 변천』, 한국연구원

장진성, 2002 『장소의 국제정치사상—동아시아 질서변동기의 요코이 쇼난과 김윤식—』, 서울대학교출판부

존 K 페어뱅크 등(전해종·민두기 역), 1969 『동양문화사』(하), 을유문화사

차문섭, 1973 『조선시대군제연구』, 단대출판부

차문섭, 1996 『조선시대 군사관계 연구』, 단국대 출판부

천제션(홍순도 옮김), 2015 『누르하치 : 청 제국의 건설자』, 돌베개

최소자, 1997 『명청시대 중·한 관계사 연구』, 이화여대 출판부

최영준, 1997 『국토와 민족생활사』, 한길사

최홍규, 2001 『정조의 화성 건설』, 일지사

최효식, 1995 『조선후기군제사연구』, 신서원

토마스 바필드(윤영인 역), 2009 『위태로운 변경』, 동북아역사재단

피터 C. 퍼듀, 공원국 옮김, 2012 『중국의 서진-청의 유라시아 정복사』, 길

한명기, 1999 『임진왜란과 한중관계』, 역사비평사

한영우, 1989 『조선후기사학사연구』, 일지사

한영우, 1997 『정조의 화성행차, 그 8일』, 효형출판

홍순민, 2016 『한양도성, 서울 육백년을 담다』, 서울특별시

岸本美緒, 1998 『東アジアの「近世」』, 山川出版社

王兆春, 1998 『中國科學技術史-軍事技術卷-』, 科學出版社(北京)

中國人民革命軍事博物館 編著, 2001 『中國戰爭發展史』(上), 人民出版社

Peter Lorge, *War, Politics and Society in Early Modern China, 900-1795*(Routledge, 2005)

F. W. Mote, *Imperial China 900-1800* (Harvard University Press, 1999)

논문

강문식, 1996 「정조대 화성의 방어체제」, 『한국학보』 82

강석화, 2004 「조선후기 평안도지역 압록강변의 방어체계」, 『한국문화』 34

강성문, 1997 「영조대 도성 사수론에 관한 고찰」, 『청계사학』 13

강성문, 2000 「조선후기의 강화도 관방론 연구」, 『육사논문집』 56-2

고승희, 2004 「조선후기 평안도지역 도로 방어체계의 정비」, 『한국문화』 34

고승희, 2006 「조선후기 황해도 直路 방어체계」, 『한국문화』 38

구범진, 2008 「청대 대러시아 외교의 성격과 그 변화」, 『대동문화연구』 61

김두현, 1989 「청조정권의 성립과 발전」, 『강좌 중국사』 4, 지식산업사

김종수, 2017 「조선 숙종대 경기지역 군사체제의 연구」, 『군사연구』 143

김준석, 1996 「조선후기 국방의식의 전환과 도성방위론」, 「전농사학」 2

김웅호, 2005 「조선후기 도성중심 방위전략의 정착과 한강변 관리」, 「서울학연구」 24

김창수, 「17세기 대청사신의 '공식보고'와 정치적 파장」, 서울시립대 석사학위논문

김태웅, 1999 「조선후기 개성부 재정의 위기와 행정구역 개편」, 「한국사론」 41 · 42

김한신, 2017 「임진왜란기 류성룡의 경기 방어구상과 군비강화책」, 「조선시대사학보」 82

김한규, 2007 「임진왜란의 국제적 환경」, 「임진왜란, 동아시아 삼국전쟁」, 휴머니스트

김호일, 1980 「양성지의 관방론」, 「한국사론」 7

노영구, 1999 「조선후기 城制 변화와 華城의 城郭史的 의미」, 「震檀學報」 88

노영구, 2002 「정조대 5위체제 복구시도와 화성 방어체제의 개편」, 「진단학보」 93

노영구, 2002 「18세기 기병 강화와 지방 武士層의 동향」, 「한국사학보」 13

노영구, 2004 「조선후기 평안도지역 內地 거점방어체계」, 「한국문화」 34

노영구, 2005 「조선후기 함경 남도 간선 방어체계」, 「한국문화」 36

노영구, 2006 「조선후기 개성부 일대 관방체제의 정비와 재정의 추이」, 「한국문화」 38

노영구, 2009 「신헌의 국방론과 해안 礮臺 건설」, 「문헌과해석」 48

노영구, 2014 「17~18세기 동아시아 정세와 조선의 도성 수비체제 이해의 방향」, 「조선시대사학보」 71

노영구, 2016 「조선후기 개성의 도시 발달과 지역의식의 성장」, 「서울학연구」 63

노영구, 2017 「엄격하고 철저하게 지키다, 궁궐의 호위체제」, 「왕권을 상징하는 공간, 궁궐」, 국립고궁박물관

노재민, 2006 「조선후기 '수도방위체제'의 군사적 고찰-17C초~18C초의 방위체제를 중심으로-」, 국방대학교 석사학위논문

문광균, 2016 「조선후기 雙樹山城의 군사편제와 병력운영」, 「사학연구」 121

민덕식, 1994 「조선 숙종대의 도성수축 공사에 관한 고찰-성곽사적 측면을 중심으로-」, 「백산학보」 44

민덕식, 2007 「인조초의 남한산성 수축」, 「역사와 실학」 32(상)

민덕식, 2011 「서울 탕춘대성의 축조과정」, 「향토서울」 80

민덕식, 2011 「새로 발굴된 서울성곽의 부대시설」, 「향토서울」 78

민두기, 1986 「19世紀後半 朝鮮王朝의 對外危機意識: 第一次, 第二次中英戰爭과 異樣船出沒에의 對應」, 「동방학지」 52

박광성, 1973 「병자난후의 강화도방비구축」, 「기전문화연구」 3

박광성, 1976 「양요후의 강화도 방비책에 대하여」, 「기전문화연구」 7

박광성, 1977 「雲揚艦 砲擊事件에 對하여」, 「기전문화연구」 8

박광성, 1980 「仁川開港과 沿岸防備策에 대하여」, 「기전문화연구」 11

박찬식, 1988 「신헌의 국방론」, 「역사학보」 117

박희진. 2014 「군제개편이 17세기 서울의 인구와 상업발전에 미친 영향」 『역사와현실』 94

배성수. 2003 「肅宗初 江華島 墩臺의 축조와 그 의의」 『朝鮮時代史學報』 27

배우성. 2001 「正祖의 軍事政策과 『武藝圖譜通志』 편찬의 배경」 『震檀學報』 91

배우성. 2004 「정조의 유수부 경영과 화성 인식」 『한국사연구』 127

백종오 등. 2001 「서울·경기·인천지역 관방유적의 연구 현황」 『학예지』 8

서태원. 2006 「조선후기 廣州의 군사지휘체계 변천」 『역사와실학』 29

손병규. 1999 「18세기 良役政策과 군역 운영」 『軍史』 39

손병규. 2003 「조선후기 재정구조와 지방재정운영 —재정 중앙집권화와의 관계—」 『조선시대사학보』 25

손승철. 1994 「정조시대 『풍천유향』의 도성방위책」 『향토서울』 54

송량섭. 2002 「17세기 강화도 방어체제의 확립과 진무영의 창설」 『한국사학보』 13

송기중. 2015 「조선후기 수군제도의 운영과 변화」 충남대학교 박사학위논문

신영문. 2016 「漢陽都城 築城術의 歷史考古學的 研究」 국민대학교 박사학위논문

정두영. 2013 「정조대 도성방어론과 강화유수부」 『서울학연구』 51

양보경. 1994 「서울의 공간확대와 시민의 삶」 『서울학연구』 1

연갑수. 1997 「병인양요 이후 수도권 방비의 강화」 『서울학연구』 8

연갑수. 1997 「대원군 집권기 국방정책—지방포군의 증설을 중심으로—」 『한국문화』 20

연갑수. 2002 「대원군 집권기 무기개발과 외국기술 도입」 『학예지』 9

오종록. 1988 「조선후기 수도방위체제에 대한 일고찰」 『사총』 33

오종록. 1998 「조선초기의 국방론」 『진단학보』 86

오종록. 2004 「조선 초엽 한양 定都 과정과 수도 방위」 『한국사연구』 127

오종록. 2007 「서애 류성룡의 군사정책과 사상」 『류성룡의 학술과 경륜』 태학사

원영환. 1975 「조선후기 도성수축과 수비에 대한 고찰—영조시대를 중심으로—」 『향토서울』 33

원재연. 2001 「『해국도지』 수용 전후의 어양론과 서양인식 — 이규경(1788 ~ 1856)과 윤종의(1805~1886)를 중심으로 —」 『한국사상사학』 17

유승주. 1996 「朝鮮後期 銃砲類 研究」 『軍史』 33

유승주. 2004 「인조의 정묘호란 대책고」 『한국인물사연구』 3

윤일영. 1987 「關彌城位置考」 국민대학교 석사학위논문

이광린. 1969 「海國圖志의 한국전래와 그 영향」 『韓國開化史研究』 일조각

이근호. 1998 「18세기 전반의 수도방위론」 『군사』 38

이민웅. 1995 「18세기 강화도 수비체제의 강화」 『한국사론』 34

이민웅. 2012 「통제·통어 양영체제와 수군 재정비」 『한국군사사』 8, 경인문화사

이병주, 1977 「개화기의 新 · 舊軍制」, 『한국군제사 : 근제조선후기편』, 육군본부

이상창, 2007 「명청 패권전쟁으로서의 병자호란 원인 재해석」, 국방대학교 석사학위논문

이왕무, 2007 「조선 후기 국왕의 행행시 궁궐의 宿衛와 留都軍 연구」, 『군사』 62

이왕무, 2014 「조선후기 수도권 방위체제의 정비와 군사도시화 경향」, 『군사』 90

이왕무, 2018 「군영정치의 등장과 전환」, 『조선후기 중앙군영과 한양의 문화』, 한국학중앙연구원출판부

이재범, 1998 「송규빈의 생애와 그의 도성사수론」, 『향토서울』 58

이존희, 1984 「조선왕조의 유수부 경영」, 『한국사연구』 47

이태진, 1996 「숙종대 북한산성의 축조와 그 의의」, 『북한산성 지표조사 보고서』, 서울대박물관 · 고양시

이태진, 1998 「대한제국의 皇帝政과 『民國』 정치이념」, 『韓國文化』 22

이헌주, 2004 「병인양요 직전 姜瑋의 禦洋策」, 『한국사연구』 124

이현수, 1992 「18세기 북한산성의 축조와 경리청」, 『청계사학』 9

이홍두, 2008 「병자호란 전후 江都의 鎭堡설치와 관방체계의 확립」, 『인천학연구』 9

임용한, 「오이라트의 위협과 조선의 방어전략」, 『역사와 실학』 46

장성진, 「광해군 시대 국방 정책 연구」, 국방대학교 석사학위논문, 2008

장학근, 2000 「조선의 근대해군 창설 노력」, 『해양제국의 침략과 근대조선의 해양정책』, 한국해양전략연구소

지균만, 2004 「17세기 강화 돈대 축조에 관한 건축사적 연구」, 경기대학교 석사학위논문

정민섭, 2018 「17~18세기 경기도 일대 돈대의 입지와 구조적 특징」, 『인천학연구』 28

정연식, 2001 「화성의 방어시설과 총포」, 『震檀學報』 91

정해은, 2002 「조선후기 무과급제자 연구」, 한국정신문화연구원 박사학위논문

지균만, 2004 「17세기 강화 墩臺 축조에 관한 건축사적 연구」, 경기대학교 석사학위논문

차용걸, 1991 「조선후기 관방시설의 변화과정」, 『한국사론』 9

차용걸, 2010 「조선후기 산성방어체제의 운영」, 『중원문화재연구』 4

최보윤, 2006 「『鬪衛新編』을 통해서 본 尹宗儀의 서양 인식」, 서강대학교 석사학위논문

최형국, 2012 「조선후기 기병의 마상무예 연구」, 중앙대학교 박사학위논문

한명기, 「한국 역대 해외파병 사례 연구—1619년 『深河 전투』 참전을 중심으로」, 『軍事史 研究叢書』, 군사편찬연구소, 2001

한명기, 2003 「조청관계의 추이」, 『조선중기 정치와 정책 ;인조~현종 시기』, 아카넷

허선도, 「진관체제 복구론 연구—류성룡의 군제개력의 기본시책—」, 『국민대학논문집』 5, 1973

홍성구, 2010 「『조선왕조실록』에 비친 17세기 내륙아시아 정세와 '영고탑회귀설'」, 『중국사연구』 69

藤田達生, 2004 「戰爭と城」, 『日本史講座』 5(近世の形成), 東京大學出版會

색인

| 색인 |

ㅂ

ㅊ

ㅌ

ㅍ

ㅎ

경기그레이트북스 ⓭

조선후기 도성방어체계와 경기도

초판 1쇄 발행 2018년 12월 18일

발 행 처 경기문화재단
          (16488 경기도 수원시 팔달구 인계로 178)
기   획 경기문화재연구원 경기학연구센터
집   필 노영구
편   집 경인엠앤비 주식회사 (전화 031-231-5522)
인   쇄 경인엠앤비 주식회사

ISBN 978-89-91580-35-0 04900
        978-89-91580-33-6 (세트)